趣味数学丛书

# 魅力魔方

吴鹤龄／著

科学出版社
北京

## 内 容 简 介

本书在简要回顾了魔方的历史、介绍了魔方的内部结构以后，重点围绕以下几个方面展开：魔方六面还原法；在魔方上形成美丽图案；魔方游戏中的难题；魔方中的数学。内容丰富，生动有趣。在魔方六面还原方面，本书除把数学家辛格马斯特提出的方法作为基本方法，作了详细介绍外，还简要介绍了其他学者提出的4种不同方法，读者可根据自身条件予以选用。

本书集知识性、趣味性和实用性于一体，寓教于乐，图文并茂，对广大魔方爱好者有启迪作用和参考价值，适合小学高年级以上文化程度的学生、教师、科技工作者和广大数学爱好者使用。

**图书在版编目(CIP)数据**

魅力魔方/吴鹤龄著．—北京：科学出版社，2009
(趣味数学丛书)
ISBN 978-7-03-024992-0

Ⅰ．魅…　Ⅱ．吴…　Ⅲ．智力游戏　Ⅳ．G898.2

中国版本图书馆CIP数据核字（2009）第117864号

责任编辑：胡升华　张　凡　房　阳／责任校对：陈玉凤
责任印制：李　彤／整体设计：黄华斌

科学出版社 出版
北京东黄城根北街16号
邮政编码：100717
http://www.sciencep.com
北京虎彩文化传播有限公司 印刷
科学出版社发行　各地新华书店经销
*
2009年8月第　一　版　开本：B5(720×1000)
2022年1月第十一次印刷　印张：14 1/4
字数：220 000

**定价：58.00元**
(如有印装质量问题，我社负责调换)

# 重印说明

本书于2009年出版以后，受到读者、尤其是魔方迷的欢迎。从图书销售网站上读者发表的评论看，绝大多数读者对本书给予了好评，认为本书是“作者用脑筋写的”，“有一定深度”，“特别锻炼立体思维”，虽然“看起来稍微有点累，但一旦看懂了就韵味无限”，“值得收藏和学习”。此外，当当网将图书质量分为从“一星”到“五星”5个等级请读者为图书评级，本书被评定的等级是四星半，对读者的肯定和厚爱，笔者表示由衷的高兴和感谢。

本书出版以后，深圳的青年莫海亮（他和笔者通过《好玩的数学》早已成为“忘年交”）和笔者通过电子邮件就魔方的有关问题进行了深入的讨论、研究，并取得了一些成果。2011年5月，《科学世界》杂志发表了我们合作撰写的“超越魔方皇后——破解六色同堂难题”一文，引起读者的兴趣。乘重印的机会，我们除了改正原书中的一些排印错误、删除了一些过时的内容以及更新了所有魔方彩图以外，把该文的内容加了进来。由于在当当网的书评中，有不止一位读者认为有关魔方图案的论述是本书的“闪光点”之一，因此这部分内容的充实相信会受到读者的欢迎。

本书出版时，解魔方问题的下限这个问题还没有解决，因此被叫做“上帝之数”（God's Number），意思是“天晓得！”。2010年，两位美国科学家经过15年努力，证明这个数等于20，破解了这个谜。这样，本书中介绍的魔方图案，凡是以多于20步的操作序列所生成的，都应该有改进的余地。考虑到这些操作大多是前人的成果，我们没有权力任意修改，因此保留了下来。有兴趣的读者可以自行改进。

吴鹤龄

2016年新春

# 前　言

英文“magic cube”有两个意思，一是指三维的幻方（3D magic square），国内学术界一般称之为“幻立方”，笔者在《好玩的数学——娱乐数学经典名题》一书中已作过详尽介绍[①]。另一个是指一种 3×3×3 的立体智力玩具，国外常常根据其发明人的名字把它叫做“鲁比克立方体”，国内一般称为“魔方”，这就是本书所要讨论的对象。

魔方是在 20 世纪 70 年代中发明的，因此只有三十几年历史。它的发明人埃诺·鲁比克是匈牙利的雕刻家、建筑师和大学教师。他通过十分巧妙的设计，把 27 个外表涂以各种颜色的小立方体结合成一个绚丽多彩的大立方体，这个大立方体既不会轻易散架，又能灵活地转动。这个小小的玩具问世后，很快风靡全球，成为最畅销的智力玩具。魔方中蕴含的数学问题和算法问题以及它同粒子物理中某些现象之间惊人的相似关系则成为数学家和计算机科学家以及物理学家研究的热点之一，至今兴盛不衰。

笔者 1980 年到法兰克福大学做访问学者时在德国同事家中第一次见到魔方，立即就被它深深地吸引。但由于学习和工作的压力，在很长一段时间里，并没有为它花费很多时间和精力。退休以后有了闲暇，这才重拾魔方，享受游戏的无穷乐趣。写这本书，一是为了向喜欢魔方，但苦于不会玩魔方的读者介绍入门的知识；二是为

① 该书再版时被纳入由张景中院士主编的《好玩的数学》丛书，书名改为《幻方及其他》。2008 年该丛书出普及版时，该书经精编后改名为《幻方与素数》。

了和“魔友”们交流心得，以期共同提高；三是为了普及魔方中的数学知识。笔者深知，对魔方而言，“入门殊不易，精通难上难”。因此，本书将尽可能用通俗的语言，用浅显易懂的实例，阐明复杂的魔方操作过程和魔方中蕴含的数学问题，为读者提供一本看得懂、用得上，既能指导实践又有理论价值的魔方初级教材。此外，本书还提供了有关魔方的大量信息和丰富资料，因此，对魔方爱好者而言，它也极具参考价值和收藏价值。

笔者对魔方中的数学十分痴迷，平时也喜欢玩玩魔方，但毕竟水平有限，因此，书中难免存有不妥之处，热诚欢迎“魔友”和读者批评指正。对本书的任何意见和建议请发至笔者的电子邮箱 wuhl3753@sina.com。

吴鹤龄

2009 年初夏

# 目　　录

# 1 魔方的历史

差不多每个人小时候都玩过积木（building blocks）。一堆小方块，加上若干长方块，一个三角块（用来做屋顶），可以让孩子随心所欲地搭出他心目中的房子、高楼、大厦、教堂……几百年来，小小的积木在培养孩子的空间立体感方面发挥着重要的作用，至今仍然是一种重要的儿童智力玩具。

传统上，积木是散装的。每个积木块都是独立的，可以任由你摆布。但是到了20世纪70年代，出现了一种崭新的积木玩具，所有积木被连接成一个大立方体，互相不即不离，但又能灵活地转动。它的玩法十分复杂，但却引人入胜，富有魅力，因而被叫做“魔方”（magic cube）。它在全世界大行其道，至今已售出2亿多个，成为人类历史上最广泛流行的智力玩具。根据它的构造，用现在时髦的词汇，笔者认为可以把它叫做“集成的积木”（integrated building blocks）。那么，它是怎么诞生的呢？

## 1.1 魔方诞生记

魔方的出生地是匈牙利首都布达佩斯。那里的一所应用艺术学院有一个教师叫埃诺·鲁比克（Erno Rubik，图1-1），当时30岁左右，是一个富于幻

图1-1　魔方的发明人鲁比克近照

想和创造力的青年。他原是学雕刻的，后来改学建筑，在学校给学生讲授建筑物的结构和平面图、内部工程设计、家具布置等课程。教学中，他发现学生对空间的复杂关联理解起来十分困难。为了培养学生的立体想象力，尤其是对空间变换的理解能力，他想到了一个办法：把积木块以一定方式连接在一起，让它们上下左右旋转，互相交叉换位。起先，他用18个积木块，涂以黑白两种颜色，做成了一个3×3、只有两层的教具，收到了不错的效果，这使他大受鼓舞。在此基础上，经过苦心钻研，克服了许多困难，鲁比克终于把这个教具发展、完善成为3×3×3的正立方体形式，其6个外表面分别涂以6种不同颜色，魔方从此诞生。

## 1.2 魔方也疯狂

鲁比克发明魔方的本意是作为辅助教学的教具的。但他在完成设计与做出第一个魔方，自己转了几圈、把魔方打乱以后，却费尽周折，用了一个多月时间才得以让六面还原为原先的颜色（这不禁使我们联想起迷宫的类似故事：希腊神话中的能工巧匠代达罗斯，应克里特王米诺斯的要求，在诺索斯设计并建造了一座石头迷宫，以禁闭米诺斯王的妻子帕西淮同白公牛偷情所生下的牛头人身怪物米诺陶洛斯。石头迷宫建成以后，代达罗斯自己进去也差点找不到路出来。详见笔者的《迷宫趣话》，北京理工大学出版社，2007）。这使鲁比克意识到，他的这个发明可以作为智力玩具。于是他写出了详细的说明书，申请专利，于1977年3月28日获得匈牙利的00170062号专利证书。但在联系厂家生产上，鲁比克遇到很大困难，因为魔方虽然不算太复杂，但十分精细，对工艺要求很高，它的市场前景则难以预料，因此许多玩具工厂都拒绝了鲁比克。好不容易最后找到了一家工厂，勉强同意生产出2000个魔方，于1977年圣诞节前夕投放市场，想不到竟在两天内被抢购一空。随后又生产的几千个也十分抢手。这样，魔方在它的故乡匈牙利首先被推广开来。据统计，单是1980年，在人口只有1000万的匈牙利就出售了200万个魔方，平均每两户人家就购买了一个魔方。连同前几年售出的魔方，它已普及每家每户。

但是，神奇的魔方在迈向世界方面却并不顺利。匈牙利当时也属于“社会主义阵营”，实行计划经济。匈牙利的外贸部门虽然曾经把魔方送到一些国际玩具展上去展览，但连展板都不做，只是把魔方同其他上百种玩具混在一起放在一个展柜中，包装盒都不打开，观众根本见不到魔方的“庐山真面目”；参展的工作人员又没有一个会玩魔方（“因为这不是他们的职责”）。此外，美国逻辑游戏公司（Logical Games Inc.）的创始人贝拉·斯扎莱（Bela Szalai，这是一个匈牙利移民）虽然在1978年8月回故乡时见到魔方，并产生兴趣，曾引进生产，但因为数量少，也缺乏宣传，因此，魔方虽然出过国门，但没有引起人们的注意。到了1978年11月，事情才出现了转机。维也纳的一个叫梯鲍尔·莱斯济（Tibor Laczi，他也是一个匈牙利移民，见图1-2）的商人在为奥地利的一家计算机公司作推销旅行途中，在匈牙利一个小镇的咖啡店伙计手中见到了被打乱的魔方（那个伙计不知道该如何复原）。莱斯济是一个数学的爱好者，他一见到魔方，就立刻产生了兴趣，用一美元从那个伙计手中买下了这个玩具。当天晚上，他在旅馆里摆弄了一个晚上，也没能使魔方还原，于是他意识到这是一个极具市场价值的智力玩具。第二天，他登门拜访了一家名叫Konsumex的匈牙利国营外贸公司，提出购买魔方在西方销售的要求。公司的人听了大为惊讶，告诉他公司曾经向生产厂订购了1万个魔方，后来砍掉了一半，现在已经没有存货了。莱斯济又获准拜访了鲁比克本人，向他请教复原魔方的秘诀，并告诉他自己愿意在西方国家推广魔方。鲁比克问他：“你能卖出3万个魔方吗？”莱斯济回答道：“如果只能卖出3万个，我是不会碰它的。”生意谈成以后的几个月，在德国纽伦堡举行的国际玩具博览会上，莱斯济亲自向观众展示和表演魔方——但是他既不租摊位，也不设展柜，他像狂欢节上叫卖商品的流动小贩那样，拿着魔方在博

图1-2 把魔方推向世界的奥地利商人莱斯济

览会上到处走动，一边走，一边转动魔方，一边宣传魔方的神秘和刺激。他走到哪里，他的身边就围起一层又一层的观众。在这届玩具博览会上，魔方被评为最佳玩具，其发明者鲁比克荣获“世界最佳游戏发明奖”。魔方从此蜚声国际。

博览会以后，莱斯济把魔方介绍给与他有密切联系的著名英国玩具专家汤姆·克莱默（Tom Kremer）。克莱默在仔细研究了魔方以后，兴奋地对莱斯济说：“我们两人手里现在握着的是一个真正的世界奇迹!”稍后，在克莱默的推动下，著名的美国玩具公司“理想玩具”（Ideal Toy，其创始人为 Teddy Bear）向匈牙利发出了一张 100 万个魔方的订单（另有一种说法是用 100 万美元买断了魔方的所有权利）。从此以后，魔方才得以在世界流行，成为国际时尚。在 1980 年的纽伦堡国际玩具展上，曾经设置了一个奖项，哪个观众能在 5 分钟内把一个拧乱了的魔方还原，就能获得 5000 马克的奖金（当时马克与人民币的比率大约是 1∶6，5000 马克相当于约 3 万元人民币。当时国人的月工资水平普遍只有百元上下，因此 5000 马克是一个很大的数额）。但最终无人获奖。仅仅时隔一年，到 1981 年，据统计，在联邦德国，就有超过 1000 人能用远少于 5 分钟的时间解开魔方，可见其普及之迅速。而传媒的介入更是使魔方热不断升温。除了出版社出版了一批有关魔方的畅销书以外，从 1983 年 9 月开始，ABC 电视台推出了一档名为“神奇的魔方”（Rubik，The Amazing Cube）的节目，热播了一年，吸引了无数的观众。法国学者 Yves Merane 在其魔方专著 *Le Rubiks Cube*（巴黎 Solar 出版社，1981）中有一幅插图（图 1-3），描写了一对青年男女新婚之夜在洞房里还各自在玩魔方，虽然相当夸张，却正是当时魔方热的一种反映。

魔方的走红使鲁比克一夜成名，并腰缠万贯。鲁比克成为东欧剧变前第一个拥有私人别墅的知识分子。图 1-4 就是鲁比克在他的豪宅前的照片。

专家们分析，魔方之所以风靡全球并经久不衰，主要有以下几个原因。一是它的难解性对人的智力是一个极大的考验，而好奇心恰恰是人的共性。越是稀奇古怪、难以解决的问题，人们越想弄个明白，“打破砂锅问到底”，“不到黄河不死心”。正是魔方的难解性激发与调动了人们探索的愿望。二是

图 1-3 洞房花烛夜的“魔方迷”新郎和新娘

（图作者：Joel Berdier）

图 1-4 鲁比克在他的豪宅前

魔方小巧玲珑，价廉物美，最适应大众的消费需求。魔方是一种掌上玩具，体积很小，便于随身携带，又不需要专门的场地或动力（电池之类），同时，价格非常便宜，人人买得起。你可以带在身上，有空时就玩；不玩的时候随便放在桌子上、柜子里都可以，不占多大空间。这些都使魔方比那些动辄几百上千元、庞大又要插电的大型、高档玩具易于普及。三是魔方的适应人群很广，不管男女老少、知识高低，属于什么阶层，几乎人人都可以玩。当然，作为一种需要较高智力的玩具，除了“幼儿不宜”（虽然国内外都有 2、3 岁幼儿成为魔方高手的报道，但笔者认为这毕竟是个案），三年级（10 岁）左右的少年儿童就可以开始玩魔方；只要用心，就能解开魔方。英国少年帕特里克·博赛特（Patrick Bossert）13 岁就已经成为玩魔方的高手，并写出了魔方专著 *You Can Do the Cube*，由海鹦出版社（Puffin Books）于

1981年出版，该书有17个版本，售出150万册，这就是一个明证。

图1-5 球形魔方"鲁比克360"
图片来源：北青网

继魔方之后，鲁比克又发明了不少类似玩具，包括最近在2009年纽伦堡国际玩具展上推出的球形魔方"鲁比克360"（图1-5）。据介绍，鲁比克360由3个相互包裹的透明塑料球组成，从里到外分出3个不同空间。球内装有6个带颜色的小球。要求玩家晃动大球，使小球穿过仅有两个孔的中层，从最内层进入最外层的空位上。虽然鲁比克自认为它"是自魔方以来世界上最有创新性、启发性的智力玩具"，但舆论普遍认为，只有魔方才是鲁比克的巅峰之作。笔者也认为，鲁比克360虽然被叫做球形魔方，实际上同魔方毫无关系，它更像是一个立体迷宫（参见笔者的《迷宫趣话》，北京理工大学出版社，2007）。

# 1.3 魔方也学术

魔方不但是一个绝佳的智力玩具，引起玩家的兴趣，它同时也引起了科学家的兴趣，成为科学研究的对象。首先是匈牙利的数学家注意到魔方中蕴含着丰富的数学问题，对它进行研究。早在1978年8月于芬兰首都赫尔辛基召开的有约4000人参加的第18届国际数学家会议（18th International Congress of Mathematician，ICM1978）上，就有匈牙利数学家把魔方带到会上并把它介绍给同行，引起各国数学家的重视。其中，在加利福尼亚大学伯克利分校取得数学博士学位、供职于伦敦南岸多科性技术学院（Polytechnic of South Bank，London）的美国数学家大卫·辛格马斯特（David Singmaster）从匈牙利数学家那里获得一个魔方以后，就痴迷其中，写出了*Notes on Rubiks Magic Cube*、*Handbook of Cubik Math*等专著，提出了一套魔方的标准符号记法和解法，从组合学和群论的角度出发对魔方进行深入剖析，成为世界公认的魔方数学的权威。自20世纪70年代末、80年代初以来，世界上一些主要的数学杂志如《美国数学月刊》（*American Mathematical Monthly*）、《数学杂志》（*Mathematics Magazine*）、《数学学报》（*Mathematics Gazette*），以及一些主要的数学学术组织如美国数学会、数学及其应用学会等出版的期刊上，竞相发表学者研究魔方数学所获得的成果的论文。这些研究成果表明，魔方与群论之间有着十分密切的关系，魔方是已有的有限群的具体实例中最令人感兴趣的一个，通过魔方学习、了解、掌握群论的基本概念是一个最直接与有效的途径。1994年由彼得·诺伊曼（Peter Neumann）、格勃利尔·斯托伊（Gabrielle A. Stoy）和汤姆泼逊（E. C. Tompson）著的《群和几何学》（*Groups and Geometry*, Oxford Uni. Pr.）一书中，就专门包括一章讨论“魔方中的群论”（the group theory of the hungarian magic cube）。而美国海军学院数学教授大卫·乔伊纳（David Joyner）的专著《群论探索》（*Adventures in Group Theory*, The Johns Hopkins Uni. Pr., 2002），更是完全以魔方及其他类似数学玩具为基础进行论述的。有关魔方数学的具体内容将在第10章中展开。

继数学家发现魔方同群论的密切关系之后，物理学家发现魔方的转动规律同量子物理中的一些重要基本概念有着惊人的相似之处。这一点首先由南加利福尼亚大学电气工程系教授所罗门·高洛姆（Solomon W. Golomb）发现并于1981年11月在《美国物理学报》（*American Journal of Physics*）上发表。高洛姆注意到，在魔方的转动中，让处于魔方八个角上的任一小块扭转1/3圈的话（关于角块扭转，我们将在后面详细说明），那么其他的所有小块中至少有一块要相应发生变动。换句话说，不可能找到这样一个操作序列，它使一个角块扭转1/3圈，而其他所有小块都保持不动。而在粒子物理学中，人们把具有+1/3电荷的基本粒子称为夸克（quark），把具有-1/3电荷的基本粒子称为反夸克（anti-quark）。夸克和反夸克都是不能独立存在的，即不可能找到孤立的自由夸克或反夸克。夸克和反夸克只能以结合在一起的方式存在。一个夸克和一个反夸克结合在一起就是介子，3个夸克结合在一起就是重子，具有单位电荷。以上特性被叫做“夸克禁闭原理”（the principle of quark confinement）。夸克和反夸克的结合模式共有2187种，见表1-1左侧（表中Q表示夸克，$Q^-$表示反夸克）。魔方中角块扭转 1/3 的各种可能组合方式正好也是2187 种，见表 1-1 右侧。因此，可以把顺时针方向扭转 1/3 的角块叫做魔方夸克，逆时针方向扭转 1/3 的角块叫做魔方反夸克。这样，魔方若具有 2 个相反方向扭转的角块就是一个魔方介子，而具有 3 个同方向扭转的角块就是一个魔方重子，如此等等，成为反映“夸克禁闭原理”的精确模型，你说奇妙不奇妙。由于粒子物理比较深奥，关于这个问题我们就简单介绍这一些。感兴趣的读者可参阅高洛姆的文章或李世春所著的《魔方的科学与计算机表现》（石油大学出版社，2002）。

**表 1-1　魔方角块扭转和夸克的对应关系**

| 夸克和反夸克的可能结合模式 | 模式数量 | 魔方扭转 1/3 角块数① | 可能组合数② |
|---|---|---|---|
| $0Q+0Q^-$ | 1 | 0 | 1 |
| $1Q+1Q^-$ | 56 | 2 | 56 |
| $3Q+0Q^-$ | 56 | 3 | 112 |
| $0Q+3Q^-$ | 56 | | |
| $2Q+2Q^-$ | 420 | 4 | 420 |
| $4Q+1Q^-$ | 280 | 5 | 560 |
| $1Q+4Q^-$ | 280 | | |
| $6Q+0Q^-$ | 28 | 6 | 616 |
| $3Q+3Q^-$ | 560 | | |
| $0Q+6Q^-$ | 28 | | |
| $5Q+2Q^-$ | 168 | 7 | 336 |
| $2Q+5Q^-$ | 168 | | |
| $7Q+1Q^-$ | 8 | 8 | 86 |
| $4Q+4Q^-$ | 70 | | |
| $1Q+7Q^-$ | 8 | | |
| 总计 | 2187 | | 2187 |

①魔方中只有一个角块扭转 1/3 的情况不可能存在，如同单个夸克不能存在，因此表中缺“1”这一栏。

②可能组合数指扭转 1/3 的 $n$ 个角块是哪几个角块，哪个为正扭转，哪个为逆扭转等各种可能组合的情况。

对魔方感兴趣的第三类科学家是计算机科学家。他们研究的问题有两个方面：一是解魔方的算法，尤其是最佳算法；二是解魔方所需的最少转动次数是多少。对第一个方面的问题，已经获得的解魔方算法很多，各有优劣，但是至今没有公认的最佳算法问世，以至于人们把解魔方的最佳算法称为“上帝的算法”（God’s algorithm）。对第二个问题，英国的科学家莫尔文·齐斯特尔思维特（Morwen Thistlethwaite，这个名字实在太长了，我们后面将简称他为“齐斯特”）做的工作最多，也最有成效。他最初通过计算机程序解魔方的步数最多是85步，后来逐步改进为80步，63步，52步。在很长的时间里，人们认为52步是最少步数。后来有人发现，他的4阶段算法中，最后一个阶段的17步可以缩减为15步，从而使总步数降为50步。再后来又有人发现，他的算法中的中间两个阶段也可以分别从13步缩减为10步，15步缩减为13步，从而使总步数进一步降为45步。

汉斯·克劳斯特曼（Hans Kloosterman）对齐斯特的算法作了更进一步的改进。他把4阶段算法的后两个阶段合并为一个阶段，把总步数下降到42步。德国达姆斯塔特大学的海尔伯特·考西姆巴（Herbert Kociemba）更进一步，把第一、第二两个阶段合并为一个阶段，把第三、第四两个阶段也合并为一个阶段，从而使步数下降为21步！考西姆巴用一台内存为1M的Atari ST计算机运行他的程序作了大量验证，虽然并不能严格证明他的21步算法就是终极算法，但大多数人相信21步就是解魔方步数的下限。加利福尼亚大学洛杉矶分校的理查德·考尔夫（Richard E. Korf）则认为这个下限是20步，但他无法作出证明。2010年8月，俄亥俄州肯特州立大学的数学家莫雷－戴维德森和程序员托马斯经过15年努力，采用一种每秒能检查10亿种可能情况的高效算法，终于证明考尔夫的预言是正确的，解魔方步数的下限是20！这个长期被称为“上帝之数”（God’s Number）的谜底终于揭开。

## 1.4 “魔友”与“魔网”

魔方的爱好者互称“魔友”。自1980年7月美国麻省理工学院MIT成立“魔方爱好者小组”（Cube Lovers Group）以来，大大小小（小到几个人，大到全国性甚至国际性）的魔方组织如雨后春笋般地涌现，其确切数量难以统计。其中，开展活动最为活跃的有总部位于罗登巴赫（Rodenbach）的德国魔方俱乐部（Rubiks Cube Club），其创始人为莱纳·赛茨（Rainer Seitz），以及总部在东京的“日本魔方迷俱乐部”（Japan Cubist Club）。他们定期或不定期地聚会，互相切磋技艺，交流心得体会，举行比赛，促进了魔方知识的普及和对魔方研究的深入。“以魔方会友”成了社交的渠道之一，许多魔友成了莫逆之交。

1993 年，美国克林顿政府推出“全国信息基础设施行动计划”NII（the National Information Infrastructure：Agenda for Action）以后，在美国乃至全世界掀起了一股信息高速公路、也就是互联网建设的热潮，Internet迅速发展与普及，网民迅速增加。1994 年 12 月 7 日，马丁·许奈特（Martin Schoenert）率先在万维网上开辟“魔方爱好者”网站，作为普及魔方知识及魔友们交流心得体会的园地。自此以后，魔方网站或魔方网页日益增多，数不胜数，令人眼花瞭乱。附录 2 中给出了主要的魔方网站或网页的网址，感兴趣的读者可以访问它们。

## 1.5 魔方在中国

魔方何时传入中国，通过什么渠道，已经无从考证。由于魔方在 1975 年发明后不久，我国就开始实行改革开放政策，对外交流日益频繁，因此至迟在 20 世纪 70 年代末已传入中国并开始流行，是没有疑问的。适应这一情况，多家出版社在 80 年代初出版魔方专著，也印证了这一结论，其中由晓瓦和吴永强把著名的魔方专家、斯坦福的化学研究员詹姆士·诺尔斯（Jamas G. Nourse）的专著翻译成中文，由世界知识出版社以“魔方解法”为名于 1982 年 1 月出版时，首印量就是 10 万册，足见当时国内魔方热的程度。此后出版的主要魔方专著还有

邓治民，邓小云编《怎样玩魔方》，广东科技出版社，1982 年 8 月；

杨迅文编著《魔方探胜》，福建人民出版社，1982 年 12 月；

志原译自英国少年帕特里克·博赛特的《怎样玩魔方》，中国少年儿童出

版社，1982 年；

朱兆毅，沈庆海的《魔方》（中学生文库之一），上海教育出版社，1983 年 4 月；

陶绪铨译自法国华罗斯费尔的《魔方花样谜解》，河北人民出版社，1983 年；

米尚志，王焕英编译《怎样解魔方》，浙江科学技术出版社，1984 年 11 月。

以上这些专著印量也不小，少的两三万册，多的七八万册，在普及魔方中起了不小作用。

20 世纪 80 年代以后，魔方热逐渐消退，尤其是计算机和互联网普及以后，计算机游戏、网络游戏以其逼真的三维特技、惊险刺激，吸引了广大青少年的注意，迅速占领市场，传统智力玩具已无法与之匹敌。但大量热心于魔方的人仍坚守着这一阵地，不懈地探索着魔方的奥秘，他们的研究成果少数还获得了发表的机会。1992 年，李世春的《魔方及其应用》由中国广播电视出版社出版。2000 年，谭曙光的《趣解魔方》由北京体育大学出版社出版。李世春对魔方的研究最终获得自然科学基金会的重视，其专著《魔方的科学和计算机表现》获得资助，于 2003 年由石油大学出版社出版。

2004 年 1 月 8 日，广州的魔方高手霍伟丰在网上创建了“魔方吧论坛”，为全国的魔友搭建了一个分享、交流的平台，影响日益扩大。至 2009 年 5 月，论坛的注册会员已近 9 万人。

北京也有一些魔方爱好者，自发的组织起来开展活动。每次聚会总能集合起二三十人，在避风塘或麦当劳围着一张大长桌，用各式各样的魔方进行 PK，热闹非凡，吸引了其他顾客好奇的眼光。《北京青年报》曾经介绍过其中的几个骨干：科普杂志编辑陈丹阳，中学数学老师郑燕（女），以及王富博、张录辰、从伟日等。陈丹阳以通信（邮寄视频）方式参加世界魔方协会举办的盲拧比赛，2006 年底至 2007 年 7 月，他在非官方的排名榜上一直名列世界第一。郑燕则把魔方带进了课堂，作为数学教学改革的一个研究课题。

2007年12月15日，魔方吧论坛举办了获得世界魔方协会认可的“北京魔方公开赛”，参赛选手达到七八十人，包括来自美国、韩国、荷兰的选手，产生了较大的影响。根据中国魔方俱乐部网站上的资料，在2008年，国内就有北京、上海、南京、西安等14个城市举办了魔方比赛，其中有6个是世界魔方协会认可的国际赛事，可见玩魔方在国内、国外仍有相当高的热度。

# 2 小魔方的大工艺

前面介绍了魔方的发明和发展。现在进入正题，讨论魔方本身。首先要回答一般人在第一眼看到魔方时普遍会产生的疑问：这 27 个积木块怎么会连接在一起，不会散开，但又能灵活地旋转呢？这就是魔方的结构问题。著名美国科学家道格拉斯·霍夫斯塔特（Douglas R. Hofstadt，他有个中文名字叫"侯世达"。其科普名著 *Godel*，*Escher*，*Bach—an Eternal Golden Braid* 获得了普利策文学奖，其中译本《哥德尔、艾舍尔、巴赫——集异璧之大成》则获得台湾吴大猷科学普及著作奖的金签奖）早就指出："魔方决不单单是一个智力游戏玩具。它还是一个巧妙的机械发明。"在明白魔方的构造以后，我们会折服于鲁比克构思的精巧及其创新精神。

## 2.1 尺寸和外观

魔方是一个正立方体，边长约 56 毫米。这个尺寸使魔方比较适于一般人拿在手里操作。当然，由于生产厂家的不同，其尺寸不是固定的，有些魔方尺寸小于 56 毫米，有些则远大于这个尺寸。魔方的 6 个表面分别涂以 6 种不同的颜色。用哪 6 种颜色，颜色怎样分布，也是随生产厂家不同而不同的。标准的匈牙利产魔方用白、黄、蓝、绿、红、橙这 6 种颜色，如果白色面朝上，则底面为黄色，前面为蓝色，后面为绿色，左面为红色，右面为橙色。美国制造的魔方大多有一面是黑色，因为根据瑞典科学家哈德（A. Hard）和西瓦克（L. Sivik）的自然色体系（natural color system，NCS，这个体系已成为瑞典国家标准，并获得许多国家的认可或支持），白、黑、红、黄、绿、蓝是 6 种基本色，而橙色则不是基本色。所以比较讲究科学的美国人用黑色代替了橙色，而且严格按照那个体系，让互为对抗色的白和黑、红和绿、黄和蓝分别处于魔方相对的两面。有关问题请参阅李亨著《颜色技术原理及其应用》，科学出版社，1994。

笔者手中有两个魔方，按顶、底、前、后、左、右的次序，分别为白、黄、橙、红、蓝、绿和白、蓝、红、粉、黄、绿，都不符合自然色体系。正因为这个原因，在讨论魔方复原时，我们不用颜色标注哪一面，而用顶、底、前、后、左、右来标记（见后）。

图 2-1　世界上第一个魔方

大批量、商品化生产的魔方都是立方体。但在鲁比克发明魔方之初，在做出他的第一个样品时，魔方并不是正立方体。大概考虑到安全性和美观性，鲁比克用木头做的世界上第一个魔方，8 个顶角都被斜切去了一小块，因此使魔方大略呈球形，见图 2-1。后来，在使用过程中，大概觉得尖的顶角既不产生安全问题，也不影响美观，生产制造工艺则更加简单，就把“圆角”改成尖角而成为正立方体了。

## 2.2　“解剖”魔方

这 27 个“小方块”是怎样连接在一起的呢？对魔方的内部结构感兴趣、想一睹究竟的读者不妨按图 2-2(a) ~ (f) 的顺序把魔方分解，然后再按图 2-2(g) ~ (l) 的顺序重新把它装配起来。这样，我们就可以看到，魔方实际上并不像外表看上去那样是由 27 个小方块组成的，而是由一个转轴（图 2-3(a)），12 个边上的“小方块”（图 2-3(b)）和 8 个角上的“小方块”（图 2-3(c)）所组成的。边上小方块在内侧有一个斜面嵌着一个扁平的小方块作为“脚”；角上小方块则在一个角上附着一个斗状的小方块作为“脚”。图 2-3(d) 是魔方装配好以后的内部结构一瞥。由此可见，魔方中的这些小方块就是通过它们的“脚”勾在一起而互不分离的；而通过这些“脚”与转轴连接在一起，又使魔方能灵活地旋转，其中固定在转轴顶端、形成 6 个外表面的中央方块（实际上已不是立方块而只是半个立方块）起着重要的作用。例如，当最下层旋转时，该层上的小方块通过脚水平地彼此连接在一起，而其垂直位置则是通过该层的中心方块和上一层（中间层）适当地固定起来的。中间层有一个陷进去的圆形轨迹（由小方块的缺口构成），它指挥上、下层的脚的运动，并帮助上、下层结合在一起。为了更好地理解，我们把拆开后的顶层放在桌上，有颜色的面朝下，其内部结构就清楚地暴露在我们面前了，如图 2-4 所示。由图可见，角块的 4 只脚和边块的 4 只脚是如何紧紧地互相勾在一起的；这些脚形成类似于机床上夹紧零件的卡盘那样的东西，一方面紧紧夹住 8 个小方块，使它们不会分开，另一方面又可以使它们围绕转轴灵活地转动。

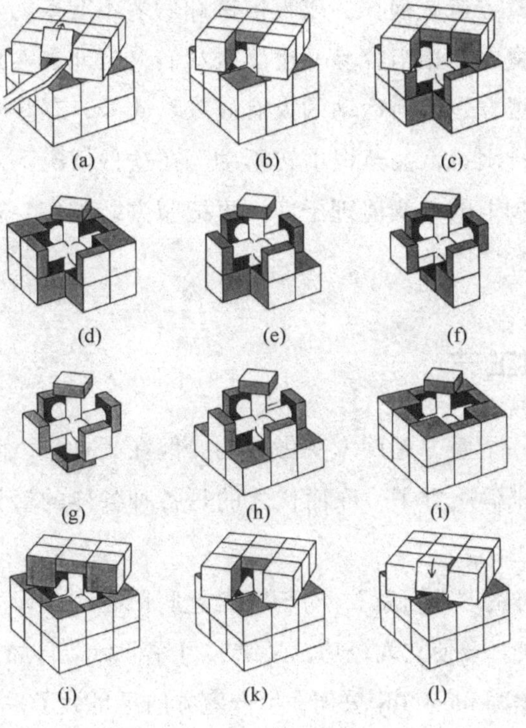


图 2-2 魔方的分解和装配

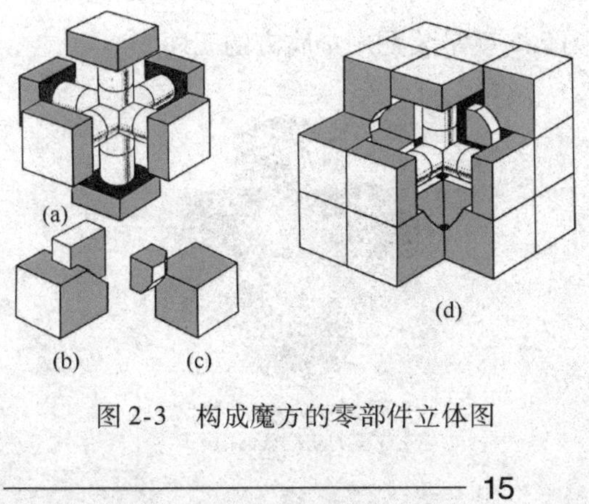


图 2-3 构成魔方的零部件立体图

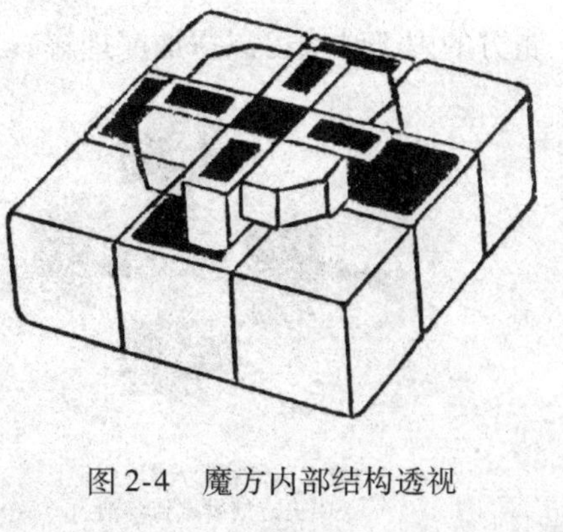

图 2-4 魔方内部结构透视

剖析了魔方的构造以后，我们可以看到，魔方的原始创意是受积木玩具的启发而产生的。但为了实现积木块的集成，实际上对积木进行了彻底的改造，以至外表上虽然仍然是27个积木块，实际上已“面目全非”了。可见，要创新，必须变革、突破，不能墨守成规。就魔方而言，如果鲁比克对27个小积木块不作改造，那是永远也做不出魔方来的。最后我们要指出，许多魔友由于害怕拆卸魔方造成损坏，或害怕拆卸后装不起来，不敢拆卸魔方。其实，拆卸和装配魔方都相当容易。建议魔友们大胆地去实践一下，这对了解魔方内部结构、魔方是如何运动的大有好处。此外，有些魔方由于制作不够精良，有些面旋转困难，甚至根本转不动。在这种情况下，你如果敢于把魔方拆开，把小块脚上的毛刺清理干净，再把魔方装配好，魔方就好用了，这不是一举两得么？

## 2.3 材质和工艺

鲁比克的第一个魔方是用木头做成的。但在大批量、商品化生产中，已经没有人用木头来做魔方了，取而代之的是各种各样的塑料，因为塑料易于成型，也易于上色。

生产魔方这样的“小玩意”，对于现代企业来说，当然不算什么大难题。但是由于它比较精细，要使它既轻巧，又结实可靠，旋转自如，对制造工艺的要求还是很高的。美国Ideal Toy公司在生产魔方前足足做了一年的准备才正式投产呢。下面我们假定零部件都已做出来了，看看其装配过程（通过它，读者对魔方的内部结构可以更加深理解）。图2-5就是装配一个魔方的工序图。

(a) 用改锥和弹簧把6个面上中央方块固定到转轴上

(b) 面上中央方块全部固定好注意这些方块内表面稍呈球形

(c) 把底层8个小方块(4个角块，4个边块)按其实际应占位置放好

(d) 通过自身锁紧装置把小方块连接在一起

(e) 围绕中央方块稍加挤压，使8个小方块逐一就位

(f) 把中层4个角块排好

(g) 稍加挤压，使4个角块就位

(h) 把已装配好的2层转90°

(i) 剩下的边块、角块按其应占位置摆好

(j) 同(d)

(k) 同样通过挤压使这8个方块就位
同已装配好的部分连接在一起

(l) OK！魔方装配完成

图 2-5　装配魔方的工序图

# 3 魔方预热

为了下文讨论魔方六面还原等操作的方便，本章先介绍有关的术语、定义和记号，以及对魔方的基本操作和魔方运动的基本规律。下决心要学会玩魔方的读者，务必不要急于看后面的章节，而要耐心把这一章看完，并把有关内容牢记在心。

## 3.1 定义魔方

本节，我们将对用于魔方和魔方中的小立方块的有关术语作出明确定义。其中有些术语我们在前两章中已经在使用了，但为了完整，这里再明确定义一下。

**1. 有关整个魔方的术语和定义**

魔方的示意图如图 3-1 所示，有 6 个面（face，F），12 条边（edge，E）和 8 个角（corner，C）。

对于六面还原或魔方的其他任何玩法而言，你可以随时随机地转动任何一个面，但是魔方作为一个整体一般不能随便扭动或转动。为此，可以把魔方的 6 个面分别叫做顶（up）、底（down）、前（front）、后（back）、左（left）、右（right），如图 3-2 所示。一般玩魔方时，是用左手拿着它的，顶和底的意义是明确的，所谓“前”是正对着你的那面，“后”是你看不见的那面；“左”、“右”分别是对应于你左手、右手的面。以后我们将分别用 U、D、F、B、L、R 表示顶、底、前、后、左、右各面。

**2. 有关小立方块的术语和定义**

我们把魔方的 $3\times3\times3=27$ 个小立方块（因为处于魔方中心的小立方块并不存在，所以实际上只有 26 个小立方块）叫做“小块”（cubelet 或 cubie)，根据其所处的位置分以下 3 类：

图 3-1　魔方示意图

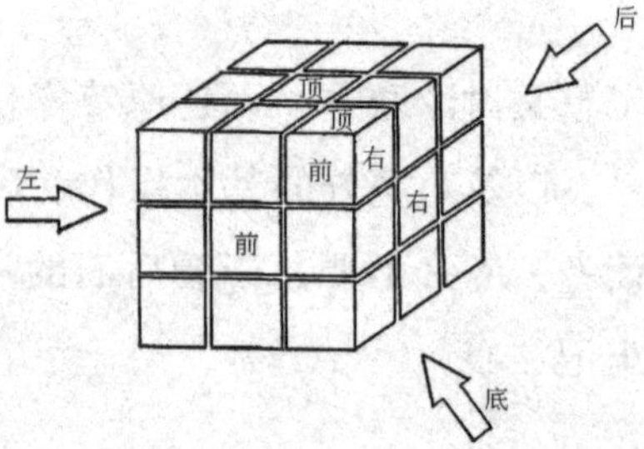


图 3-2　魔方 6 个面的标识

(1) 面小块 (face cubie)，简称面块，即位于各面中央的小立方块，一共 6 个。对面块我们只能看到它的 1 个外表面，在操作魔方作各种运动时，它的位置是不变的，其外表面的颜色也是始终不变的。

(2) 边小块或棱小块 (edge cubie)，简称边块或棱块，即位于魔方各边线中间的小立方块。因为魔方有 12 条边，所以也就有 12 个边块，每条边上有一个边块。对于边块，我们能看到它的两个外表面，其颜色分别对应于魔方处于原始状态时它所在面的面块的颜色。

(3) 角小块 (corner cubie)，简称角块，即位于魔方各个角上的小立方块。因为魔方有 8 个角，所以也就有 8 个角块，每个角上有一个角块。对于角块，我们能看到它的 3 个外表面，其颜色分别对应于魔方处于原始状态时它所在面的面块的颜色。

我们把面块、边块、角块暴露在外的表面叫“小面”(facelet)。面块只有 1 个小面，边块有 2 个小面，角块有 3 个小面，分别如图 3-3(a)~(c)所示。

每个小块，不管是面块、边块还是角块，任何时候都必占据魔方一个空间，我们把一个小块占据的一个空间叫做一个小室 (cubicle)。同小块类似，小室也有面小室、边小室、角小室之分。面小室和面小块的关系是固定的，即某个面块固定地占有某个面小室。边小室和边块的关系就不是固定的了，

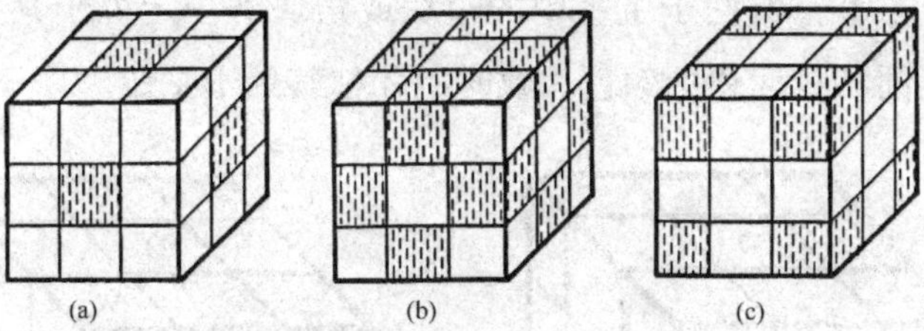


图 3-3 小块和小面

某个边块可以占有 12 个边小室中的任意一个。角小室和角块的关系类似。当魔方处于原始状态时或魔方经过六面还原以后，每个边块和角块所处的小室称为该边块或角块的“主室”（home location），此时的边块或角块称为处于其“主位”（home position）。显然，处于主位的边块或角块，其 2 个或 3 个小面的颜色必同相应面块的颜色一致，如图 3-4(a)、(b) 所示。图中，假定魔方的顶面为橙色（orange，O），前面为绿色（green，G），右面为白色（white，W）。

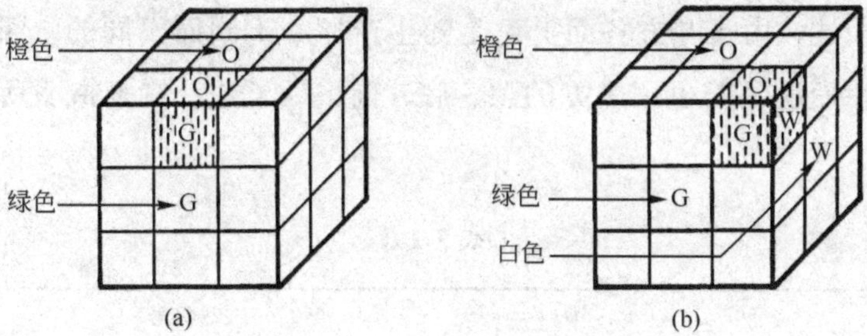


图 3-4 处于主位的小块，其小面颜色同相应面块颜色一致

魔方在六面还原过程中，某一边块（或角块）可能回归其主室，但其 2 个（或 3 个）小面的颜色并不同相应面块的颜色一致，因此并不处于其主位，如图 3-5(a)、(b) 所示。图中箭头所指的小块就是发生翻转或扭转的边块或角块。我们把处于这种情况的边块叫做“以翻转方式处于其主室”的边块，或简单地说成是“翻转的边块”（flipped edge cubie）。处于这种情况的角块则叫做“以扭转方式处于其主室”的角块或简单地说成是“扭转的角块”（twisted corner cubie）。主室和主位的概念非常重要，必须弄清。每个边块和

角块都有一个主室，但处于主室中的边块或角块不一定处于其主位。只当其各小面的颜色同相应面块的颜色一致时，才称其处于主位。

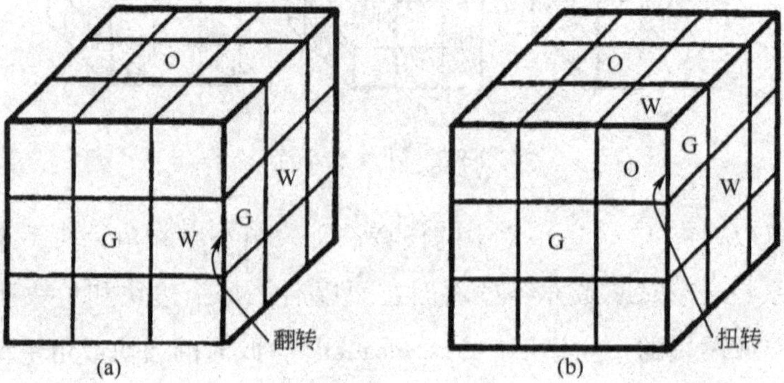


图 3-5　处于主室，但不处于主位的小块，其小面颜色同相应面块颜色不一致

# 3.2　魔方标记法

如前所述，由于魔方各面上色是随生产厂家不同而不同的，因此我们在讨论魔方六面还原时也用魔方的顶、底、前、后、左、右来指明所涉及的面（表 3-1）。

**表 3-1**

| 面 | 符号 |
|---|---|
| 顶 | U（up） |
| 底 | D（down） |
| 前 | F（front） |
| 后 | B（back） |
| 左 | L（left） |
| 右 | R（right） |

小室和小块的标记同它们与哪 2 个或 3 个面有关。对边小室和边块来说，它们同 2 个面有关，因此就用与其有关的 2 个面的小写体英文来标记如下：

边小室（边块）

uf 或 fu

ul 或 lu

ub 或 bu

ur 或 ru

rf 或 fr

fl 或 lf

lb 或 bl

br 或 rb

df 或 fd

dl 或 ld

db 或 bd

dr 或 rd

图 3-6 中画出了魔方顶层 4 个边小室（或小块）。正对着你的那个就是 uf，从上往下看，另 3 个顺时针方向依次为 ul，ub，ur。

可以用类似的方法标记角小室和角块。但由于它们同 3 个面有关，标记时一般按顺时针方向先后取 3 个小面，从哪个小面起始都可以。这样，8 个角小室或角块的符号如下：

角小室（角块）

urf，rfu 或 fur

ufl，flu 或 luf

ulb，lbu 或 bul

ubr，bru 或 rub

dfr，frd 或 rdf

dlf，lfd 或 fdl

dbl，bld 或 ldb

drb，rbd 或 bdr

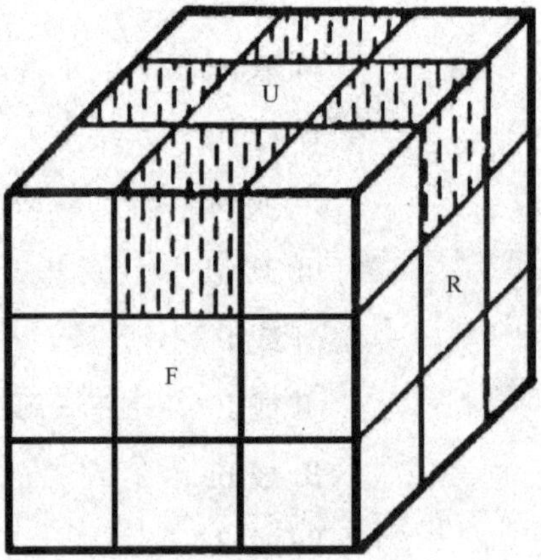


图 3-6　顶层的 4 个边小室（边块）

图 3-7(a）画出了 urf 角小室（或角块），图 3-7(b）画出了标记该角小室（角块）时如何按时针方向顺序取 3 个小面的符号。

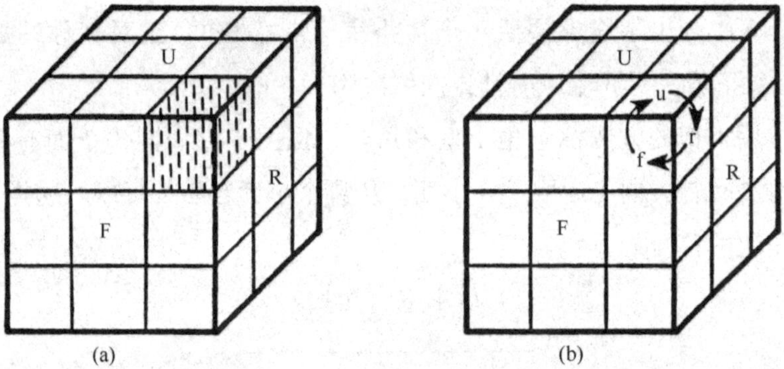


图 3-7　角小室（角块）及其标记法

对于小室和小块有些资料用不同的符号标记。我们这里用相同的符号，会不会搞混呢？不会的，因为对于小室而言，其位置是固定的（魔方按某方位摆放好以后）；而对于小块而言，它是可以变动的，所以可以从叙述中区分开来。为了清楚，在图解中我们仍用大写标注，这一点请读者注意。

对于处于主位的边块或角块，以上标记法是足够清楚的。对于不处于主位，也就是说翻转了的边块或扭转了的角块怎么标记呢？对翻转了的边块，因为无非是两个小面调换了位置，所以比较简单，用括号把它括起来，右下角加个“+”号标记就是了。比如 ur，经过某个操作序列，回到原小室，但两个小面交换了位置，则把它标注成 $(ur)_+$。余类推。

对于扭转了的角块，情况稍为复杂一些。因为它有 3 个小面，经过扭转以后，其任一小面可能占据另 2 个小面中的任意一个。换一种说法是，角块可能只扭转 1/3，也可能扭转 2/3（等效于 -1/3）；或者说，角块可能按某方向扭转，也可能按相反方向扭转，如图 3-8 所示。为了简单，我们按最后那种说法，把角块顺时针方向扭转的，在其右下角加“+”号标记；把角块按逆时针方向扭转的，在其右下角加“-”号标记。例如，对角块 urf，经过某个操作序列，回到原小室，但不在其主位，则把它标注成 $(urf)_+$，或 $(urf)_-$。对于 $(urf)_+$，原来在前面的那个小面，现在在顶面；原来在顶面的那个小面，现在在右面；原来在右面的那个小面，现在在前面，其换位是按顺时针方向进行的。对于 $(urf)_-$，原来在前面的那个小面，现在在右面；原来在右面的那个小面，现在在顶面；原来在顶面的那个小面，现在在前面，其换位是按逆时针方向进行的。

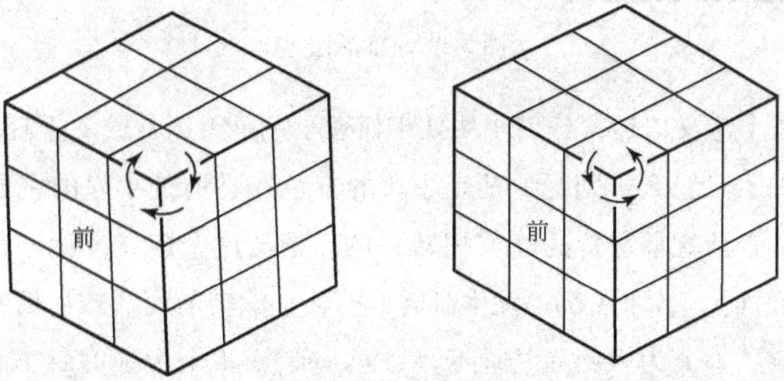


图 3-8　角块的 2 个方向扭转

以上讨论是针对在主室中的小块进行的。如果小块根本不在主室中，那怎么判断它是“正常”的呢？还是“翻转了的”或“扭转了的”呢？比如说 fr 小块跑到 bl 小室中去了，它的前小面和右小面一个成了后小面，一个成了左小面，其两个颜色同当前所在后面和左面的面块颜色都不一样，怎么放算是正常的？怎么放算是“翻转了的”呢？为了解决这个问题，康韦提出了“主面”（chief face）和“主色”（chief color）的概念。所谓主面，是小室中的一个面，对于顶层的边小室和角小室是其顶面，对于底层的边小室和角小室是其底面，对于夹心层上的左边两个边小室是其左面，右边两个边小室是其右面。所谓主色，是小块上的一个面的颜色，对于处于原始状态下顶层上的边块和角块是其顶面的颜色，对于底层上的边块和角块是其底面的颜色，对于夹心层上左边两个边块是其左面的颜色，右边两个边块是其右面的颜色。图3-9用“X”标出了各小室的主面，也就是魔方初始状态下各个小块的主色所在的小面。

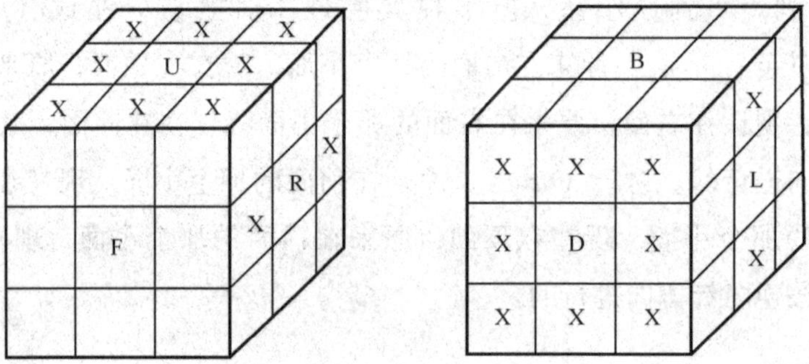


图3-9 主面和主色

有了以上定义以后，任何小块处于任意小室是否正常或发生翻转（扭转）就容易辨别了。怎么辨别呢？凡是小块的主色在其所处小室的主面，则称它是正常的，否则就是翻转的（或扭转）的。根据这个定义，我们看到，旋转顶面（或底面），各小块都不发生翻转或扭转；旋转前面（或后面）则4个角块发生扭转，2个为顺时针方向c（clockwise），2个为逆时针方向a（anti-clockwise），4个边块不发生翻转，如图3-10(a) 所示；旋转右面（或左面），则4个角块发生扭转（2个为顺时针方向c，2个为逆时针方向a），4个边块则发生翻转，如图3-10(b) 所示。图3-10中，标圆圈的面表示小块主色所在的面，标X的面表示小室的主面。最后这一点同我们的常识不太一致，因为比如说边块fr跑到ur小室中去以后，其前面变为顶面，右面仍为右面，颜色同面块颜色维持一致，从直觉上来说，这个边块似乎只是“平移”了一下，并不发生翻转。但按康韦的定义，fr 小块的主色是其右面的颜色，ur 小室的主面是其顶面，fr 小块进入 ur 小室以后，其主色同主面不重合，因此是翻转了的。这一点读者千万要注意。

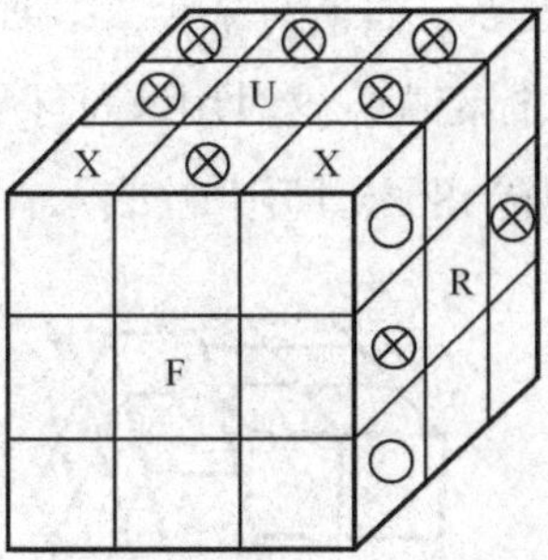


(a) 旋转前面

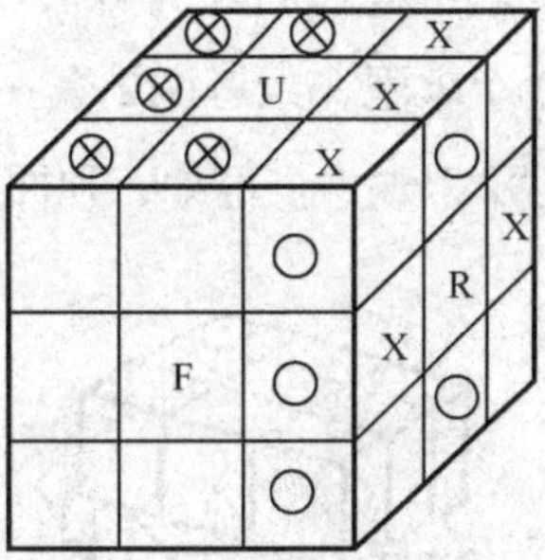


(b) 旋转右面

图 3-10 根据小块主色和小室主面的关系判断小块是否翻转或扭转

有了康韦的定义以后，我们前面的问题就好解决了。如果 fr 小块进入 bl 小室，有主色的右面位于 bl 小室的主面（左面），则是正常的，否则，就是翻转的。

类似地，旋转前后面和左右面时说角块发生了扭转同我们的直觉也有些抵触。如果把整个魔方旋转一个角度，那么，前后面和左右面就可以成为上下面，对它们的操作就相当于对顶面或底面的操作，但在康韦的定义下，对后者认为无扭转，对前者就认为有扭转，令人感到有些别扭。但因为任何事情总是相对的，康韦的定义较好地解决了任意角块在任意小室中的方向问题，因此我们不去计较这些，以后将统一按康韦的定义来说明角块的扭转。

边块的翻转和角块的扭转是魔方运动中两个非常基本的现象，因此也是两个非常基本的概念，读者务必细心体会和理解。

## 3.3 魔方操作入门

对魔方的基本操作是用左手握住魔方，用右手按顺时针方向或逆时针方向旋转其一个外表面——顶面、底面；前面、后面；左面、右面，旋转角度通常是 90°，即 1 个象限（1 quarter），因此被叫做一个 q 转。图 3-11 给出了魔方6个外表面顺时针方向转动的情况。由图可见，不管转哪个面，所谓顺时针方向，都是指操作者面对该面所看到的转动方向，这一点千万不要搞错。

外表面的一个q转直接用该面的符号来表示，也就是说U表示顶面顺时针转90°，F表示前面顺时针转90°，如此等等。如果对某个外表面一下转了180°，即2个象限，或者说2个q转，那怎么标记呢？这时用该面符号后面或者右上角加“2”表示。例如，顶面顺时针方向转180°，即用$U^2$表示，余类推。

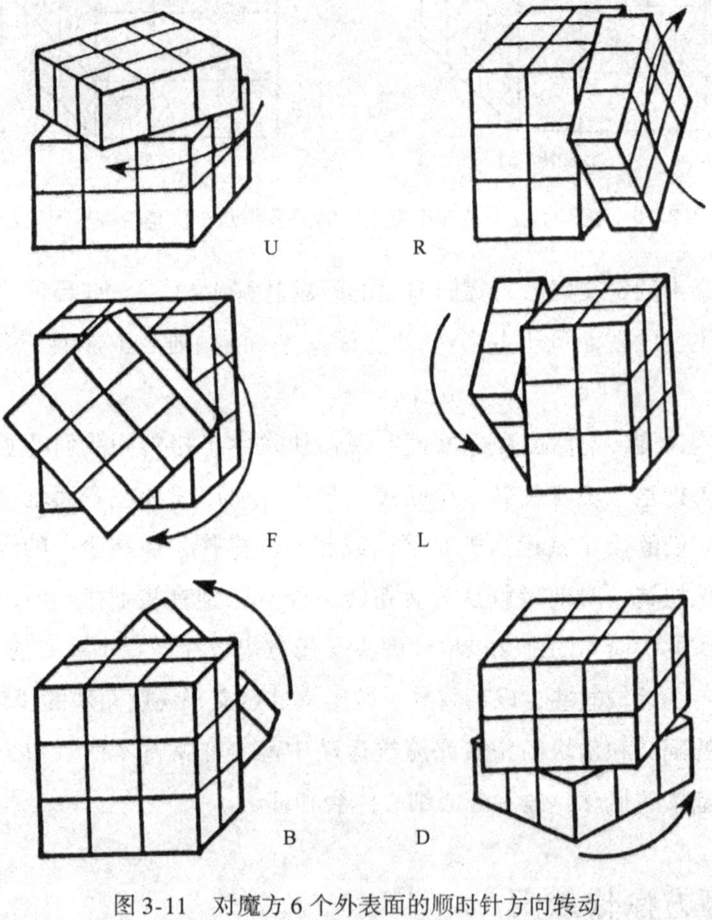


图3-11　对魔方6个外表面的顺时针方向转动

如果对某个外表面逆时针方向转了90°，那怎么标记呢？这时我们用该面符号右上角加“-1”或一撇（′，apostrophe）表示。例如，前面逆时针方向转90°，即用$F^{-1}$或F′表示，余类推。

为了记录对魔方所施加的一个动作序列，只要简单地从左到右列出这些动作就可以了。比如，从魔方初始状态出发，先顺时针方向转动前面90°，然后顺时针方向转动右面90°，那么就可以把这个动作序列记作FR。记住，F和R的次序是绝对不能搞错的，因为FR和RF的效果完全不一样。为了验证，可以首先在一个处于初始状态的魔方上作FR转动，注意它的结果；然后复原后作RF转动，可以看到其结果是如此不同。显然，FR的逆运动既不是RF，也不是$F^{-1}R^{-1}$，而是$R^{-1}F^{-1}$。

对一个魔方的任一外表面作一个q转产生什么作用呢？也就是说魔方的那些小块（边块和角块）的位置有什么变动、是否有翻转或扭转呢？我们看到，例如，魔方右表面转90°将导致右表面的边块和角块循环换位。原先在小室ur中的边块将转到后表面占据小室br的位置，原在小室br中的边块转到下面占据小室dr，而边块dr则像游乐场中的转轮上的座位一样被转上来占据小室fr的位置，原在小室fr中的边块则转到顶上到达小室ur的位置。这样一个循环换位可以用图3-12的两种方式形象地表示出来。

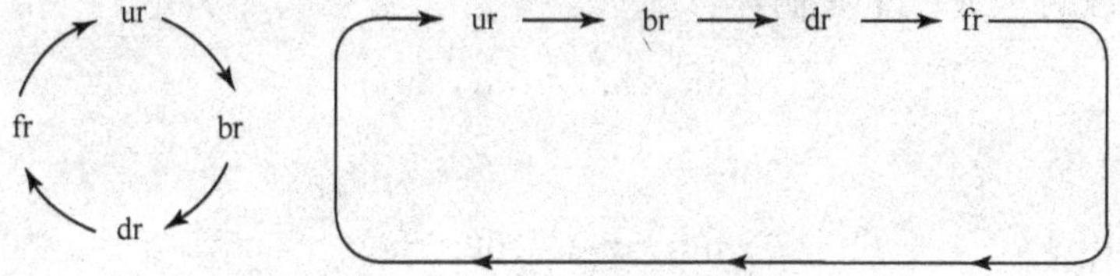


图3-12　边块的4循环

上述运动称为4循环（4-cycle），意思是4个边块之间的一次轮换，可以用以下更简练的方法来表示：

（ur，br，dr，fr）

对以上表示法要注意以下两点：

（1）循环的起点可以任选，但顺序不能乱变。例如，可以以br开头，写成（br，dr，fr，ur）。

（2）因为边块的记号中，两个小面的符号哪个在前，哪个在后都可以，因此，以上表达式也可等效地写成（ru，rb，rd，rf），即把前后字母都颠倒一下。但不能有的颠倒，有的不颠倒。原因在于，循环表达式不但表明了小块的移位情况，还隐含着边块的翻转情况。如前所述，按照康韦的定义，右面的转动使4个边块在换位的同时，还发生翻转。而翻转的信息是隐含在表达式中的。例如，fr小块移至ur小室，说明它在移至ur小室后，其右面仍在右面，前面变成了上面，因此其主色（右小面颜色）不在当前所处的小室的主面（上面），因此是翻转了的。如果表达式中不写成（…，fr，ur，…）或（…，rf，ru，…），而写成（…，fr，ru，…）则说明fr小块移至ur小室以后，其前小面成了右小面，右小面成了顶小面，其主色处于当前小室的主面，说明不发生翻转。这两种情况是完全不同的。因此，如果把右面4个边块的循环写成（ur，rb，dr，rf），那么，虽然它仍然表示涉及同样4个边块的4循环，但每个边块在由原先所处的小室进到其下一个小室时，反而都不发生翻转了。这样一个4循环当然不是一个q转能完成的，而是通过不同表面的若干q转完成的。对于这类比较复杂的4循环，我们将在后面详细讨论。

类似地，魔方右表面转90°同时还使右表面的4个角块循环换位，且发生扭转，可以表示成以下4循环：

（urf，bru，drb，frd）

或者

（rub，rbd，rdf，rfu）

……

以上表示是等效的。但同样要注意角块3个小面的先后书写次序，以正确表达运动方向及角块的扭转方向。在我们这个例子中，角块urf移入魔方右后上方的小室中去时，发生顺时针方向扭转，其原来的顶小面变成后小面，原来的右小面仍为右小面，原来的前小面变成顶小面，因此应写成bru，以正确反映扭转情况。余类推。这样，为了完整地描述魔方右表面转90°的结果，我们可以写成：

R：（ur，br，dr，fr）（urf，bru，drb，frd）

以上表达式清楚地反映了R的作用是产生两个不相交的、或者说互相独立的4循环，一个是针对边块的，另一个是针对角块的。需要注意的是，表达式中并不出现表示翻转和扭转的“+”、“-”号，但通过边块和角块各小面在前后两个小室中的位置，可以分析出它们是否发生了翻转或扭转，以及扭转的方向。

以上讨论的是对魔方施加一个 q 转的作用及表示法，相对来讲比较简单和易于理解。如果对魔方的不同外表面先后施加 2 个、3 个、…、$n$ 个 q 转，情况就越来越复杂了，但处理方式是一样的。我们下面以先对魔方前面转 90°，然后对右面转 90°，也就是施加 FR 的情况详细作一分析。其示意图见图 3-13。

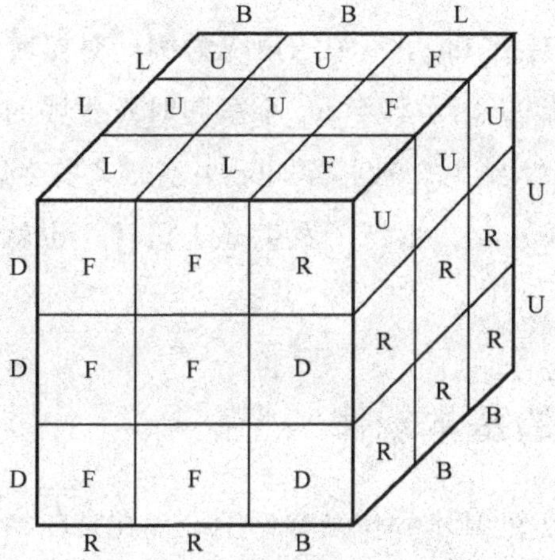


图 3-13　对魔方施加 FR 的作用

分析方法如下：在终局魔方上任取一个位置有变动的边块，找出它的运动轨迹。例如，取 fr，它运动到小室 fd，且其前小面仍在前面。这样，原在小室 fd 中的边块就移开了。它移到哪里去了呢？移到小室 fl 中去了，且其前小面也仍在前面。这样，原在小室 fl 中的边块就又要移开了，它移到 fu……这样追踪下去，最后我们发现原在 dr 中的边块移进了 fr，其底小面移到了前面。于是可以把 FR 运动对边块的作用表示如下：

(fr，fd，fl，fu，ur，br，dr)

这是一个 7 循环，也就是说，对魔方施加 FR，造成了 7 个边块的一次循环换位。其中，fu，ur，br，dr 这 4 个边块在换位的同时发生了翻转。

FR对角块的作用稍微复杂一些。我们看到，经过运动FR以后，ubl和dbl这2个角块仍在原位，没有发生变动；fur这个角块在做F运动时离开了原位到了小室frd；但在做R运动时又回到了它的主室，但却不在它的主位，也即经过了扭转。其他5个角块则发生了循环换位。因此，可以把FR运动对角块的作用写成以下表示式：

$$\mathrm{FR}:(\mathrm{frd},\ \mathrm{fdl},\ \mathrm{flu},\ \mathrm{ubr},\ \mathrm{bdr})_{-}\ (\mathrm{fur})_{+}$$

上式中的第一部分表示一个5循环，其中原在frd、ubr小室中的角块在换位的同时发生顺时针方向扭转，原在fdl、flu、bdr小室中的角块在换位的同时发生逆时针方向扭转。第二部分表示角块fur仍在原位但经过换位已发生顺时针方向扭转。我们以原在flu小室中的角块为例，对扭转情况稍加说明。原在flu中的角块在前面转90°时被移至fur小室同时发生顺时针方向扭转（即1/3扭转）。其后在右面转90°时，被移至ubr小室，又发生顺时针方向扭转（即1/3扭转）。两者加在一起，相当于发生2/3扭转，也就是－1/3扭转，即逆时针方向扭转。

# 3.4 魔方运动的基本规律

3.3节讨论了魔方的基本操作及其作用。现在来归纳一下魔方运动的基本规律。

**1. 对一个外表面的操作**

对一个外表面进行操作，其运动规律比较简单。如前所述，此时，对一个q转，该面的4个边块和4个角块分别发生4循环。如果转的是顶面或底面，边块不发生翻转，角块不发生扭转；如果转的是前面或后面，则边块不发生翻转，角块发生扭转；如果转的是右面或左面，边块发生翻转，角块发生扭转。以转动右面为例，

$$\mathrm{R}:(\mathrm{ur},\ \mathrm{br},\ \mathrm{dr},\ \mathrm{fr})\ (\mathrm{urf},\ \mathrm{bru},\ \mathrm{drb},\ \mathrm{frd})$$

无论哪个外表面发生两个q转，即转动180°时，边块和角块都将发生两个独立的2循环，即相对的两个边块和角块互相调换小室，而且边块不发生

翻转，角块也不发生扭转。也就是说，在两个 q 转的情况下，左右、前后和上下面又都拉平了，都不发生翻转或扭转了。以右表面转动 180°为例，

$$R^2:(ur,\ dr)(br,\ fr)(brd,\ urf)(bru,\ frb)$$

外表面发生 3 个 q 转，即转动 270°时，相当于反方向的 1 个 q 转，4 个边块和 4 个角块也发生 4 循环，但循环次序和正方向的 1 个 q 转时正好相反；翻转和扭转情况则视哪个外表面而定。以右表面转 270°为例，

$$R^3:(ur,\ fr,\ dr,\ br)(urf,\ frd,\ drb,\ bru)$$

R 发生 4 个 q 转，即转动 360°时，边块和角块循环一周后都回到原位，即什么变化也没有发生。

对于逆时针方向的运动，容易看出：

$$R^{-1}=R^3,\quad R^{-2}=R^2,\quad R^{-3}=R,\quad RR^{-1}=I$$

最后一个表达式说明，顺时针转 90°后再逆时针转 90°，所有边块和角块都回到原位，也等于什么动作都没有做。

**2. 对相对两个外表面的操作**

对相对两个外表面（顶面和底面，右面和左面，前面和后面）的两个操作，显然是互相独立、互不干扰的。例如，

$$RL=(br,dr,fr,ur)(urf,bru,drb,frd)$$
$$(bl,ul,fl,dl)(ulf,dlf,bld,ulb)$$
$$R^2L^3=(ur,dr)(br,fr)(brd,urf)(bru,frb)$$
$$(ul,bl,dl,fl)(ulf,ulb,bld,dlf)$$

**3. 对相交两个外表面的操作**

我们在 3.3 节中以 FR 为例讨论过这个问题了。对相交两个外表面各施行顺时针的一个 q 转操作将使 7 个边块发生循环换位，6 个角块发生移位，其中 5 个角块为循环换位，而一个角块被扭转以后留在原位。

如果对第一个面施加顺时针操作，对第二个面施加逆时针操作，情况就不同了。这时，边块仍发生 7 循环而角块则发生两个 3 循环。例如，

$$FR^{-1} = (fr, fd, fl, fu, dr, br, ur)$$
$$(fur, brd, bur)(flu, frd, fdl)$$

其中，前3个边块只发生换位，不发生翻转，而后4个边块则发生翻转换位。6个角块在换位同时，发生扭转，其中，fur，brd，frd这3个发生顺时针方向扭转，bur，flu，fdl这3个发生逆时针方向扭转。

如果对第一个外表面施加一个顺时针q转，对第二个外表面施加两个顺时针q转，这时会发生什么情况呢？这时，边块发生一个5循环和一个2循环，角块则发生6循环。例如，

$$FR^2 = (fu, rb, rf, df, fl)(ur, dr)$$
$$(fur, bur, frd, lfd, flu, bdr)$$

在以上循环中，边块都不发生翻转，角块则有不扭转的（bur，bdr），有顺时针方向扭转的（frd，flu），也有逆时针方向扭转的（fur，lfd）。

由以上少数几个例子就可看出，魔方运动时，其小块循环换位和翻转（扭转）的情况十分复杂，但十分有规律。这些规律将在第5章中加以介绍和总结。

## 3.5 魔方的另类操作

以上讨论中，只涉及对魔方6个外表面的操作，这是玩魔方中最基本的操作。除此以外，还有其他两种操作，虽然不太常用，偶尔也有用，这里我们作一介绍。

一是所谓夹心层操作（slice move，或 middle layer move）。魔方有3个夹心层，即位于上下层之间、前后层之间、左右层之间的夹心层。这3个夹心层的交点就是魔方的中心，每个夹心层上各包括4个面块，4个边块，但没有角块。因此，夹心层操作只涉及边块的运动而不涉及角块的运动。

每个夹心层操作也有恰恰相反的两个方向，因此总共有9种夹心层操作。图3-14示左右夹心层的3个操作。前后夹心层和上下夹心层的操作与此类似。

对夹心层操作有两种不同的实现方法，笔者给它们分别起名为“中片旋转法”和“侧片旋转法”。以左右之间的夹心层顺时针方向旋转90°（从右边

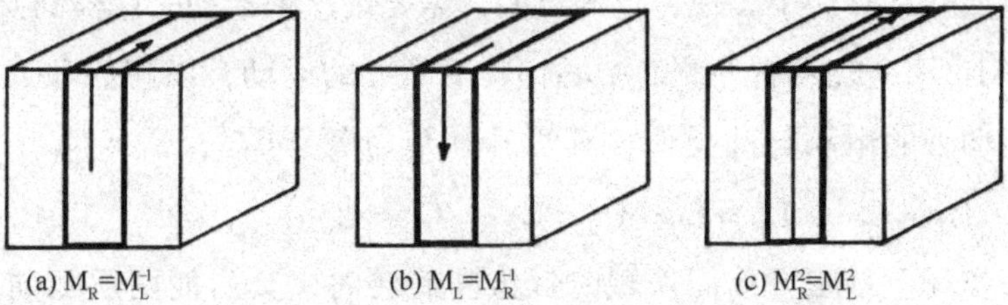


图 3-14　左右夹心层的 3 个操作

看）为例，所谓中片旋转法如图 3-15 所示，是左手拿住魔方左侧，右手将夹心层和右表面层一起旋转 90°，然后把右表面层逆向旋转 90°。

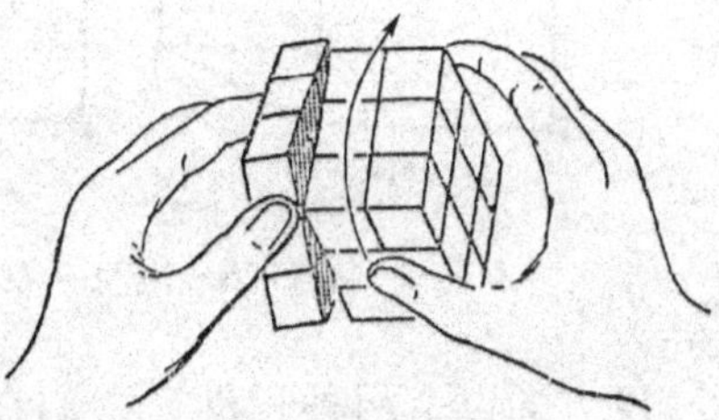

图 3-15　中片旋转法

所谓侧片旋转法则是进行 $RL^{-1}$（或 $L^{-1}R$）操作，间接实现夹心层的旋转。作为单个操作，二者是等价的（运动本来就是相对的嘛）。但由于中片旋转法造成 4 个中央面块小面的循环换位，而侧片旋转法中 4 个中央面块小面维持在原位不动，因此，在操作序列中它们所起的作用是不同的。为此，我们用不同的符号表示用不同方法实现的夹心层操作。对于用中片旋转法实现的夹心层操作，用 $M_R = M_L^{-1}$，$M_L = M_R^{-1}$，$M_R^2 = M_L^2$；$M_F = M_B^{-1}$，$M_B = M_F^{-1}$，$M_F^2 = M_B^2$；$M_U = M_D^{-1}$，$M_D = M_U^{-1}$，$M_U^2 = M_D^2$ 表示。对于用侧片旋转法实现的夹心层操作，我们用 $R_s = L_s^{-1}$，$L_s = R_s^{-1}$，$R_s^2 = L_s^2$；$F_s = B_s^{-1}$，$B_s = F_s^{-1}$，$F_s^2 = B_s^2$；$U_s = D_s^{-1}$，$D_s = U_s^{-1}$，$U_s^2 = D_s^2$ 表示，与之相应的侧片旋转如下所示：

$$R_s = RL^{-1}$$
$$L_s = LR^{-1}$$
$$F_s = FB^{-1}$$
$$B_s = BF^{-1}$$
$$U_s = UD^{-1}$$
$$D_s = DU^{-1}$$

对魔方的另外一种操作是魔方作整体旋转，从而改变其上下、左右、前后面的关系。有时为了实现特定的目的，需要做这种运动。这样的操作也有9种，图3-16示围绕左右外侧面中心轴转动魔方的运动，以前后和上下外侧面中心为转动轴的运动与此类似，其符号分别为$C_R = C_L^{-1}$，$C_L = C_R^{-1}$，$C_R^2 = C_L^2$；$C_F = C_B^{-1}$，$C_B = C_F^{-1}$，$C_F^2 = C_B^2$；$C_U = C_D^{-1}$，$C_D = C_U^{-1}$，$C_U^2 = C_D^2$。以$C_F$为例，其操作方法实际上是魔方前面作顺时针方向旋转时，其后面两层随同前面一起旋转即可，余类推。

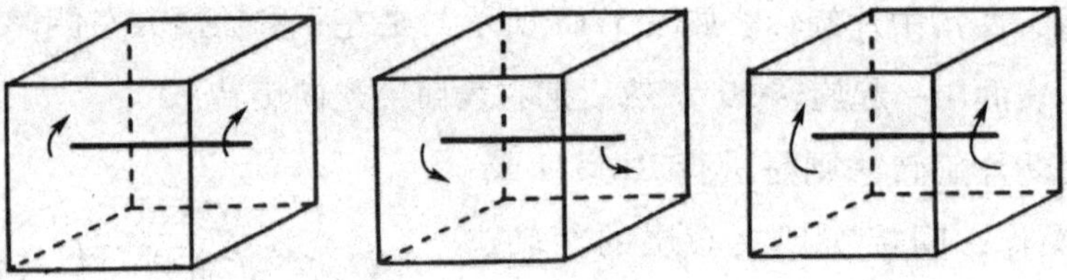

(a) $C_R=C_L^{-1}$　(b) $C_L=C_R^{-1}$　(c) $C_R^2=C_L^2$

图3-16　围绕左右外侧面中心轴转动魔方的运动

魔方的以上两种运动，我们在稍后章节中都会遇到，请读者千万不要搞错。如果阅读其他魔方文献，请注意弄清符号之间的对应关系和具体实现方法。

# 4 六面还原基本法

有了前几章的铺垫，现在我们可以进入最主要的内容，即如何把一个拧乱了的魔方六面还原。前面我们说过，不少学者和魔方爱好者提出了许多六面还原的方法，我们这里选择辛格马斯特（David Singmaster）和小弗莱（Alexander H. Frey，Jr.）在《魔方数学手册》（*Handbook of Cubik Math*，Enslow Publishers，1982）中的方法作为基本方法予以详解。这倒不是因为这个方法最好（方法的好坏并无绝对的标准，而且它同魔方是如何被拧乱的、拧乱成什么状况有关），也不是因为迷信辛格马斯特和小弗莱是公认的魔方专家，而是因为笔者觉得他们对该方法的描述比较清晰，易于理解和掌握。但在个别细节的处理上，笔者根据自己的实际经验，与原书表述有所不同。

辛格马斯特和小弗莱的方法分 6 个阶段：

（1）还原底层的 4 个边块；

（2）还原底层的 3 个角块；

（3）还原中层的 3 个边块；

（4）还原剩余的 5 个边块；

（5）让剩余的 5 个角块各就各位；

（6）将有扭转的角块“正”过来。

下面将按照这个顺序来叙述。但在进入具体步骤之前，先要介绍魔方还原的几个基本原理。

## 4.1 魔方还原的基本原理

### 1. 倒转原理

对魔方的任何操作序列都可以被撤销；所有被该操作序列改变了位置的小块都可以回到其原来位置。这叫做操作过程的逆。过程 Y 的逆用 $Y^{-1}$表示。

例如，过程 $Y = BDRD^{-1}$可以被过程 $Y^{-1} = DR^{-1}D^{-1}B^{-1}$所撤销以还原魔

方。注意，在过程的逆中，操作的次序和方向两者都要颠倒过来。在图 4-1 中，我们看到，通过 $BDRD^{-1}$，位于 db 小室中的边块被转移到小室 fd 中，这样，逆过程 $DR^{-1}D^{-1}B^{-1}$ 必将把小室 fd 中的边块重新移回小室 bd（注意，图中的魔方是从下往上看的）。

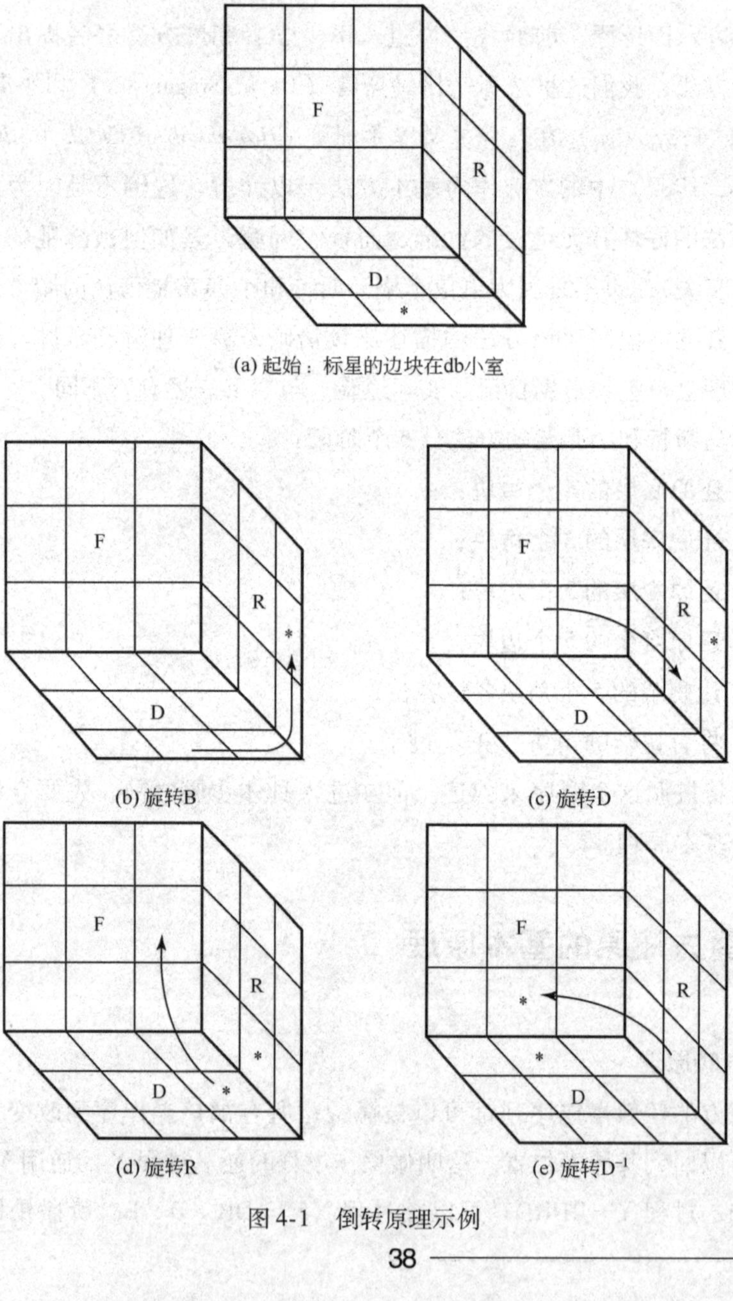


(a) 起始：标星的边块在db小室

(b) 旋转B

(c) 旋转D

(d) 旋转R

(e) 旋转$D^{-1}$

图 4-1　倒转原理示例

由倒转原理可推论出以下原理。

**2. 部分倒转原理**

被过程 Y 移动了的任何小块，必定能被该过程的逆 $Y^{-1}$ 恢复到其原先位置，只要在此期间它们没有被任何其他过程移动过。

这个原理有什么用呢？我们看下面这个例子。假定我们已经使底面的 3 个边块还原，现在要还原底面的另一个边块 df，但同时要使先前已还原的 3 个边块留在它们的原位。假定这时魔方的初始状态如图 4-2（a）所示（也是从下往上看的），db、dr、dl 这 3 个边块已经就位，而边块 df 此时处于小室 fr 中。

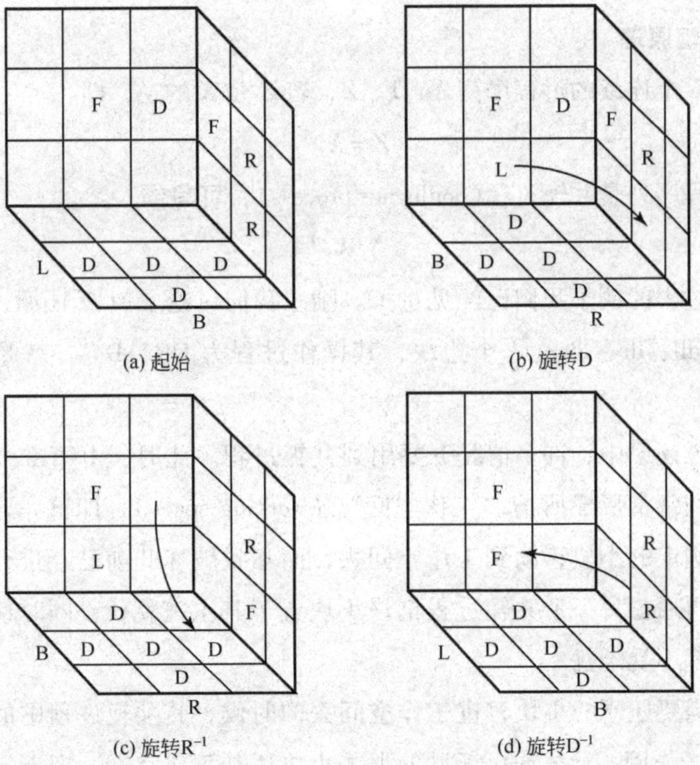


图 4-2　部分倒转原理示例

我们发现，如果让边块 df 翻转一下，即两个小面交换一下位置，这个任务就很轻松了——只要把前面转 90°，边块 df 就可以就位、还原了。然而，只靠转动前面和顶面，是不可能把边块 df 的 d 小面从前面变到底面去的。而转动任何其他的面都将使已经还原的其他 3 个边块至少有 1 个离开原位。这怎么办呢？这时就要用到部分倒转原理了。

先转动底面 D，让已经还原的 3 个边块没有 1 个在右面（图 4-2（b））。然后逆时针转动右面 $R^{-1}$，让边块 df 的 d 小面回到底面（图 4-2(c)）。最后执行开始时的第一个操作——转动底面 D 的逆操作 $D^{-1}$，使 df 还原，同时使另外 3 个原已还原、但因作 D 而离开原位的边块重回主位（图 4-2(d)）。这个过程中就用到了部分倒转原理：先作 D 使 3 个边块离开原位，后来作 R 没有牵动这 3 个边块，因此用 D 的逆操作 $D^{-1}$ 使它们恢复了原位。

**3. 共轭原理**

任意 3 个连续的过程序列 $X$、$Y$、$Z$，若 $Z$ 是 $X$ 的逆，即

$$Z = X^{-1}$$

则称此过程序列是共轭过程(conjugate process)，可写作

$$XYX^{-1}$$

共轭过程的例子我们已经见过了。刚才我们讨论了使 df 还原，但不影响已还原的 db、dr、dl 这 3 个边块，其操作过程为 $DR^{-1}D^{-1}$，就是一个共轭过程。

在魔方还原中，许多情况下要用到共轭过程。此时，由第二个过程 $Y$ 所移动的空间常常形成所谓“工作空间”（working space），即首先通过一个共轭过程把选定的小块移动到工作空间去，而不致破坏此前已经进行的还原活动；然后再通过另一个共轭过程把该小块置于其主室就位，同时使先前已还原的小块都不受干扰。

当把需要还原的小块移进工作空间去的时候，其共轭过程中的第一个操作 $X$ 起两个作用：让先前已还原的那些小块离开工作空间；把选定的小块移进工作空间。然后，由第二个操作 $Y$ 把选定的小块移入工作空间，最后通过第三个操作 $X^{-1}$ 让先前已还原、而在第一个操作中移出其主位的那些小块重新回到主位，而选定的小块则留在工作空间中。

当把选定的小块从工作空间移进其主室并使其处于主位时，第二个共轭过程中的第一个操作 $X$ 也起两个作用：让先前已还原的那些小块移出工作空间；把需要复原的小块移到工作空间中称为 W 的一个小室。然后，利用第二个操作 $Y$ 把需要复原的小块置于小室 W 中。最后一个操作 $X^{-1}$ 则不但把所有先前已还原的小块重新移回其主位，还把需要还原的小块从小室 W 移入其主室并就位。

关于共轭原理的应用，我们这里暂时不举什么实例了，后面在介绍六面还原过程时会遇到许多。最后需要指出的是，读者要把我们已经介绍过的原理和技术灵活地应用到实际遇到的问题中去。比如说，前面我们介绍了在 db、dr、dl 这 3 个底面边块已经复原的情况下，如何复原另一个边块 df。在图 4-2 中，df 是位于小室 fr 中的，我们通过 $DR^{-1}D^{-1}$这样一个共轭过程解决了问题。如果 df 不是位于中层，而是位于顶层，且 d 小面在顶面上，那好办，先把顶面旋转，使其 f 小面在前面，再把前面转两个 q 转，问题就解决了，既使 df 小块就位，又没有干扰原已就位的 3 个边块。但是如果 df 小块是 f 小面在顶面上，d 小面在前面，那怎么办呢？显然，这时就应该先通过旋转前面 1 个 q 转，使 df 小块移入 fr 小室，使之成为图 4-2(a) 的初始状态，然后就可以利用前面已介绍过的共轭原理，通过 $DR^{-1}D^{-1}$去完成任务了。总之，对于在六面还原过程中为解决某一问题所采用的办法，要善于应用到后续的过程中去。这个技术就叫做“搭积木块技术” (building block technique)，后面常常会用到。

下面按照 6 个步骤去还原一个魔方。图 4-3 用加虚线的小块表示各阶段中要还原的对象。

## 4.2 还原底层的 4 个边块

魔方六面还原的第一个阶段是让底层的 4 个边块就位。实际上你当然可以按照自己的意愿任选一面去还原它的 4 个边块。

在这个阶段中我们应该采取什么策略呢？

显然，还原第一个边块是特别容易的，因为这时不必顾忌有已经就位的

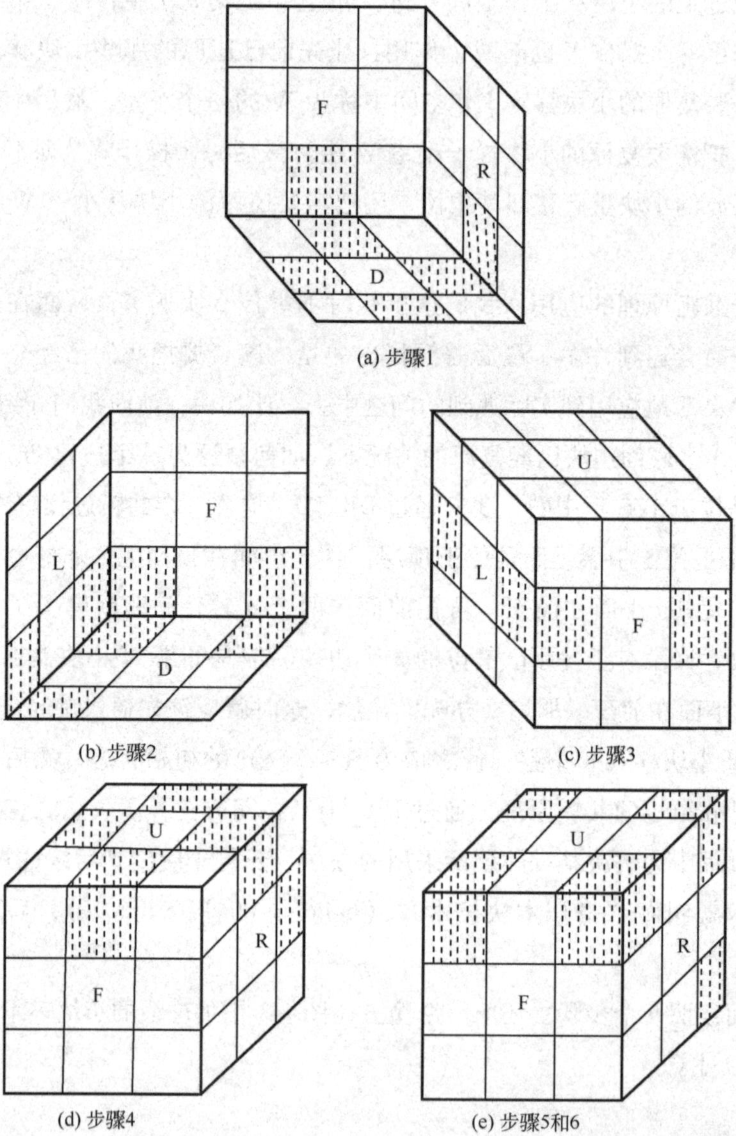


(a) 步骤1
(b) 步骤2
(c) 步骤3
(d) 步骤4
(e) 步骤5和6

图 4-3　魔方六面还原六个阶段中要还原的小块示意

边块受到破坏。但一旦有几个边块已经就位，也就是已占据其主室且方位正确，没有翻转，那么转动底面的自由就受到限制了。尤其是还原最后一个边块最为困难，因为这时要照顾到已还原的 3 个边块留在自己的主室中不动。

下面我们以还原 df 边块而不致破坏已就位的 dr、dl、db 边块中的任一个为例进行说明。

由于魔方中共有 12 个边小室，df 边块可以位于其中的任意一个，而且在每个中又有两种不同方位，这样你找到的 df 边块可能处于 24 个位置中的任意一个。如果其 f 小面正好就在前面，那么，不管它处于哪个小室(df，rf，uf 或 lf)，只要转动前面，就可以让它就位还原了。我们用下列符号表示 df 经过什么操作从哪个小室移入哪个小室，即箭头前是操作前所处小室，箭头后是操作后所处小室。

(1)　　df→df

(2) F：　rf→df

(3) $F^2$：　uf→df

(4) $F^{-1}$：　lf→df

如果 df 小块的 d 小面在顶面，那么，首先可以通过转动顶面把其 f 小面转到前面来，然后就可以按上面的办法使 df 边块还原就位了，即

(5) $UF^2$：　ur→uf→df

(6) $U^2F^2$：　ub→uf→df

(7) $U^{-1}F^2$：ul→uf→df

如果 df 小块的 d 小面在底面，那么就要看其 f 小面在哪一面而要转动不同的面，让 d 小面转到顶面来，然后再按上面的办法使 df 还原就位：

(8) $R^2UF^2$：　dr→ur→uf→df

(9) $B^2U^2F^2$：　db→ub→uf→df

(10) $L^2U^{-1}F^2$：dl→ul→uf→df

df 小块的原始位置还有两种可能，都可以在第一个解决方案的基础上使之还原就位。一种是 d 小面在右面，f 小面在底面，则可先旋转右面，让 f 小面移至前面：

(11) RF：　rd→rf→df

另一种是 d 小面在左面，f 小面在底面，则可先旋转左面，使 f 小面移至前面：

(12) $L^{-1}F^{-1}$：　ld→lf→df

读者是否已经看出,上面用的就是“搭积木块技术”？操作表达式(1)~(4)是第一块“积木”,在它上面搭起了第二块“积木”(5)~(7),然后再搭起了第三块“积木”(8)~(10)。至于(11)和(12),是直接搭在第一块积木上的。

细心的读者也许已经发现，像操作表达式（10），为了使处于 dl 小室中的 df 小块还原就位，用了 3 个动作，共 5 个 q 转。实际上，把底面转 90°，dl 不就变成 df 了吗？是的，如果单单为了把 dl 变成 df，那是不必如此大费周折的。之所以如此大费周折，是为了既使 dl 变成 df，又要使原已就位的 db、dr 不致被破坏。单单把底面转 90°，这是做不到的。

下面我们来讨论 df 小块处于其他 12 个位置时该如何处理。我们先回忆一下，前面讨论过为了使处于 fr 小室中的 df 小块还原而又不致破坏先前已就位的 db、dl、dr，要用共轭过程 $DR^{-1}D^{-1}$。类似地，如果 df 小块处于中层的任一个小室中，那么，可以先旋转底面把 df 小室移到这样一个位置上来，让它能接受一个底小面为底色的 df 小块。在这个转动过程中，其他 3 个已就位的边块 db、dl、dr 暂时离开主位。然后旋转相应侧面使 df 小块移至主室（但不在主位），最后通过一个共轭操作，使 df 小室移回主位，同时，其他 3 个边块也移回主位。以下是描写这一操作过程的表达式：

(13) $DR^{-1}D^{-1}$：　fr→df

(14) $DRD^{-1}$：　br→df

(15) $D^2B^{-1}D^2$：　rb→df

(16) $D^2BD^2$：　lb→df

(17) $D^{-1}L^{-1}D$：　bl→df

(18) $D^{-1}LD$：　fl→df

在这个“积木块”的基础上，我们可以搭上另一个“积木块”：

(19) $FDR^{-1}D^{-1}$：fu→df

(20) $FD^{-1}LD$：　fd→df

(21) $BDRD^{-1}$：　bd→df

在以上两个“积木块”的基础上，我们可以再搭上另一个“积木块”：

(22) $UFDR^{-1}D^{-1}$：　ru→df

(23) $U^2FDR^{-1}D^{-1}$： bu→df

(24) $U^{-1}FDR^{-1}D^{-1}$：lu→df

至此，df 小块处于任意 24 种位置时如何操作使之还原的问题我们都已通过共轭过程及搭积木块技术解决了。搭积木块技术在其中起的作用是非常明显的。但由于它是一个“程式化”的过程，难免有时有效率不高的毛病。例如，对于前面最后几个操作，完全可以用更为简单的共轭过程来解决：

(22)′ $R^{-1}FR$： ru→df

(24)′ $LF^{-1}L^{-1}$： lu→df

对于处于 bu 小室的 df 小块，可以借助于前两个表达式获得简化：

(23)′ $UR^{-1}FR$： bu→df

或者 $U^{-1}LF^{-1}L^{-1}$： bu→df

最后需要指出的是，上述 24 个操作都是针对最复杂、最困难的情况，即其他 3 个底面边块已经就位，不能让它们再度流失而设计的。实际在魔方六面还原的过程中，如果没有一个底面边块已经还原好，或者只有 1、2 个底面边块已经还原，那么，在许多情况下，操作过程都可以大大简化。

## 4.3 还原底层的 3 个角块

在完成第一阶段的任务，把底层 4 个边块还原好以后，我们可以进入第二阶段，去复原底层的 3 个角块了。

在这个阶段开始时，我们首先注意到，今后的任何操作，只有旋转顶面是不会影响已就位的 4 个底层边块的。因此，在这个阶段（及后续阶段）中，我们将利用顶层小室作为工作空间。

第二阶段的任务要分两步完成：第一步，先把 4 个底层角块逐一放进工作空间并使其处于最容易还原的状态；第二步再把其中的 3 个移至主位，使其还原。角块处于什么位置是最容易还原的状态呢？那就是处于顶层工作区中，而且其底小面处于魔方某个外侧面、而不是处于顶面。如果角块的底小面朝上，要让它还原而且不破坏已就位的小块就比较困难了。

下面先讨论第一步的解决办法。首先我们考察一下，底层的 4 个角块起始时可能处于哪些位置。可能的位置有以下 3 种：

（1）已经在顶层工作区中，且其底小面在魔方外侧面。这样的角块已经处于最容易还原的状态，就不必去管它了。

（2）处于底层。

（3）处于顶层工作区，但其底小面朝上。

对于第（2）种处于底层的角块，用如下办法使之移入顶层且处于最容易还原的状态：转动整个魔方，使该角块处于 dlf 小室。然后根据底小面位置作以下共轭操作：

底小面在前面，$FU^2F^{-1}$：　dlf→rub

底小面在左面，$L^{-1}U^2L$：　dlf→bru

底小面在底面，以上二者中任一均可。

共轭操作 $FU^2F^{-1}$的过程图解见图 4-4。图中，用“○”表示待还原的角块，圈中有符号“D”的表示该小面的颜色为底面的颜色。由图4-4(b)可见，执行 F 时，原已就位的 df 边块改变了位置，而后通过 $F^{-1}$移回了原处（图 4-4(d)）。

对于情况（3）处于顶层，但底小面朝上的角块，先转动整个魔方，使魔方的前面和左侧面的颜色恰为待调整角块除底小面之外的另外两面的颜色，也就是说使 dlf 小室就位。然后转动顶面，使待调整的角块处于 ulf 小室，也就是说正好在 dlf 小室上方。之后，也采用上述两个共轭操作即 $FU^2F^{-1}$或 $L^{-1}U^2L$ 之一，使其底小面转至魔方侧面，从而处于最容易还原的状态。

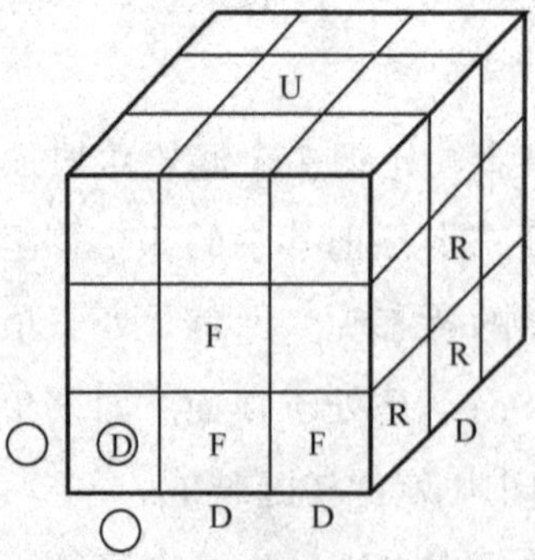

(a) 起始

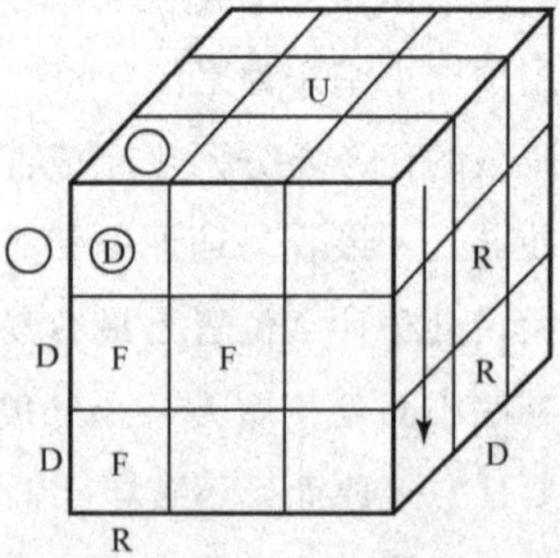

(b) 旋转F

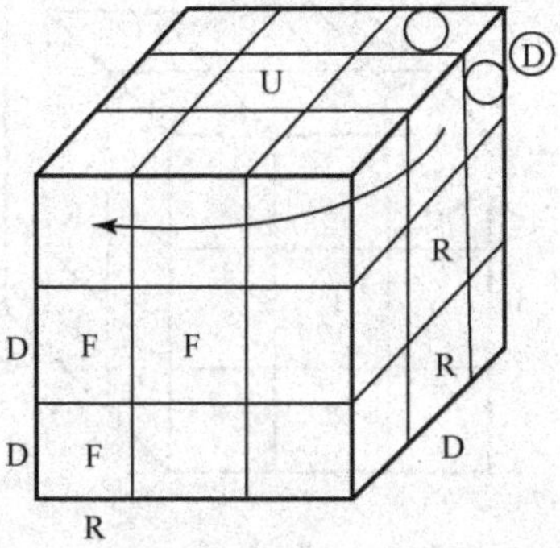


(c) 旋转U半圈

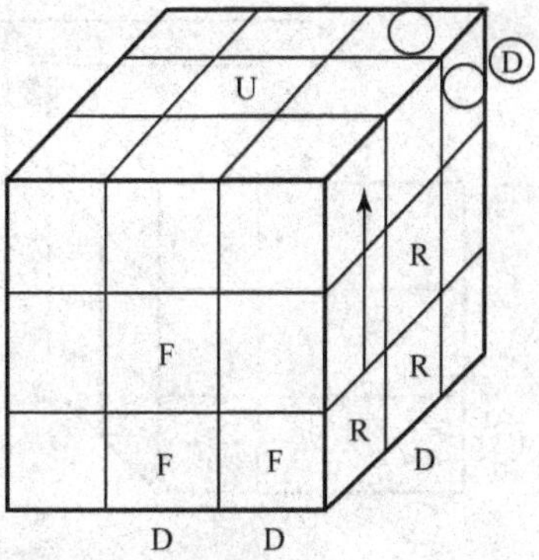


(d) 逆向旋转F

图 4-4 把待还原角块移入顶层工作区的过程图解

按照上述办法把底层 4 个角块逐一处理完，使之都处于顶层工作区且为最容易还原的状态（即底小面均在魔方侧面）。在这个过程中要注意，如果在执行共轭操作 $FU^2F^{-1}$（或 $L^{-1}U^2L$）时，rub 小室中是一个先前已调入工作区的底层角块，则应适当转动顶层让 rub 小室腾出来准备接收新的底层角块。4 个底层角块都调入顶层以后，就可以进入下一步了。

在第二步中，我们逐一使处于顶层工作区中的角块还原。方法是：先转动整个魔方，使得魔方的前面和左面的颜色同选定待还原的角块除底小面外的另两面的颜色相同，也就是说，使魔方的 dlf 小室就位准备接收它的主人。然后转动顶面，使选定角块处于与 dlf 相对的顶角，也就是后右上角。接下去，视该角块的底小面处于哪个侧面，执行不同的共轭操作：

待还原角块的底小面处于后面，　$L^{-1}U^2L$：bru→dlf

待还原角块的底小面处于右面，　$FU^2F^{-1}$：rub→dlf

可见，在这一步中利用的共轭操作同上一步中的是一样的。

通过 $L^{-1}U^2L$ 使处于顶层工作区中的角块还原的过程见图 4-5。图中，标“○”的是目标小室，其中字母表示该小面是哪个面的颜色。由图 4-5(b) 可见，执行 $L^{-1}$时，原已就位的边块 dl 脱离了主位，而后在执行 L 时重新使其就位（图 4-5(d)）。

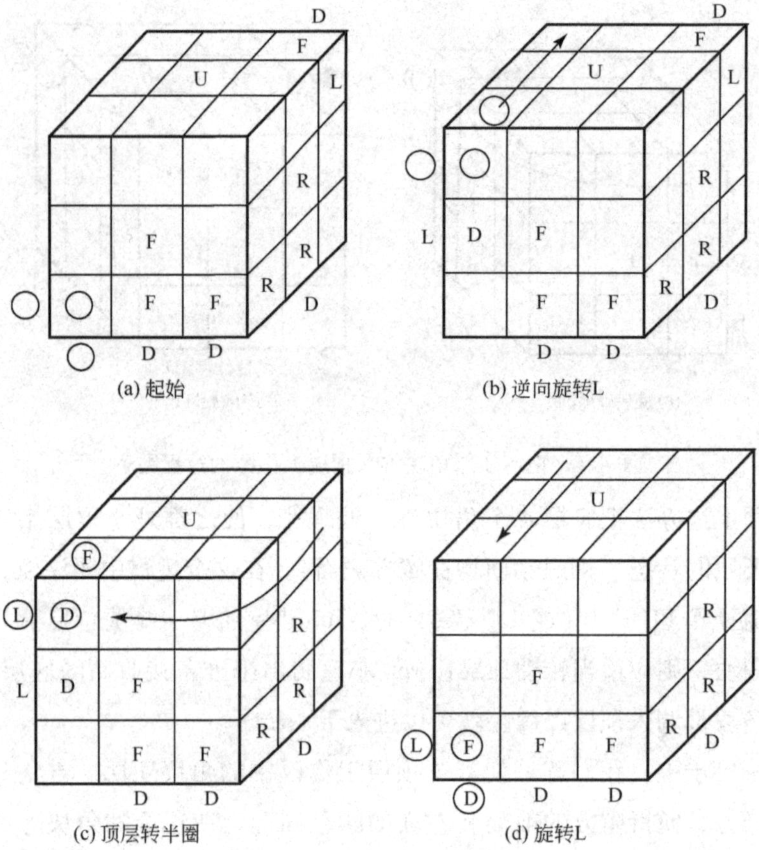


图 4-5　把待还原角块从顶层工作区移至底层就位的过程图解

利用这个方法，可以把底层的 4 个角块全部还原就位。然而在我们的这个六面还原法中，只需要还原任意 3 个角，而把第四个角故意保留起来，在后面的步骤中用作工作空间，称为“工作角”，其位置为右下角，也就是 drb 小室。当然，在这个小室中放的是哪个角块是经常变化的。

最后需要指出，在这个阶段的第一步中，有时会遇到下列情况：在把两个底层角块调整为最容易还原的状态后，剩下的两个底层角块都在顶层，而且底小面都朝上。这时，你试图按前面讲的方法把这两个角块调整为最容易还原的状态就做不到了，它们将进入死循环。不过这没有关系，你尽管把调整好的两个角块还原就位就是了；在这个过程中，底小面冲上的两个角块会自动调整到最容易还原的状态，即底小面转到魔方的侧面去。

## 4.4 还原中层的3个边块

魔方六面还原的第三阶段是还原中层4个边块中的3个。这3个边块就不能随意选了，而只能选直接位于已还原的3个底层角块之上的边块。这一阶段的任务仍分两步完成：第一步把要还原的边块放进顶层的工作空间；第二步把它们移到主位还原。

为了在将需要还原的边块从中层的边小室中移出、移进的过程中，不致有已还原的底层小块（4个边块和3个角块）移进工作空间中去，记住始终要把上面提到的“工作角”通过转动底层转到准备移到顶层去的中层边小室之下。然后用类似于上一节中的共轭操作把选定的小块从中层移到工作区间去，或者把选定的小块从工作区间移到它的主位去还原。这就是第三阶段中实现既定目标所应采取的策略。

现在先讨论如何把中层的边块移到工作空间去。把中层边块移到工作空间去的方法同4.3节中把底层角块移到工作空间去的方法是一样的。若选定小块不在顶层，则它必在中层（因为底层4个边块已就位）。若选定小块在中层，则旋转整个魔方，使选定小块处于小室 fl 位置，然后旋转底层使工作角处于小室 dlf 位置。这样，就可以利用共轭操作 $FU^2F^{-1}$ 把选定小块移到顶层的 ub 小室中去，或者利用 $L^{-1}U^2L$ 把选定小块移到顶层的 ru 小室中去。这个任务完成以后要再一次旋转底层，让底层小块重新还原；旋转整个魔方，使工作角回到 drb 小室。

把中层的几个边块按上述方法先后放入顶层工作区时，也要注意在执行共轭操作时，ub 或 ru 小室中是否是前面已经调入工作区的中层边块之一；如果是，也要适当转动顶层把它调开，以便让 ub 或 ru 小室准备接收新的中层边块。这以后，就可以进行下一步，把它们从工作区移至中层就位了。首先还是旋转魔方，使选定小块的主室在 fl 小室的位置上，也就是说，使魔方的前面和左面的颜色恰为选定小块两个外表面的颜色；再旋转底层把工作角放在它下面，即 dlf 小室位置。然后旋转顶层，使选定小块位于 ur 小室。此时如果其顶面颜色同魔方前面颜色一样，共轭操作应为 $L^{-1}U^2L$：ur→fl；否则执行共

轭操作 $FUF^{-1}$：ru→fl。

注意，后面这个共轭操作中，顶层只转一个 q 转，这和前面用过的共轭操作有所不同。

通过以上共轭操作，选定小块就还原就位了。在这个过程中，底层的小室只有工作角的内容有改变，其他都不变。还原完成以后，要记住旋转底层，使底层 4 个边块和 3 个角块仍回到其主位。

重复上述过程，就可以把中层边块逐一还原。原则上，中层 4 个边块都可以这样还原，但我们仍故意保留一个不还原，保留哪一个呢？保留工作角上面的那一个，以便在下一个阶段中用作“工作边”。

## 4.5 还原剩余的 5 个边块

好了，经过以上 3 个阶段，我们已经成功地还原了总共 20 个小块中的 10 个小块，恰是总数的一半。这使我们信心大增。现在进入第四阶段。这个阶段的任务是还原剩下的 5 个边块，即顶层的 4 个加中层的 1 个，也就是在工作角上面的那个。在这个过程中，中层的那个先作为工作空间用于还原顶层的 4 个边块；这个任务完成时，我们会发现它自己也主动调整好位置还原了。

由于在这个阶段开始时，已经有 10 个小块还原好，所以操作中必须十分小心谨慎，不要破坏已还原的任何一个小块；否则就会前功尽弃，从头开始。为此，我们提醒读者，为了最大限度地减小这种风险，当我们发现有任意一个已经还原的小块不在其主位时，要立刻执行包括 3 个操作的共轭过程，在执行过程中随时察看脱离了主位的小块是否已经重新就位。在执行共轭过程的中间，只允许转动顶层（因为顶层不包含任何已还原的小块）。由于我们总是把工作角置于 drb 小室的位置，因此包括 3 个操作的共轭过程只能是以下 3 个操作：用以把工作边和工作角移到顶层去的操作（转动某侧面）；转动顶层；重新转动该侧面以返回原始位置。因此，可能的共轭过程为以下 6 种：

$R^{-1}UR$，　$R^{-1}U^2R$，　$R^{-1}U^{-1}R$，　$BUB^{-1}$，　$BU^2B^{-1}$，　$BU^{-1}B^{-1}$

在讨论具体的还原步骤以前，先谈一下这个阶段的策略。前面我们提到，这个阶段在还原 4 个顶层边块以后，我们会发现中层的那个作为工作边的边块也会自动调整好位置处于主位。这实际上是由于我们采取了正确的策略所造成的。这个策略就是，按 ul，uf，ub 和 ur 的次序去还原 4 个边块；而且在还原其中最后一个边块 ur 时给予特别的关照。

下面我们先介绍还原前 3 个边块的方法。同以前几个阶段的做法一样，还原分两步走：第一步把选定小块移进工作空间，这里是 rb 小室；第二步，把选定小块从工作空间移至其主位就位。

对于需要还原的顶层的前 3 个边块，先找到要还原的边块，如果它不在工作边的小室中，则可通过下列过程之一把它移到 rb 小室中去，而不致破坏原已还原的任何一个小块。

$(BUB^{-1})\ U^{-1}$：　ul→rb

$(BU^2B^{-1})\ U^2$：　uf→rb

$U^{-1}\ (BUB^{-1})$：　ub→rb

$(BU^{-1}B^{-1})\ U$：　ur→rb

上述操作表达式中的括号只是为了强调其中是共轭过程，并无他意，不加括号也是可以的。

这一步完成以后，选定小块就位于工作边小室 rb 了，下一步就可以通过下列操作过程之一把它从 rb 小室移至其主位就位了：

$U^2\ (BU^2B^{-1})$：rb→uf

$U^{-1}\ (R^{-1}UR)$：rb→fu

$U\ (BU^{-1}B^{-1})$：rb→ul

$U^2\ (R^{-1}U^2R)$：rb→lu

$(BU^{-1}B^{-1})\ U$：rb→ub

$U\ (R^{-1}U^{-1}R)$：rb→bu

图 4-6 描绘了边块 uf 从原始处于 ru 小室且顶小面处于魔方右侧面情况下返回其主位的操作过程。图 4-6(b) ~ (d) 用于把它先移到工作边的小室，图 4-6(e) ~ (g) 用于把它从工作边小室移进目标小室，也就是 uf 小室。图中用“○”表示目标小室。图 4-6(b) 中的动作是 B，先把工作角和工作边移到顶层。图 4-6(c) 执行 $U^{-1}$ 把待还原边块 uf 移入其中。图 4-6(d) 执行 $B^{-1}$，使

工作角和工作边回到起始位置，从而使 uf 边块位于工作边小室 rb，完成第一步。在第二步中，先通过图 4-6(e) 执行 $R^{-1}$，把工作角和工作边移到顶层右侧，并使边块 uf 的顶小面在魔方顶面。图 4-6(f) 执行 U，使待还原边块 uf 脱离工作角和工作边就位。最后，图 4-6(g) 执行 R，使底层和中层原已就位、但在前面的操作中脱离了主位的小块重回其主位，从而完成整个任务。结束的时候，我们看到，底层和中层小块以及本阶段中先已还原的 ul 边块都在主位，没有受到破坏。

下面我们要还原顶层的最后一个小块，ur 小块了。这是需要特别小心的，因为这涉及在它就位以后，中层的那个尚未就位的边块是否也同时自动就位。

在完成前面的操作后，剩下两个边块有下列 3 种可能情况：

(1) 剩下两个边块也都已经还原就位。这对你是最幸运的一种情况，你这阶段的任务就已经完成了，可以直接进入下一阶段了。

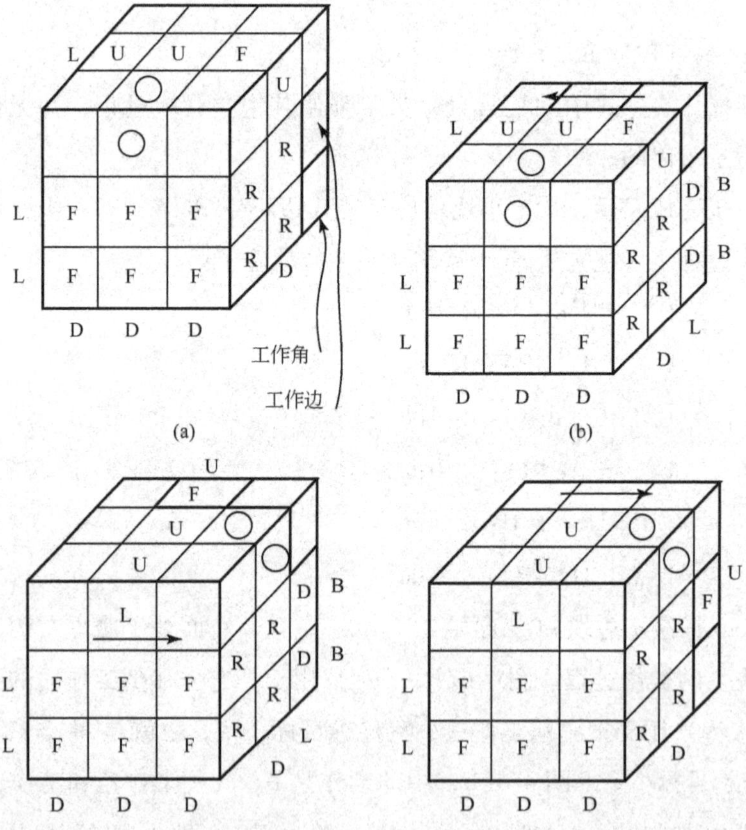


(a) (b) (c) (d)

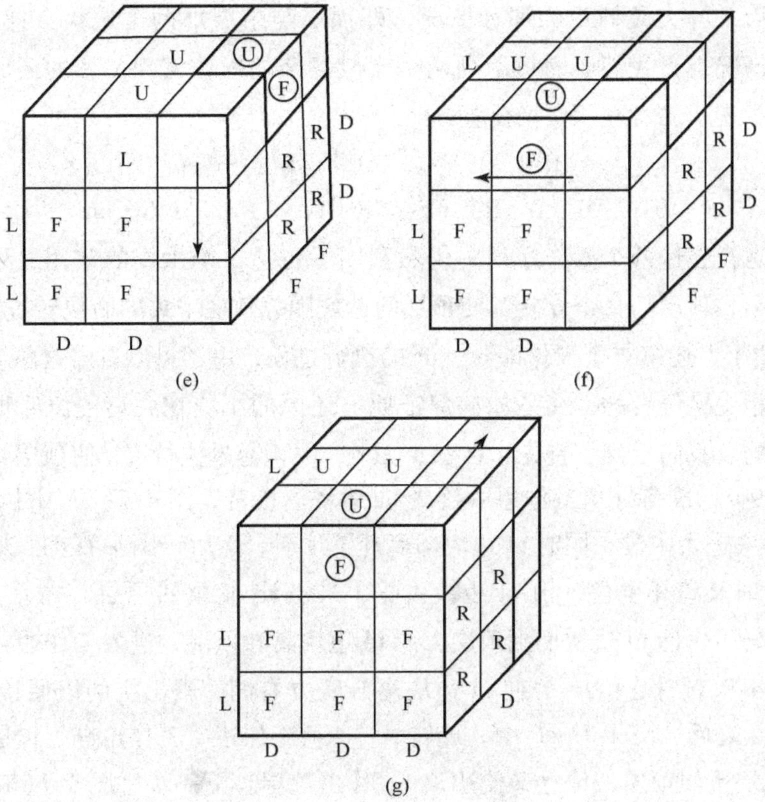


图 4-6　边块 uf 的还原过程示意图

（2）剩下两个边块都已在各自的主室中，但不在主位，也就是说发生了翻转。

（3）剩下两个边块发生换位，也就是说，顶层那个边块在中层工作边中，而中层那个边块在顶层边块所属的小室中。这种情况对你来说是最不幸的，要还原它们就要费点事了。

下面我们先来解决第二种情况。这种情况比较好办，解决办法和还原顶层前 3 个边块的办法一样：先通过下列操作把 ur 边块移到工作边去：

$$(BU^{-1}B^{-1})\ U: ru \rightarrow br$$

然后用下列操作使 ur 边块移回其主室并处于其主位：

$$(R^{-1}UR)\ U^{-1}: br \rightarrow ur$$

与此同时，中层那个边块也会重回其主室并调整好其方位，纠正其翻转状态。

最后来解决最棘手的那种情况，即顶层与中层那两个边块互换了位置。在这种情况下，我们要通过下列两个比较复杂的操作实现二者的还原，式中双向箭头表示二者互相交换位置：

$$(BUB^{-1})\ U\ (BUB^{-1})\ U^2: rb \leftrightarrow ur$$

$$U^{-1}\ (R^{-1}U^{-1}R)\ U^{-1}\ (R^{-1}U^{-1}R)\ U^{-1}: br \leftrightarrow ur$$

注意：在这两个操作序列中仍然利用了包括3个操作的共轭过程。在操作过程中，顶层的每个q转都使顶层的边块围绕顶层中央的面块转过90°。图4-7描述了上述第二个操作即br↔ur的执行过程，由图可以看出这两个边块是如何互相交换位置的，又是如何保证原已还原的小块在脱离主位后重新返回其主室的。我们看到，首先，在图4-7(b)中，通过执行$U^{-1}$使顶层4个边块都转过90°，准备好从工作边中接受ur边块。接着，图4-7(c)中执行$R^{-1}$，使ur边块进入主位，同时uf边块却离开了顶层。然后，图4-7(d)执行$U^{-1}$，使ur暂时又离开主位，由ul边块占据，准备让uf重回顶层。之后，图4-7(e)旋转R，使uf边块回到顶层，而ul边块离开顶层，进入工作边空间。然后，图4-7(f)执行$U^{-1}$，使uf边块离开魔方右侧，腾出空间以便接纳ul重回顶层。之后，图4-7(g)中，旋转$R^{-1}$，使工作边、工作角进入顶层，从而使ul边块重回顶层，但这又使边块ub移出顶层。下一步，图4-7(h)，执行$U^{-1}$，让ul离开魔方右侧，为ub重回顶层作准备。图4-7(i)旋转R，一方面让ub重回顶层，另一方面又让br边块进入主位。最后，图4-7(j)，通过执行$U^{-1}$，使错位的顶层4个边块各就各位。

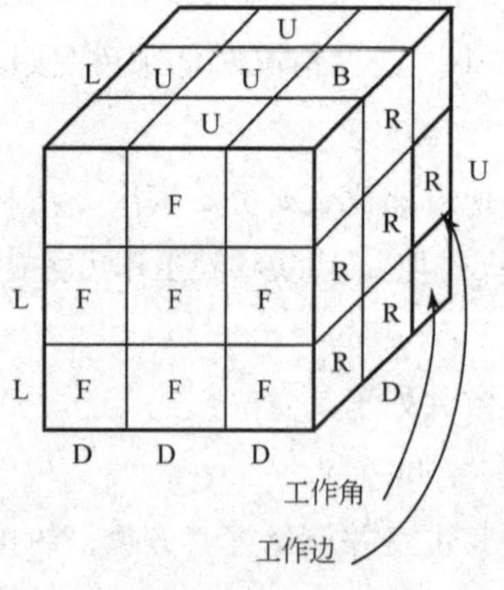

(a)

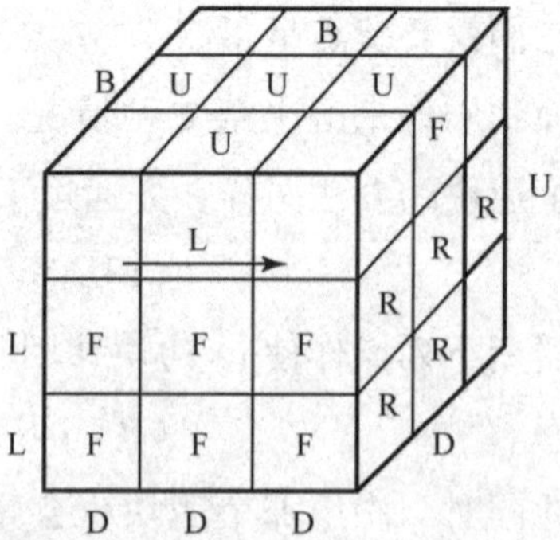

(b)

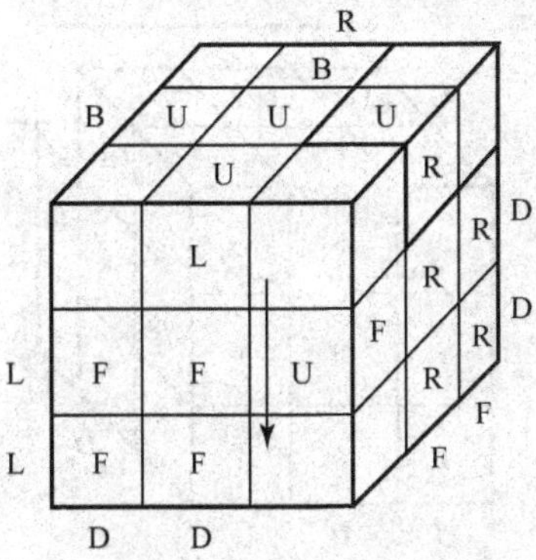
R
B
B U U U
U
R
D
R
L
R
D
F
R
L F F U
R
F
L F F
F
D D

(c)

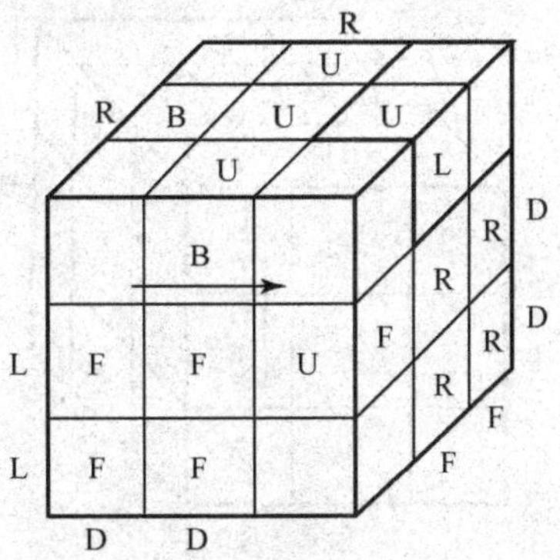
R
U
R B U U
U
L
D
R
B
R
D
F
R
L F F U
R
F
L F F
F
D D

(d)

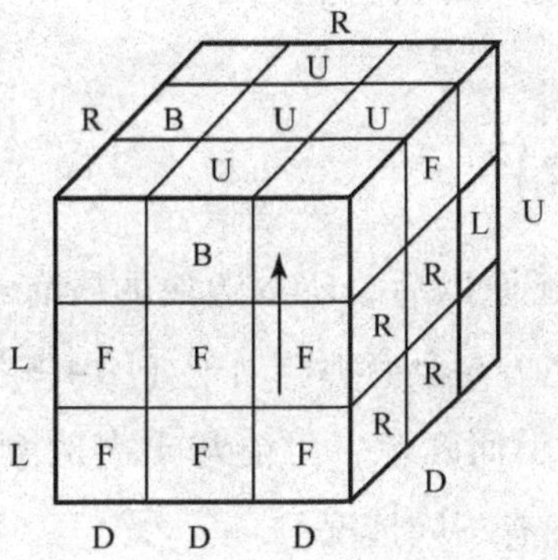
R
U
R B U U
U
F
U
L
B
R
R
L F F F
R
R
L F F F
D
D D D

(e)

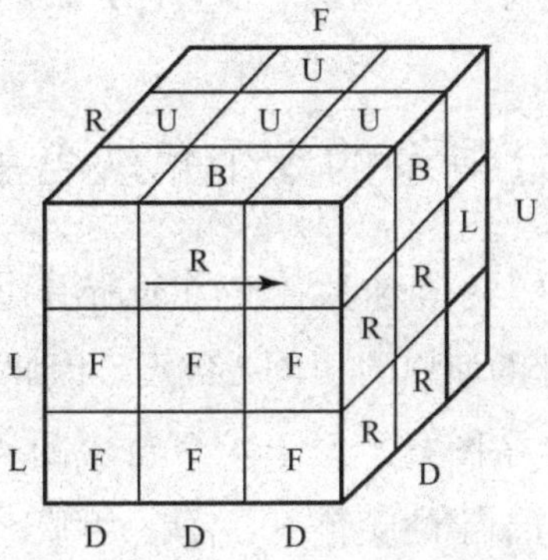
F
U
R U U U
B
B
U
L
R
R
R
L F F F
R
R
L F F F
D
D D D

(f)

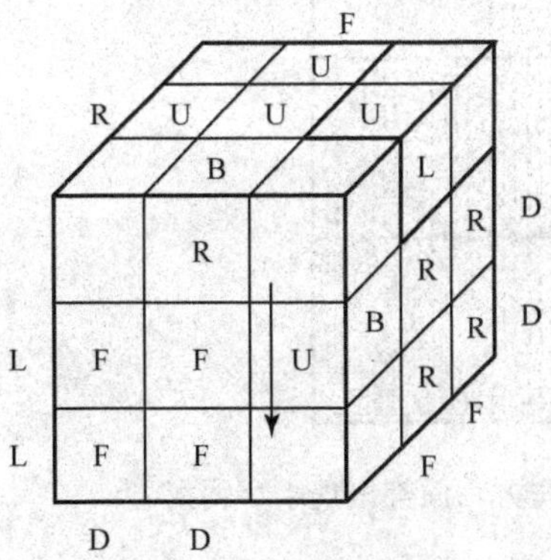
F
U
R U U U
B
L
D
R
R
R
D
B
R
L F F U
R
F
L F F
F
D D

(g)

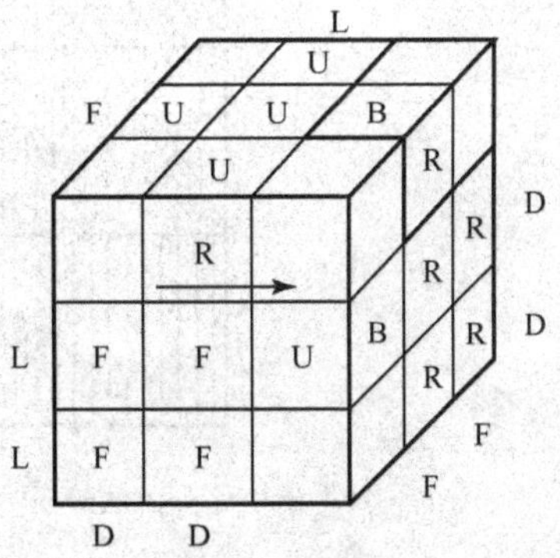
L
U
F U U B
U
R
D
R
R
R
D
B
R
L F F U
R
F
L F F
F
D D

(h)

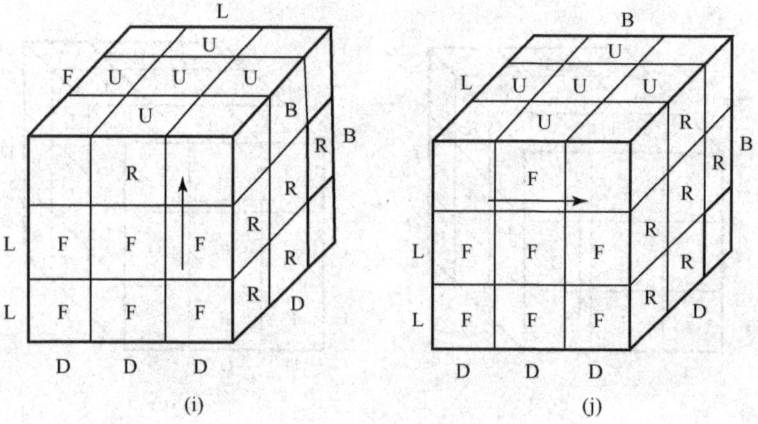


图 4-7　顶层边块 ur 和中层边块 br 换位过程示意图

# 4.6 让剩余的 5 个角块各就各位

经过上一个阶段使魔方的所有边块还原以后，所有边块的所有小面都同与它相邻的面块的颜色一致了。因此，魔方 6 个面都会出现如图 4-8 所示的那样一个十字图案，至于 4 个角块的 4 个小面颜色，可能与十字的颜色一样，也可能与十字的颜色不一样，视哪个面而有不同情况。

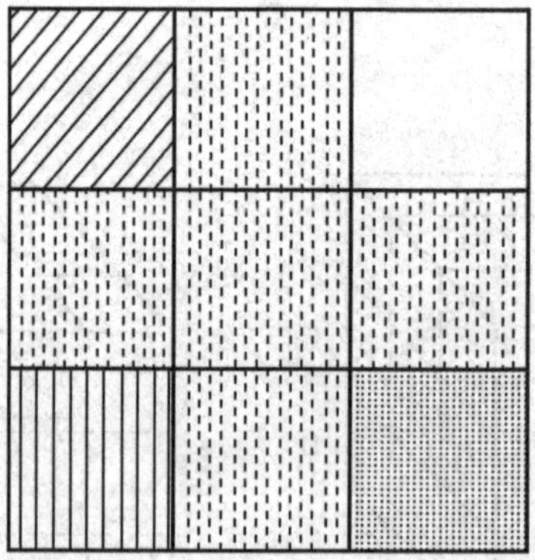

图 4-8　所有边块还原后，魔方六面都出现十字图案

第五阶段的任务是让 5 个角块各回各的主室，但不见得回到主位，也就是说可能有扭转。在这个阶段中更要特别注意不要破坏已还原的任何一个小

块的位置，因此，必须通过若干个共轭过程使脱离了主位的每个小块重回主位。在所有过程结束以后，只有角块被移动了。

那么，在这个阶段中我们该取什么策略呢？主要策略就是每次选定一个顶层角块，这叫做“选定角”，把它移到另一个叫做“目标角”的角小室、也就是选定角块的主室中去，但同时又不打扰已还原的边块。整个过程仍分两步：第一步，让选定角同工作角 drb 中的角块交换位置；第二步把选定角从工作角中移至目标角去。这 3 个角之间的关系如图 4-9 所示，图中假定选定待还原角块是 urf，目前位于 ufl 小室中。为了还原 urf，选定角、目标角和工作角之间形成一个循环。

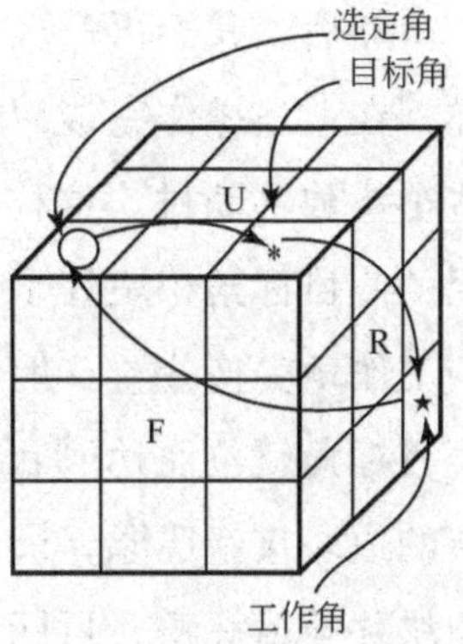


图 4-9　选定角、目标角和工作角之间的关系

上述过程仍然利用了部分倒转原理。把选定角放进工作角中去的过程在执行时，中层和底层的其他一些小块也会发生移动。然后在把选定角从工作角移至目标角去时，要利用该过程的逆过程，从而使脱离了主位的中层和底层的小块重新回到它们原来的位置。过程与逆过程之间唯一的操作是转动顶层，因此不会涉及中层和底层的小块。

有时候你会遇到这样的情况，在这个阶段开始或中间，已经有某个顶层角块处于工作角中。这时候，你是否会大喜过望，以为可以把它当选定角，从而跳过第一步，直接把选定角移到目标角去？这样想，这样做，自然是可以的，但在做完这件事以后，因为一些中层和底层小块脱离了主位，所以你必须仍然要用另外一个顶层角块去交换工作角，以便通过这个过程让中层和底层的小块还原。

下面进入正题，先讨论如何将一个顶层角块重新定位。按老规矩，先转动整个魔方，让工作角处于 drb 小室的位置，然后转动顶层使选定角块处于 ufl 小室的位置，也就是说使选定角和工作角正好处于魔方相对的 2 个角上。这时你必须注意观察并记住目标角小室在哪儿。所谓目标角小室就是你选定的角块的主室，该小室中现有的角块叫做“目标角小块”。这样布好局以后，就可以用下列过程使选定角与工作角交换位置了：

$$F^{-1}D^{2}F：\quad ufl\leftrightarrow rbd$$

然后，我们再一次旋转顶层，让顶层那些边块重新回到它们的主位。这样，在上述操作完成以后，除了选定角和工作角以外，只有中层和顶层的一些小块被移动过。这样结束第一步以后，现在，我们进入第二步，再转动顶层，使目标角小块处于 ufl 小室的位置，并再一次通过上列共轭过程使选定角与工作角交换位置，但由于工作角中现在是选定角块，这样就使选定角块移至目标角就位而达到目的了。这个过程结束以后，要再一次转动顶层，使顶层的边块重新还原，最后结果是只有 3 个顶层角块发生了移动：选定角中的角块移至目标角；目标角中的角块移至工作角；工作角中的角块移至选定角。图 4-10 描述了整个过程。

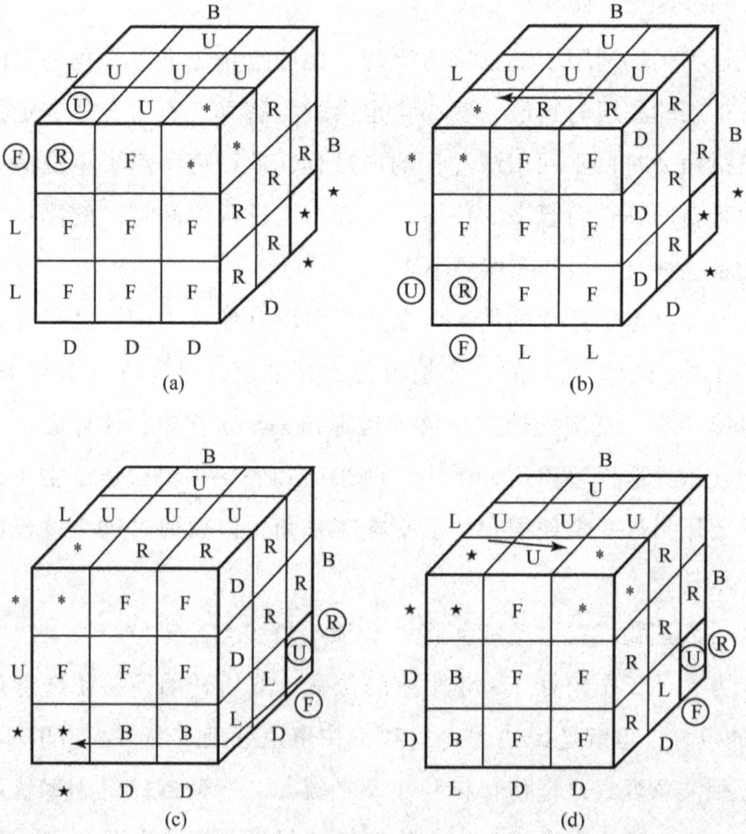

(a) (b) (c) (d)

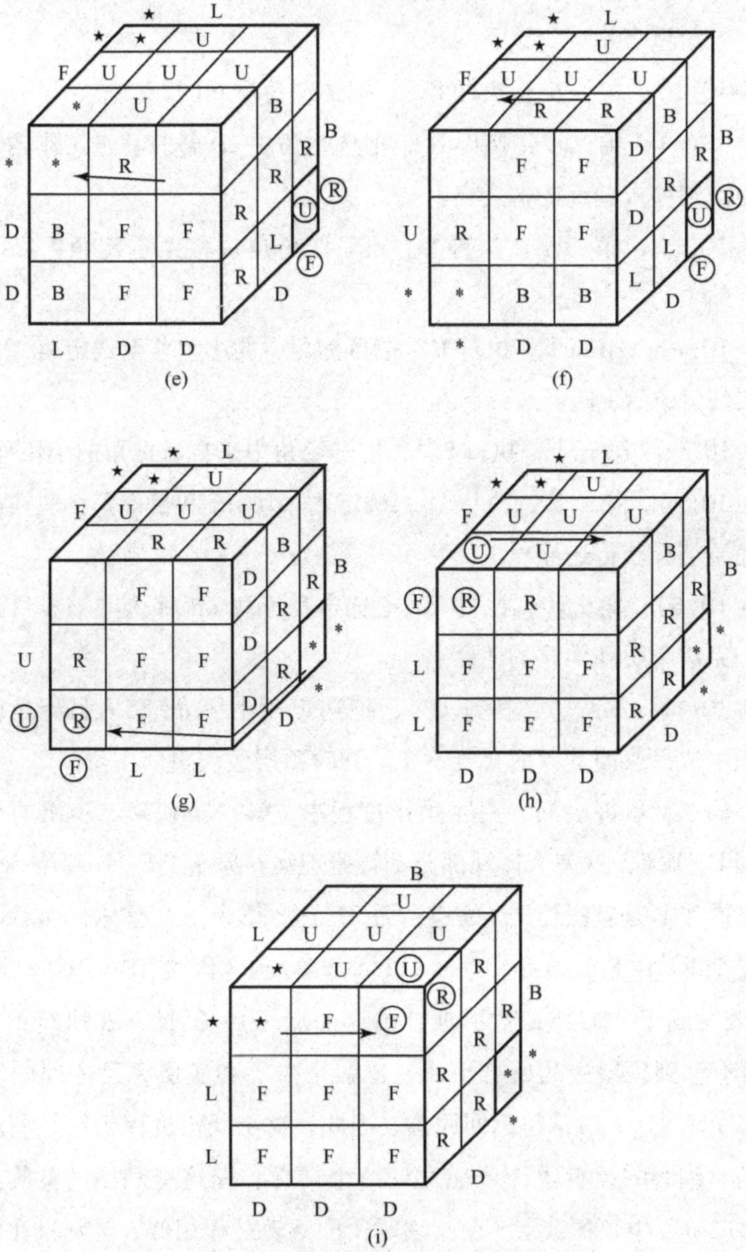


图 4-10　让选定角块移至其主室的操作过程示意图

下面说明一下每个操作的目的。

图4-10(a) 是初始状态，选定角用“○”表示，目标角用六角星表示，工作角用五角星表示。

图4-10(b)，第一步，执行 $F^{-1}$，把选定角块 urf 移至底层。

图4-10(c)，第二步，执行 $D^2$，把选定角块 urf 暂时移进工作角，而工作角中的角块则移入前面的选定角。

图4-10(d)，第三步，执行 F，把工作角角块移至选定角，目标角回到原位。

图4-10(e)，第四步，执行 U，把目标角中的小块移至选定角（目标角可能在顶层任意位置）。

图4-10(f)，第五步，执行 $F^{-1}$，把选定角中来自目标角的小块移至底层。

图4-10(g)，第六步，执行 $D^2$，选定角小块 urf 和目标角小块在底层交换位置，底层部分获得还原。

图4-10(h)，第七步，执行 F，把选定角小块 urf 移入上一步目标角腾出的空间，完成底层和中层的还原。

图4-10(i)，第八步，执行 $U^{-1}$，把选定角小块 urf 移入目标角就位，但不一定在主位，然而其顶面肯定不变。同时顶层边块重回主位。

细心的读者也许会问，上述操作过程中，第一步和第二步用的是同一个共轭过程 $F^{-1}D^2F$，这怎么体现部分倒转原理呢？原来，$F^{-1}D^2F$ 是一个共轭过程——末操作 F 是首操作 $F^{-1}$ 的逆；而 $F^{-1}D^2F$ 作为一个整体，前后两次执行时，第二个 $F^{-1}D^2F$ 又恰是第一个 $F^{-1}D^2F$ 的逆（因为 $D^2=D^{-2}$，把第二个 $F^{-1}D^2F$ 改写成 $F^{-1}D^{-2}F$，就不难看出这一点了）。因此，在执行第一个 $F^{-1}D^2F$ 时没有移到顶层去的所有小块，也就是中层和底层原已还原的小块，在执行第二个 $F^{-1}D^2F$ 时都将返回原位。因此，这个操作过程仍然是利用部分倒转原理的。细心的读者也许还能发现一个情况，即这里利用的共轭过程 $F^{-1}D^2F$ 同第二阶段中还原底层3个角块时用的共轭过程相似，区别只在于要将角块还原到底层还是顶层，这如同把魔方上下调个头一样。$F^{-1}D^2F$ 中的 $D^2$ 的作用同第二阶段中的 $U^2$ 的作用是一样的。因此，如同在第二阶段中有两个共轭过程可用一样，在这个阶段中也可以用另一个共轭过程代替 $F^{-1}D^2F$ 去实现选定角和工作角中角块的互换：

$$LD^2L^{-1}: \quad ufl \leftrightarrow bdr$$

当然，如果在第五阶段的第一步中用了 $LD^2L^{-1}$，那么在第二步中也必须用 $LD^2L^{-1}$让选定角中的角块放到目标角的小室中去。同样地，因为 $LD^2L^{-1}$（$=LD^{-2}L^{-1}$）是 $LD^2L^{-1}$的逆，部分倒转原理保证了先前已还原的中层和底层小块将返回主位。

那么，应该如何在这两个共轭过程中做出选择呢？也就是说该选 $F^{-1}D^2F$ 呢？还是选 $LD^2L^{-1}$呢？选不同的共轭过程，工作角小块在移至选定角小室中去后的朝向，以及目标角小块在移至工作角小室中去后的朝向是不同的，也就是说顶层角块在自己的小室中就位时发生的扭转情况是不同的，因而会影响到下一阶段中需要纠偏角块的数量。

按照上述方法一个接一个把所有 4 个顶层角块移至自己的小室中去，同时也使底层那个用作工作角的角块处于自己的小室中，如果你足够小心，中间不出差错，最多只需要 3 个循环，其中，可能这 5 个角块都发生了扭转，也可能 5 个都正确就位，没有发生扭转。除了最后这种情况属于万幸，魔方六面还原终于大功告成外，只要这 5 个角块中有发生扭转的情况，我们就不得不进入第六阶段去实行纠偏。

## 4.7 将有扭转的角块“正”过来

经过前面 5 个阶段，魔方的所有边块已经完全“安家落户”——不但各自在自己的主室，而且有正确的面向，即其 2 个小面都和所在大面面块的颜色一致。魔方的所有角块也都已经完全“安家”，即各自位于自己的主室，而且大部分也已经“落户”，即有正确的面向，其 3 个小面都和所在大面面块的颜色一致；但是在第五步中完成安家任务的 5 个角块中，可能有几个（少则 2 个，多则 5 个）还没有“落户”，需要在第六阶段中完成“纠偏”，把扭转了的方向“正”过来。角块扭转有顺时针和逆时针两种方式，是按从外部看魔方来定义的。例如，在图 3-13 中，rfu 小块的顶小面在右面，则叫它是“顺时针方向扭转”的，记作 urf。对于顺时针方向扭转的角块，需要逆时针方向扭转，使它正确就位，处于主位。在第1章中我们已经介绍过，魔方有一个特性，若它有一个角块发生顺（或逆）时针方向的扭转，必有另一个角块发生逆（或顺）时针方向的扭转以作补偿，或者有另外两个角块发生同方向的扭转以作补偿，因为两个同方向的扭转同一个反方向的扭转是等效的。因此，如果我们把角块的所有扭转施加在一个角块上，那么，其最终结果是该角块好像完全没有发生过扭转一样。在第六步中，我们将利用魔方的这一特性。

下面首先讨论一下如何扭转顶层的一个角块，然后又反向扭转顶层的另一个角块。我们采用的策略是：当第一个扭转搞乱了中层和底层的小块后，在第二个反向扭转中，通过过程的逆使这些搞乱了的小块重新回到各自的主位。这样就使一个扭转的最终结果只是使顶层的一个扭转对象发生变动。因此，在反向扭转之前对顶层的旋转只改变需要纠偏的顶层角块。

必须记住，第二个扭转必须是第一个扭转的逆，以保证魔方的中层和底层恢复原状，即使需要扭转的第二个角块同第一个角块扭转的方向也许相同。因此，顶层角块必须成对地“纠偏”，其一顺时针方向扭转，另一反时针方向扭转。

明确了以上策略和原则以后，下面我们具体介绍纠偏的过程。首先转动整个魔方，让两个等待纠偏的角块位于顶层。——且慢，有读者也许会问，有待纠偏的角块，除了底层上作为工作角的那个以外，不都是在顶层的吗？怎么还要转动整个魔方呢？是的，如果等待纠偏的两个角块本来就在顶层，这一步当然就不需要了；但是如果等待纠偏的两个角块原来一个在顶层，另一个是原来处于底层的工作角，那就需要通过前后转动或左右转动魔方来让这两个角块处于顶层了。下一步先要决定这两个角块哪个需要顺时针方向扭转，哪个需要逆时针方向扭转。这需要通过正确地判断角块目前是被顺时针方向扭转着的呢，还是被逆时针方向扭转着的。在图3-13所示的状态中，我们看到，ufl小室中的角块是逆时针方向扭转着的，因此它需要顺时针方向扭转；而另一个处于rfu小室中的角块是顺时针方向扭转着的，因此它需要逆时针方向扭转。

扭转方向确定以后，转动整个魔方，使需要顺时针方向扭转的角块处于

ufl 小室中，而需要逆时针方向扭转的角块处于 rfu 小室中，先通过下列过程把 ufl 小室中的角块“正”过来成为 flu：

$$(LD^2L^{-1})\ (F^{-1}D^2F)：ufl \rightarrow flu$$

在完成这个任务以后，中层和底层的一些小块会离开其主位，你暂时可以不去管它。

然后转动顶层，使另一个有待纠偏的角块进入 ufl，利用上述过程的逆也把它正过来：

$$(F^{-1}D^2F)\ (LD^2L^{-1})：\quad ufl \rightarrow luf$$

在完成上述操作的过程中，被前一个操作弄乱了的中层和底层由于部分倒转原理会自动恢复原状。图 4-11 描述了上述纠偏过程。

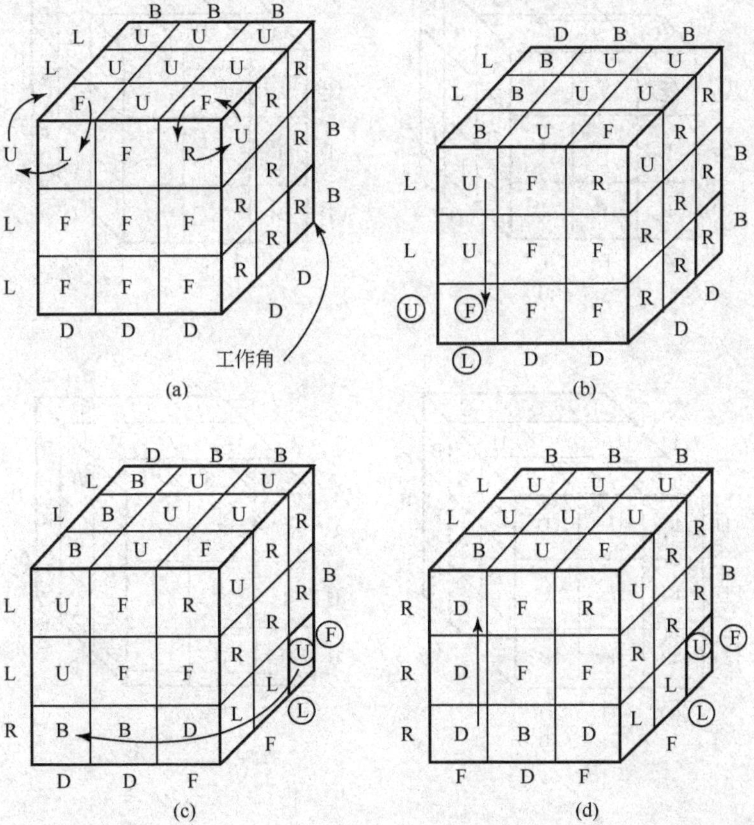

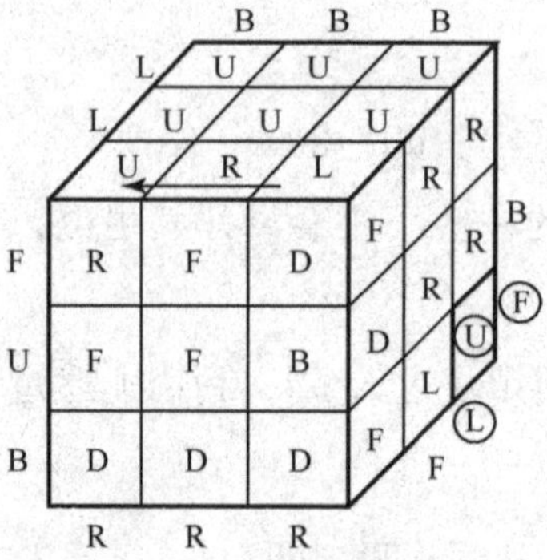
B B B
L U U U
L U U U R
U R L R
R B
F R F D F R
R F
U F F B D U
L L
B D D D F F
R R R

(e)

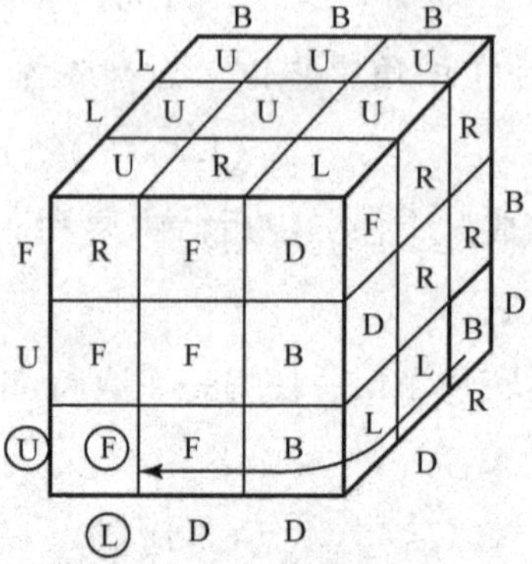
B B B
L U U U
L U U U R
U R L R
B
F R F D F R
R
D
U F F B D B
L R
U F F B L D
L D D

(f)

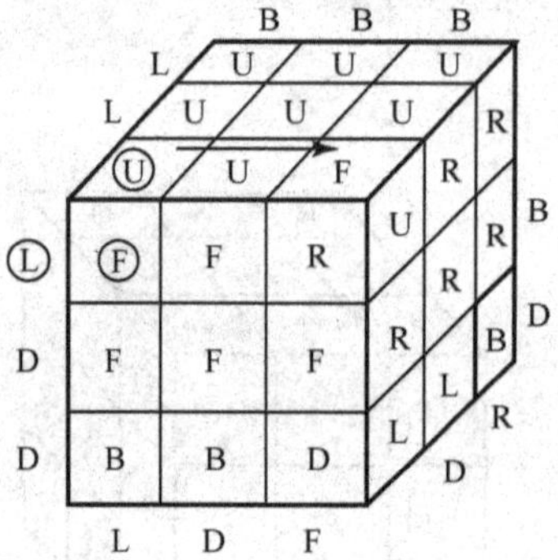
B B B
L U U U
L U U U R
U U F R
B
U R
L F F R
R
D
D F F F R B
L R
D B B D L
D
L D F

(g)

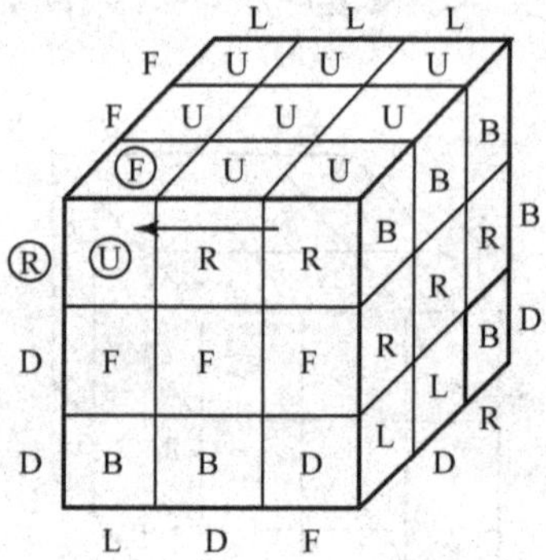
L L L
F U U U
F U U U B
F U U B
B
R U R R B R
R
D
D F F F R B
L R
D B B D L D
L D F

(h)

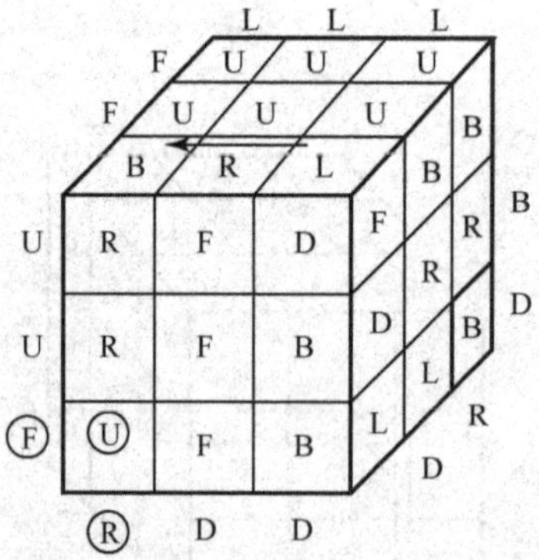
L L L
F U U U
F U U U B
B R L B
B
U R F D F R
R
D
U R F B D B
L R
F U F B L
D
R D D

(i)

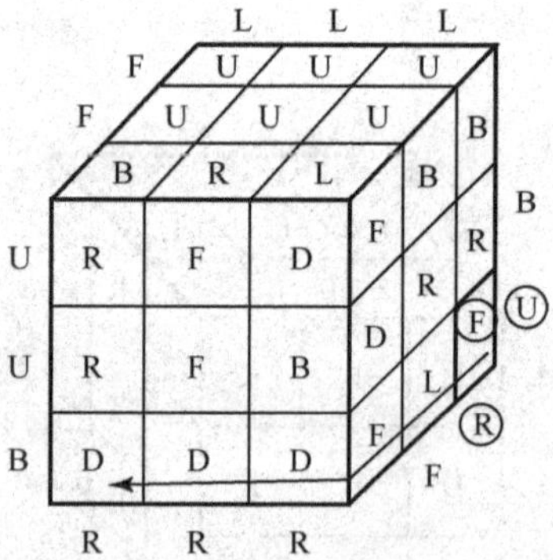
L L L
F U U U
F U U U B
B R L B
B
U R F D F R
R
F U
U R F B D L
R
B D D D F F
R R R

(j)

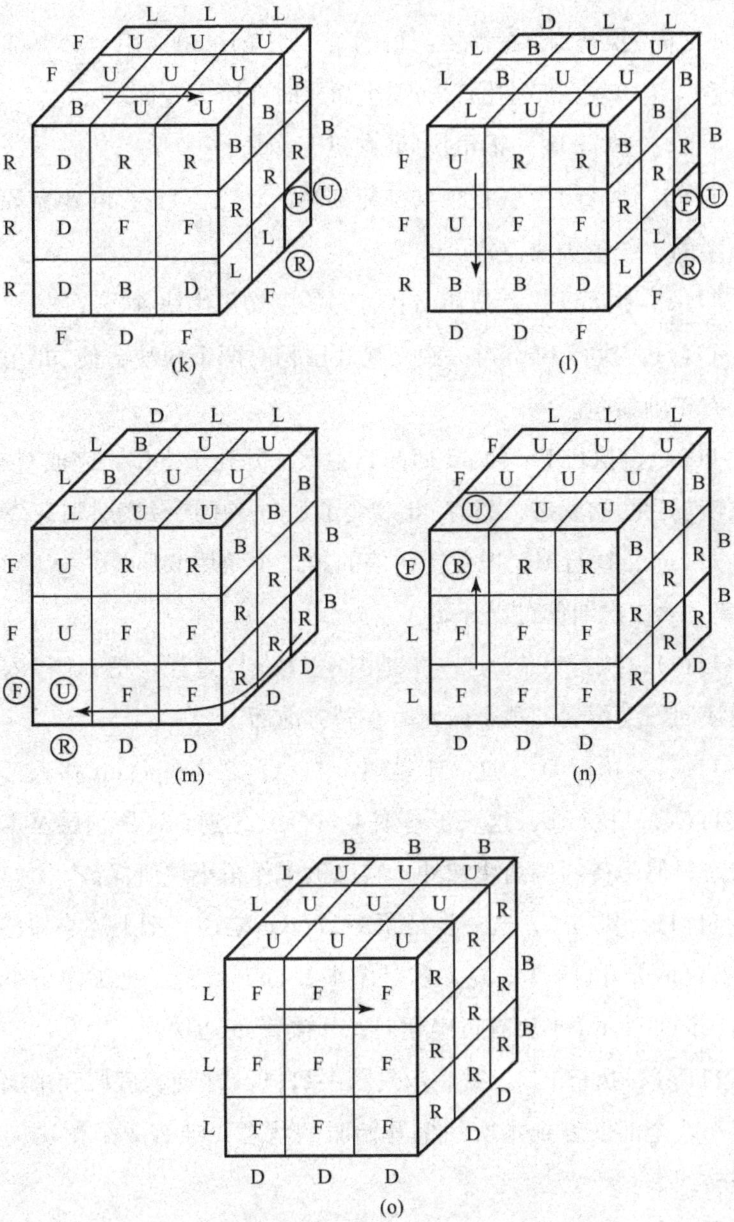


图 4-11 有扭转角块的纠偏过程示意图

让我们逐一说明其中每个操作的目的。

图 4-11(a) 是假定的初始状态，ufl 是需要顺时针方向扭转的，urf 是需

要逆时针方向扭转的。

图 4-11(b) 执行 L，把需要纠偏的第一个角块 ufl（用“○”表示）移至底层。注意，该角块回归主位后的顶小面此时在魔方左面。

图 4-11(c) 执行 $D^2$，把角块 ufl 移进工作角。

图 4-11(d) 执行 $L^{-1}$，把顶层恢复到初始状态，只有 ufl 小室除外，它现在被初始时的工作角小块占领。

图 4-11(e) 执行 $F^{-1}$，把初始状态时的工作角小块移回底层。

图 4-11(f)，执行 $D^2$，再一次交换底层相对两个角块，使 ufl 角块挨着 uf 边块，并有正确朝向。

图 4-11(g)，执行 F，使 ufl 回归其主室，并处于主位，完成对它的纠偏。此时顶层恢复到初始状态，只有 ufl 改变了朝向。中层及底层则有待恢复。

图 4-11(h)，执行 U，把有待纠偏的第二个角块 urf（用“○”表示）移入 ufl 小室。第二次纠偏过程开始。

图 4-11(i)，执行 $F^{-1}$，这一步是图 4-11(g) 之逆，把 urf 移入底层。注意，该角块回归主位后的顶小面此时在魔方前面。

图 4-11(j)，执行 $D^2$，这一步是图 4-11(f) 之逆，把 urf 移入工作角。

图 4-11(k)，执行 F，这一步是图 4-11(e) 之逆，还原顶层至本次纠偏开始时的状态，但是待纠偏角块除外，它已被工作角小块所代替。

图 4-11(l)，执行 L，这一步是图 4-11(d) 之逆，把上述小块移至底层。

图 4-11(m)，执行 $D^2$，这一步是图 4-11(c) 之逆，把工作角小块重新移入工作角，同时使 urf 小块有正确朝向，并挨着 uf 边块。

图 4-11(n)，执行 $L^{-1}$，这一步是图 4-11(b) 之逆，底层和中层还原，同时把顶层小块全部恢复到本次纠偏开始时的状态，唯有 2 个角块例外，它们经过了扭转纠偏。

图 4-11(o)，执行 $U^{-1}$，这一步是图 4-11(h) 之逆，使顶层小块回到各自主室并在主位。

最后需要强调的是，即使魔方中正好有 3 个角块需要按相同方向扭转以实现纠偏，你必须仍然从正反两个方向扭转 2 个角块开始，以利用部分倒转原理避免把中层和底层的小块弄乱，从而毁了你此前所做的所有工作。至于如何更有效地实现对3个需要按相同方向扭转的角块的纠偏，我们将在后续章节中介绍；目前，你就先按我们前面说的去做就行。

## 4.8 魔方六面还原法总结

至此，我们对魔方六面还原法的介绍就结束了。如果你一边看介绍，一边在对一个拧乱了的魔方进行还原，那么，我们相信你已经完成了还原，心里充满了成功的喜悦。向你表示祝贺！

在进入下一个课题之前，让我们对魔方六面还原法进行简要回顾与总结。

(1) 首先我们注意到，这个方法总的来讲是按层次和边块、角块的顺序，以“步步为营”、“稳扎稳打”的方式进行的：先还原底层边块、角块，然后还原中层边块，最后还原顶层边块和角块。这比较符合人们的思维习惯和解决问题的一般方法，显得有条不紊，条理清晰，易于被一般人所理解和接受。

(2) 但在逐层还原的过程中，这个方法又故意破坏了“完整性”：底层4个角块先只还原3个，留下一个作“工作角”；中层4个边块先只还原3个，留下一个作“工作边”。工作边和工作角留待最后还原顶层边块和角块时一并解决。“工作角”和“工作边”，起着“缓冲区”或“过渡区”的作用，让后续需要还原的边块或角块在进入其主位之前先进到缓冲区过渡一下。这一点我们从前面的图解中可以清楚地看出来（图中，缓冲区用粗黑线标出）。这样，整个还原过程就分为前后两步，分别通过两个共轭过程完成，既实现了选定小块还原的目标，又避免了此前已还原的小块受到破坏。应该说，这个办法是很巧妙的。

(3) 虽然整个魔方的还原过程相当复杂，但其每个阶段中利用的原理和技术相对来说是比较简单的：共轭原理和搭积木块技术贯穿始终。而在每个阶段中利用的共轭过程也几乎相同，主要就是 $FU^2F^{-1}$ 和 $L^{-1}U^2L$。因此，对于理解力和记忆力都比较强的年青人来说，掌握魔方六面还原的技术其实并不是很困难的。

(4) 从第二阶段开始，每个阶段都分两步。但是读者要注意，不同阶段的两步是有不同含意的。对于第二、第三这两个阶段，还原底层的3个角块和中层的3个边块，第一步是先把待还原的小块都移入顶层工作区，第二步再把工作区中的小块先后移至其主位还原。对于第四、第五这两个阶段，还原剩下的5个边块和5个角块，则是按一定次序，第一步先把选定小块移入工作边（角），紧接着走第二步把它移至主室就位。然后再分两步处理下一个小块。读者务必留意这一区别。

(5) 在整个还原过程中，最容易出错的是第五阶段：让剩下的5个角块各就各位。这里，最关键的是要搞清目标角的概念。所谓目标角，就是你当前的选定角（它现在不在其主位）通过这个阶段需要转移去的地方，也就是它的主室。目标角在哪里？这要在首先转动魔方，让工作角处于drb小室位置，再转动顶层，让选定角处于ufl位置的时候去观察、确定。这时候，魔方两个侧面的颜色同选定角块除顶面外的2个面的颜色一致的那个小室就是目标角小室，其中的角块就是目标角小块。在本阶段完成第三步以后，就先要通过转动顶层把目标角小块转到ufl位置上去，以便让已经在工作角的选定角同它交换位置，从而实现选定角的就位。

(6) 这个方法的第二阶段要留底层的一个角块作“工作角”，第三阶段要留中层的一个边块作“工作边”。有时候，你不经意间可能把底层的4个角块或中层的4个边块都还原了，没有留下工作角或工作边。这怎么办呢？没有关系，你继续往下做，把本该当工作角或工作边，但现在已经还原了的角块或边块当作工作角或工作边就是了。重要的是这两者必须在魔方的同一位置，工作角在工作边之下，工作边在工作角之上。

(7) 对所述方法，读者要融会贯通，灵活应用。魔方六面还原过程中，可能出现种种同上述介绍不尽符合的情况。例如，第六阶段成对纠偏2个角块，要求把需要顺时针方向扭转的角块置于ufl小室，把需要逆时针方向扭转的角块置于rfu小室，然后通过两个共轭过程把它们先后正过来。有时候你剩下最后两个角块需要纠偏，但ufl小室中恰恰是需要逆时针方向扭转的，rfu小室中的是需要顺时针方向扭转的，这怎么办呢？如果你明白纠偏的原理，就不至于束手无策了：把两个共轭过程颠倒一下执行次序就行了。

最后，我们以表格形式（表4-1～表4-6）对魔方六面还原的每个阶段给出一个简明扼要的总结。记忆力强的年轻人不难把它们记住，从而可以得心应手地复原任何拧乱了的魔方。记性差的人也可以利用这些表格去还原魔方。其中第一阶段给出两个方案，第一个方案是前面讨论过的“一揽子方案”，4个边块不分先后用同样动作；第二个方案是笔者设计的“区别对待方案”，因先后的不同，动作有所不同，可降低平均旋转次数。

**表4-1 魔方六面还原第一阶段：还原底层4个边块**

**方案一（一揽子方案）**

| 操作表达式 | 操作表达式 |
|---|---|
| F：rf→df | $DRD^{-1}$：br→df |
| $F^2$：uf→df | $D^2B^{-1}D^2$：rb→df |
| $F^{-1}$：lf→df | $D^2BD^2$：lb→df |
| $UF^2$：ur→df | $D^{-1}L^{-1}D$：bl→df |
| $U^2F^2$：ub→df | $D^{-1}LD$：fl→df |
| $U^{-1}F^2$：ul→df | $BDRD^{-1}$：bd→df |
| $R^2UF^2$：dr→df | $FD^{-1}LD$：fd→df |
| $B^2U^2F^2$：db→df | $FDR^{-1}D^{-1}$：fu→df |
| $L^2U^{-1}F^2$：dl→df | $UFDR^{-1}D^{-1}$：ru→df |
| RF：rd→df | $U^2FDR^{-1}D^{-1}$：bu→df |
| $L^{-1}F^{-1}$：ld→df | $U^{-1}FDR^{-1}D^{-1}$：lu→df |
| $DR^{-1}D^{-1}$：fr→df | |

**方案二（区别对待方案）**

| 目标 | 第一个边块 | 第二个边块 | 第三个边块 | 第四个边块 |
|---|---|---|---|---|
| df→df | — | — | — | — |
| dl→df | D | — | — | — |
| db→df | $D^2$ | $LD^2L^{-1}$ | — | — |
| dr→df | $D^{-1}$ | $LD^{-1}L^{-1}$ | $R^2UF^2$ | — |
| ld→df | $L^{-1}F^{-1}$ | — | — | — |
| bd→df | $BRD^{-1}$ | $BDRD^{-1}$ | — | — |
| rd→df | RF | RF | RF | — |
| rf→df | F | F | F | F |
| uf→df | $F^2$ | $F^2$ | $F^2$ | $F^2$ |

续表

| 目标 | 第一个边块 | 第二个边块 | 第三个边块 | 第四个边块 |
|---|---|---|---|---|
| lf→df | $F^{-1}$ | $F^{-1}$ | $F^{-1}$ | $F^{-1}$ |
| fd→df | FLD | $FD^{-1}LD$ | $FD^{-1}LD$ | $FD^{-1}LD$ |
| fr→df | $R^{-1}D^{-1}$ | $DR^{-1}D^{-1}$ | $DR^{-1}D^{-1}$ | $DR^{-1}D^{-1}$ |
| br→df | $RD^{-1}$ | $DRD^{-1}$ | $DRD^{-1}$ | $DRD^{-1}$ |
| ur→df | $UF^2$ | $UF^2$ | $UF^2$ | $UF^2$ |
| rb→df | $R^2F$ | $R^2F$ | $R^2F$ | $R^2FR^2$ |
| lb→df | $L^2F^{-1}$ | $L^2F^{-1}L^2$ | $L^2F^{-1}L^2$ | $L^2F^{-1}L^2$ |
| ub→df | $U^2F^2$ | $U^2F^2$ | $U^2F^2$ | $U^2F^2$ |
| bl→df | $L^{-1}D$ | $D^{-1}L^{-1}D$ | $D^{-1}L^{-1}D$ | $D^{-1}L^{-1}D$ |
| ul→df | $U^{-1}F^2$ | $U^{-1}F^2$ | $U^{-1}F^2$ | $U^{-1}F^2$ |
| fl→df | LD | $D^{-1}LD$ | $D^{-1}LD$ | $D^{-1}LD$ |
| ru→df | $R^{-1}F$ | $R^{-1}F$ | $R^{-1}F$ | $R^{-1}FR$ |
| lu→df | $LF^{-1}$ | $LF^{-1}L^{-1}$ | $LF^{-1}L^{-1}$ | $LF^{-1}L^{-1}$ |
| fu→df | $FR^{-1}D^{-1}$ | $FDR^{-1}D^{-1}$ | $FDR^{-1}D^{-1}$ | $FDR^{-1}D^{-1}$ |
| bu→df | $B^{-1}RD^{-1}$ | $B^{-1}DRD^{-1}$ | $B^{-1}DRD^{-1}B$ | $B^{-1}DRD^{-1}B$ |

注：每个边块还原后，执行 $C_U$，把刚才还原的 df 转至 dl，再还原下一个边块。

**表 4-2　魔方六面还原第二阶段：还原底层 3 个角块**

| 步次 | 任务 | 选定角块原始状态 | 执行操作 |
|---|---|---|---|
| 第一步 | 把底层角块移入顶层工作区，并使其 d 小面处于魔方外侧面 | 在顶层，且 d 小面在魔方外侧面 | — |
| | | 处于底层 | (1)转动魔方，使选定角块处于 dlf 小室<br>(2)如 d 小面在左，执行 $L^{-1}U^2L$：dlf→bru<br>(3)如 d 小面在前，执行 $FU^2F^{-1}$：dlf→rub<br>(4)如 d 小面在底，前二任选其一 |
| | | 处于顶层，且 d 小面朝上 | (1)转动魔方，使 dlf 小室就位（使与选定角块 3 小面同色的魔方 3 面交角位于左前下）<br>(2)转动顶层，使选定角块位于 ulf 小室<br>(3)执行 $L^{-1}U^2L$ 或 $FU^2F^{-1}$ |
| 第二步 | 还原各候选角块 | 在顶层，且 d 小面在魔方外侧面 | (1)转动魔方，使 dlf 小室就位<br>(2)转动顶层，使选定角块位于 bru 小室<br>(3)如 d 小面在后，执行 $L^{-1}U^2L$：bru→dlf<br>(4)如 d 小面在右，执行 $FU^2F^{-1}$：rub→dlf |

表 4-3 魔方六面还原第三阶段：还原中层 3 个边块

| 步次 | 任务 | 原始状态 | 执行操作 |
|---|---|---|---|
| 第一步 | 把中层 4 个边块移入顶层工作区 | 选定边块在顶层，工作角在 drb 小室 | — |
| | | 选定边块在中层，工作角在 drb 小室 | (1)转动魔方，使选定边块处于 fl 小室<br>(2)转动底层，使工作角位于 dlf 小室<br>(3)执行 $L^{-1}U^2L$ 或 $FU^2F^{-1}$<br>(4)转动底层，使底层边块重新还原<br>(5)转动魔方，使工作角回到 drb 小室 |
| 第二步 | 还原各候选边块 | 选定边块在顶层，工作角在 drb 小室 | (1)转动魔方，使 fl 小室就位<br>(2)转动底层，使工作角位于 dlf 小室<br>(3)旋转顶层，使选定边块位于 ur 小室<br>(4)如选定边块顶面颜色同魔方前面颜色一样，执行 $L^{-1}U^2L$：ur→fl，否则执行 $FUF^{-1}$：ru→fl<br>(5)转动底层，使底层小块重新还原 |

注：这 3 个边块必须是上阶段已还原的 3 个底层角块之上的边块。

表 4-4 魔方六面还原第四阶段：还原其他 5 个边块

| 步次 | 任务 | 选定边块原始状态 | 执行操作 |
|---|---|---|---|
| 第一步 | 把选定边块移到工作边小室 rb 中去 | 已在工作边小室 rb 中 | — |
| | | 不在工作边小室 rb 中 | $(BUB^{-1})U^{-1}$：ul→rb<br>$(BU^2B^{-1})U^2$：uf→rb<br>$U^{-1}(BUB^{-1})$：ub→rb<br>$(BU^{-1}B^{-1})U$：ur→rb |
| 第二步 | 把选定边块从 rb 小室移到主位就位 | 已在工作边小室 rb 中 | $U^2(BU^2B^{-1})$：rb→uf<br>$U^{-1}(R^{-1}UR)$：rb→fu<br>$U(BU^{-1}B^{-1})$：rb→ul<br>$U^2(R^{-1}U^2R)$：rb→lu<br>$(BU^{-1}B^{-1})U$：rb→ub<br>$U(R^{-1}U^{-1}R)$：rb→bu<br>如 ur 和 br 已就位，但发生翻转，执行 $(BU^{-1}B^{-1})U$：ru→br<br>$(R^{-1}UR)U^{-1}$：br→ur<br>如 ur 和 br 换位，则视小面对应关系，执行：<br>$(BUB^{-1})U(BUB^{-1})U^2$：rb↔ur<br>或 $U^{-1}(R^{-1}U^{-1}R)U^{-1}(R^{-1}U^{-1}R)U^{-1}$：br↔ur<br>最后旋转底层，使各小块重回原位 |

注：此阶段应按 ul、uf、ub、ur 的次序逐个执行第一步、第二步。

表 4-5 魔方六面还原第五阶段:让其他 5 个角块各就各位

| 步次 | 任务 | 执行操作 |
|---|---|---|
| 第一步 | 使选定角块和工作角互换位置 | (1)转动魔方,使工作角处于 drb 小室位置<br>(2)转动顶层,使选定角块处于 ufl 小室位置<br>(3)执行 $F^{-1}D^2F$:ufl↔rdb 或 $LD^2L^{-1}$:ufl↔bdr<br>(4)转动顶层,使顶层边块重回主位 |
| 第二步 | 把选定角块从工作角移入目标角 | (1)转动顶层,使目标角处于 ufl 小室位置<br>(2)执行 $F^{-1}D^2F$:ulf↔rdb 或 $LD^2L^{-1}$:ulf↔bdr<br>(3)转动顶层,使顶层边块重回主位 |

表 4-6 魔方六面还原第六阶段:让有扭转的角块正过来

| 步骤 | 任务 | 执行操作 |
|---|---|---|
| 1 | 让有待纠偏的 2 个角块处于顶层 | 转动魔方 |
| 2 | 判断哪个角块需要顺时针方向扭转,哪个角块需要逆时针方向扭转 | — |
| 3 | 使需要顺时针方向扭转的角块处于 ufl 小室,需要逆时针方向扭转的角块处于 rfu 小室 | 转动魔方 |
| 4 | 把 ufl 小室中的角块正过来 | $(LD^2L^{-1})(F^{-1}D^2F)$:ufl→flu |
| 5 | 使另一个有待纠偏的角块进入 ufl | 转动顶层 |
| 6 | 把第二个角块正过来 | $(F^{-1}D^2F)(LD^2L^{-1})$:ufl→luf |
| 7 | 使边块重回主位 | 转动顶层 |

# 5 魔方操作中的“魔法”

第4章介绍魔方六面还原法时，采用的是最基本的方法，为的是让初学者易于理解和接受，能比较迅速地掌握还原技术。在这个基础上，本章将介绍魔方的一些复杂运动规律，利用这些规律可以简化六面还原，进一步提高还原技术，用尽可能少的步数完成魔方复原任务。

## 5.1 等效过程

第3章中，我们曾经对魔方运动的基本规律作过讨论，针对的是一些最简单的运动。在讨论魔方的复杂运动规律之前，我们先作一个简单的回顾。

把魔方拧乱，或者使魔方六面还原，说到底，都是魔方的6×9=54个上了色的小面互相交换位置的结果。当然，由于6个面的中央小面在任何运动中都停留在原处不动，因此，参与交换活动的小面实际上只有48个。任何操作序列的结果，都是使一些小块发生循环换位，例如，顶面顺时针方向转90°，造成边块ub进入ur小室，原在ur小室的ur边块进入uf小室，原在uf小室的uf边块进入ul小室，而原在ul小室的ul边块则进入已腾空的ub小室。4个角块发生类似的循环换位，见图5-1。用以下表达式表示这两个互相独立的4循环：U：(ub，ur，uf，ul)(ubr，urf，ufl，ulb)。

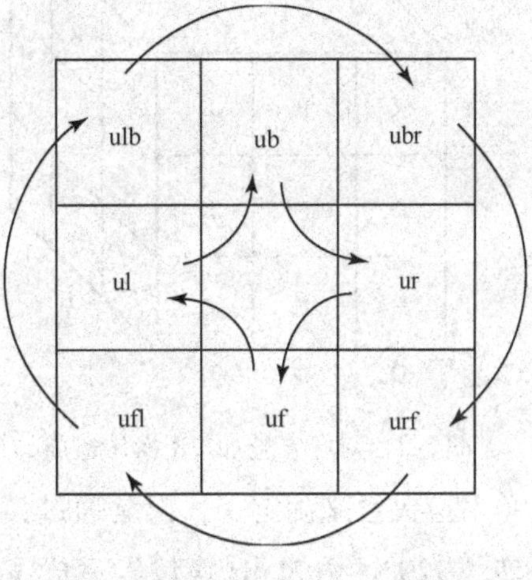

图5-1　顶面顺时针方向转90°的作用

有些操作序列在使小块发生循环换位的同时，还发生翻转（对边块）或扭转（对角块）。单个边块在其主室中翻转，用在右下角加“+”号表示；单个角块在其主室中翻转，用在右下角加“+”或“-”号表示。参与循环的边块或角块是否翻转或扭转，以及如何扭转，通过循环表达式反映，根据康韦“主面”和“主色”的概念作出判断。例如，对魔方施加 UR 操作造成边块的 7 循环和角块的 5 循环以及另一个角块的扭转：

UR：(ur，uf，ul，ub，br，dr，fr)

$(\mathrm{urf, ufl, ulb, bdr, dfr})_{-}(\mathrm{ubr})_{+}$

在边块的 7 循环中，前 3 个边块不发生翻转，后 4 个边块则在换位的同时发生翻转。$(\mathrm{ubr})_{+}$ 表示该角块经过运动仍回到原位（原小室）中，但顺时针方向扭转了 120°，也就是原来在顶面的现在在后面，原来在后面的现在在右面，而原来在右面的现在在顶面，见图 5-2。至于 $(\mathrm{urf, ufl, ulb, bdr, dfr})_{-}$，角块 urf 进入 ufl 是如何扭转的，ufl 进入 ulb 是如何扭转的……表达式本身已经反映。例如，从 urf 到 ufl，说明其顶面仍在顶面，右面变成前面，前面变成左面，根据康韦的定义，角块 urf 的主色是其顶小面的颜色，ufl 小室的主面是其顶面，urf 进入 ufl 以后，其主色在主面，因此无扭转。余类推。由此可知 ufl 角块进入 ulb 也无扭转，而 ulb 进入 bdr 发生逆时针方向扭转，bdr 进入 dfr 发生顺时针方向扭转。但 dfr 进入 urf 是如何扭转的，则不能通过简单对应关系来确定了，而是通过括号右下角的“－”号来表示逆时针方向扭转了 120°，因为 dfr 换位以后成了 fur 而不是 urf，也就是说，其底面成了前面，前面成了顶面，右面仍在右面，见图 5-2。注意，对于边块的翻转，由于只有两个面，因此，只用“＋”号标志就足够了。以后我们对循环内边块或角块是否翻转或扭转，以及如何扭转，不再详细说明，读者可自行分析，这一方面是为了简单，更重要的是因为它们对循环的性质没有影响（见 5.3 节）。以后，对于边块的循环，只当括号外有“＋”号时，才说“有翻转的循环”；对于角块的循环，只当括号外有“＋”号或“－”号时，才说“有

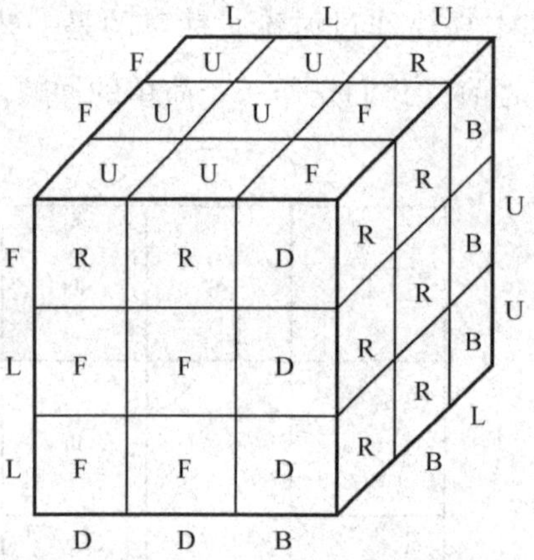

图 5-2　对魔方施加 UR 操作造成的扭转

扭转的循环”。这点请读者注意。

任何操作过程都确定了循环换位，这是没有疑问的。但逆命题却并不成立。也就是说，一个循环换位并不对应于唯一的操作过程，许多不同的操作过程可能导致相同的循环换位。能导致相同的循环换位的若干个操作过程就称为等效过程。显然 $U^{-1}$ 和 $U^3$ 是等效的，FB 和 BF 也是等效的。这样的等效过程称为平凡等效过程（trivial equivalence）。发现非平凡的等效过程就比较复杂、比较难了。通过计算机程序，已经知道能产生非平凡等效过程的一对最短操作序列需要 8 步。例如，$F^2B^2L^2R^2$ 和 $R^2L^2B^2F^2$ 是等效的，它们都形成以下 8 个 2 循环，即 4 个边块的 2 循环和 4 个角块的 2 循环：

（uf，df）　（ufl，ubr）

（ul，dl）　（urf，ulb）

（ub，db）　（dlf，drb）

（ur，dr）　（drf，dbl）

注意，以上说的是“一对最短操作序列需要 8 步”，意思是能形成等效过程，操作步数又相等，则最短的步数是 8 步。等效过程之一步数少于 8 步完全是可能的，比如 $FR^{-1}F^{-1}R$ 和 $U^{-1}RUR^{-1}F^{-1}UFU^{-1}$ 也是 2 个等效过程，前者的步数只有 4 步。它们产生边块的 3 循环和角块的两个 2 循环：

（ur，fu，fr）$(\mathrm{ubr},\ \mathrm{flu})_-$ $(\mathrm{ufr},\ \mathrm{rfb})_+$

$F^2B^2L^2$ 和 $R^2L^2B^2F^2R^2$ 这两个操作序列，前者只有 6 步，后者有 10 步，也是等效过程，它们造成 10 个边块的一个 4 循环和 3 个 2 循环，8 个角块分两组形成 4 循环：

（ul，dl）（uf，df）（ub，db）（fl，fr，bl，br）

（urf，ulb，drb，dlf）（ufl，dfr，dbl，ubr）

正是这种等效过程的存在，使人们认识到，在魔方六面还原的各个阶段中，都有可能用步数更少的操作去代替原有的操作，以提高效率。

在数学上，有所谓“等价关系”（equivalence relation），同我们这里说的等效过程类似。等价关系有下列特性：

（1）反射律（Reflexive Law）　任意元素等价于其自身。

（2）对称律（Symmetric Law） 若 $X$ 等价于 $Y$，则 $Y$ 必等价于 $X$。

（3）传递律（Transitive Law） 若 $X$ 等价于 $Y$，$Y$ 等价于 $Z$，则 $X$ 必等价于 $Z$。

显然，等效过程也有上述 3 个特性。

## 5.2 恒等过程和逆过程

对魔方的操作过程中有一类过程是我们特别感兴趣的，那就是经过一系列的操作以后，所有魔方小块都回归其开始时的状态，等于什么操作也没有做。这样的操作过程叫"恒等过程"（identity process），用 I 表示。一个面往一个方向转 q 转，然后往反方向转 q 转；某个面转 360°；执行某一操作序列，然后执行该操作序列的逆操作，如在执行 FR 之后执行 $R^{-1}F^{-1}$……这些都是恒等过程的例子。

逆过程（inverse process）也是一类重要的过程，我们前面已经介绍过，而且在许多地方应用过了。需要注意的是，某个过程的逆过程，不但要使过程的每个操作以相反方向进行（顺时针变逆时针，逆时针变顺时针），而且要使操作顺序整个颠倒过来，原过程的第一个操作在逆过程中变成最后一个操作，原过程的最后一个操作在逆过程中变成第一个操作。可以用日常生活中的一个例子来说明：早晨你起床，先穿袜子，后穿鞋；晚上就寝，你得先脱鞋，后脱袜子，这就是互逆的两个过程。

逆过程所形成的循环换位称为"逆循环换位"，简称"逆循环"（inverse cycle）。

所有的小学生都知道"负负得正"。类似地，逆过程的逆就是原过程；逆循环的逆就是原循环。

就操作过程而言，某个过程的逆是唯一的，但因为逆过程可以有许多等效过程，因此，产生逆循环的方法也就不只是逆过程一种了。凡是和逆过程等效的过程都可产生同样的逆循环。以第 4 章中魔方六面还原第五阶段为例，为了实现选定角、工作角和目标角三者的循环换位：

（ufl，ubr，bdr）

我们曾经采用下列操作过程（把两步合在一起）：

$$LD^2L^{-1}U^2LD^2L^{-1}U^2$$

上述 3 循环的逆循环是

$$(ufl,\ bdr,\ ubr)$$

或者把它写成更能看出是逆循环的形式：

$$(bdr,\ ubr,\ ufl)$$

实现这个逆循环既可以用上述过程的逆：

$$U^2LD^2L^{-1}U^2LD^2L^{-1}$$

也可以用与之等效的下列过程实现：

$$B^{-1}D^{-1}BU^2B^{-1}DBU^2$$

由于逆循环的逆就是原循环，因此，我们可以获得如下重要结论：两个过程是等效的，当且仅当它们的逆循环是等效的。根据这个结论，可以说明 $LD^2L^{-1}U^2LD^2L^{-1}U^2$ 和 $U^2B^{-1}D^{-1}BU^2B^{-1}DB$ 二者是等效的。

以后用 $X$，$Y$ 表示任意操作序列。根据以上讨论可知

$$XX^{-1}=I=X^{-1}X$$

也就是说，顺序执行一个过程及其逆过程，等价于执行一个恒等过程，魔方将不发生任何循环换位。

一般来说，某一过程产生的循环换位和其逆过程所产生的循环换位是不一样的。或者说，过程及其逆过程一般是不等效的。但在特殊情况下，两者可能等效，产生同样的循环换位。例如，把前后左右 4 个面各转 180°的过程 $F^2B^2L^2R^2$ 和 $R^2L^2B^2F^2$（$=R^{-2}L^{-2}B^{-2}F^{-2}$）是两个互逆的过程，但却是两个等效的过程，它们产生相同的循环换位：

$$(uf,\ df)(ul,\ dl)(ub,\ db)(ur,\ dr)$$

$$(ufl,\ ubr)(urf,\ ulb)(dlf,\ drb)(dfr,\ dbl)$$

这个循环换位使魔方的六面形成美丽的图案，我们将在后续章节中讨论有关问题。

注意，把前后左右 4 个面各转 90°的两个过程 FBLR 和 RLBF 就既不是互逆的，也不是等效的了。前者产生的循环换位为：

$$(urf)_+ (ulb)_+ (drb)_+ (dlf)_+ (ufl, rub)_+ (dfr, ldb)_+$$

$$(uf, ru, rb, ub, lu, lf)(df, ld, lb, db, rd, rf)$$

后者产生的循环换位则为

$$(ufl)_+ (ubr)_+ (dfr)_+ (dbl)_+ (urf, bul)_+ (dlf, bdr)_+$$

$$(uf, rf, ru, ub, lb, lu)(df, lf, ld, db, rb, rd)$$

两者都包含边块的两个6循环和角块的两个带扭转的2循环及4个角块留在主室但发生扭转，形式相同，但内涵不同。

## 5.3 *n* 循环的性质

5.2节提到 $F^2B^2L^2R^2$ 和 $R^2L^2B^2F^2$ 是两个互逆的、然而等效的过程，由此可以进一步导出一个有趣而重要的现象。根据 $XX^{-1}=I$，可知

$$(F^2B^2L^2R^2)(R^2L^2B^2F^2)$$
$$=(F^2B^2L^2R^2)(F^2B^2L^2R^2)$$
$$=(F^2B^2L^2R^2)^2=I$$

也就是说，重复执行两次操作序列 $F^2B^2L^2R^2$，将使魔方回归原始状态，等于什么变化也没有发生。这是怎么回事呢?

原来，从5.2节已给出的 $F^2B^2L^2R^2$ 的循环换位式中可以看到，它是8个边块所形成的4个2循环和8个角块所形成的4个2循环。也就是说，$F^2B^2L^2R^2$ 造成8个边块两两对换，8个角块也两两对换。因此，再执行一次该操作序列，又发生一次8个边块和8个角块的两两对换，正好是使边块和角块又都重新回到了原位，而且什么翻转和扭转也没有发生。

那么，对于造成3循环，也就是3个小块循环换位的操作序列，情况会怎样呢？以前面已介绍过的 $X=LD^2L^{-1}U^2LDL^{-1}U^2$ 为例，它产生3循环：

$$(ufl, ubr, bdr)$$

执行 $X^2$ 将产生下列循环：

$$(bdr, ubr, ufl)$$

这个循环是上个循环的逆，也就是说是 $X^{-1}$ 所造成的循环。因此有

$$X^3=XX^2=XX^{-1}=I$$

也就是说，如果重复执行产生 3 循环的操作序列 3 次，魔方也将回归原始状态，等于什么变化也没有发生。

推而广之，重复执行产生 $n$ 循环的 $X$ 过程 $n$ 次，魔方都将回归原始状态，也就是说，过程 $X^n$ 是恒等过程。其中 $n$ 是 $X$ 所产生的循环换位式中小块的个数，称为循环的长度（length of the cycle）。

如果过程产生若干个长度不等的循环，那会发生什么情况呢？例如，过程 $Y = \mathrm{F}^2\mathrm{R}^2$ 产生 7 个边块的两个 2 循环和一个 3 循环以及 6 个角块的两个 3 循环：

（uf，df）（ur，dr）（fl，br，fr）

（ufl，ubr，dfr）（dlf，drb，urf）

在这种情况下，$Y$ 重复执行两次时，将使两个 2 循环中的 4 个边块各回原位；重复执行 3 次时将使 3 个 3 循环中的 3 个边块和 6 个角块各回原位。因此，$Y$ 重复执行 6 次，将使魔方回归原始状态，也就是说，

$$Y^6 = I$$

当循环包括翻转或扭转时，情况会怎样呢？以下列过程为例：

$$Z = \mathrm{FR}^{-1}$$

这个过程产生边块的 7 循环和带扭转的 2 个角块的 3 循环：

（uf，rd，rb，ru，rf，df，lf）

（ufl，rdf，dlf）$_-$（urf，rbd，rub）$_+$

由于扭转，$Z$ 重复执行 3 次虽然能使角块返回其主室，但是并不在主位；只有重复执行 9 次，才能使它们彻底还原。因此，带扭转的 3 循环的长度为 9。$Z$ 重复执行 21 次虽然能使所有小块回到其主室，但涉及的角块仍是扭转的。$Z$ 至少重复 $7 \times 9 = 63$ 次，才能使魔方回归原始状态。也就是说，$Z^{63} = I$。能使魔方回复原状必须重复执行的过程最少次数，称为该过程的阶（order of the process）。对上面讨论过的几个过程，$\mathrm{F}^2\mathrm{B}^2\mathrm{L}^2\mathrm{R}^2$ 的阶是 2，$X$，$Y$，$Z$ 的阶分别是 3、6 和 63。由于过程的阶是由其产生的循环换位决定的，因此，同某过程等效的所有过程的阶同该过程的阶相同。显然，过程的阶等于该过程所造成的所有循环的长度值的最小公倍数（least common multiple，LCM）。

由于过程的阶取决于其造成的循环，因此，阶的大小取决于其造成的循环的状况，而不取决于过程本身。有些过程非常简单，但阶却很大，如 FR 的阶高达 105；有些过程相当复杂，但阶却很小，比如 $U^2LB^{-1}D^2BL^{-1}$，阶只有 6。显然，对任一个面转 90°，如 U，阶都等于 4。

那么，什么样的过程有可能的最大的阶呢？巴特勒（J. B. Butler）经过仔细研究，证明 1260 是阶的最大可能值。具有该阶的一个过程造成角块的一个带扭转的 3 循环（长度 9），一个带扭转的 5 循环（扭转方向同上一个相反，长度 15），边块的 1 个 2 循环（长度 2），一个带翻转的 7 循环（长度 14）以及另一个带翻转的 2 循环（长度 4）。这些循环长度值的最小公倍数为 1260。巴特勒给出了能产生如此循环换位的一个最短过程为 $RF^2B^{-1}UB^{-1}$，它造成的循环为

$$(ub, db)(lb, ur)_+(fu, fd, lu, br, dr, fl, fr)_+$$
$$(dfr, fdl, luf)_-(urf, bld, drb, ubr, bul)_+$$

一个 $n$ 阶的过程在重复执行 $n$ 次使魔方回归原始状态的过程中，一般而言每次操作产生的是相同的循环置换。例如，一个 4 阶的过程，每执行一次都产生 a 换 b、b 换 c、c 换 d、d 换 a 的 4 循环，经过 4 次执行，a、b、c、d 各回原位而复原。但某些操作过程由于所造成的循环置换的结构的特殊性，它在重复执行的过程中，会形成不同的循环置换，这种现象叫“循环的可分解性”（cyclic decomposability）。我们举一个例子。操作 $B^2L^2F^2$ 产生边块的 3 个 2 循环和 1 个 4 循环，角块的 2 个 4 循环：

$$(uf, df)(ub, db)(ul, dl)(fr, fl, bl, br)$$
$$(ufl, dbl, ubr, dfr)(ufr, dfl, ubl, dbr)$$

因此，这是一个 4 阶的过程，重复执行这个过程 4 次，将使魔方回归原始状态。

对于发生对换的 6 个边块，在重复执行这个操作的过程中，将轮流发生“对换—还原—对换—还原”的现象，我们不去管它。我们先来看发生循环换位的 4 个边块。第二次执行这个操作时，这 4 个边块不再发生原先的 4 循环，而分解成为两个 2 循环，也就是 4 个边块两两对换：

(fr, bl) (br, fl)

第三次执行这个操作时，这 4 个边块仍然发生两两对换，但对换的对象同前者不同：

(fr, br) (bl, fl)

第四次执行这个操作时，这 4 个边块当然也都回归原位。

8 个角块的两个 4 循环的分解情况同边块有所不同。第二次执行这个操作时，这 8 个角块的两个 4 循环分解成为 4 个 2 循环：

(ufr, ubl) (ufl, ubr) (dfl, dbr) (dfr, dbl)

第三次执行这个操作时，这 8 个角块又形成两个 4 循环，但循环结构同原先那个不同：

(ufl, dfr, ubr, dbl) (ufr, dbr, ubl, dfl)

第四次执行这个操作时，这 8 个角块当然也都回归原位。

再举一个例子。操作 $L^{-1}RU^{-1}D$ 产生如下循环置换：

(uf, ur, br, db, dl, fl) (ub, ul, bl, df, dr, fr)

(ufr, lub, fld) (ubr, ldb, frd) $(ufl)_-$ $(drb)_+$

角块的循环长度是 3，边块的循环长度是 6，因此这是一个 6 阶的过程，重复执行 6 次，魔方将还原。在重复执行 6 次的过程中，角块将依次发生 3 循环，3 循环，还原；3 循环，3 循环，还原。而边块则并不发生 5 次 6 循环后还原，而是先经历 2 个 6 循环分解为 4 个 3 循环，4 个 3 循环分解为 6 个 2 循环，之后又重新由 2 循环合成为 3 循环，由 3 循环合成为 6 循环（但循环方向刚好同前面的相反）这样一个过程，最后各回各位。具体操作表达式如下：

$L^{-1}RU^{-1}D$: (uf,ur,br,db,dl,fl)(ub,ul,bl,df,dr,fr)

(ufr,lub,fld)(ubr,ldb,frd)$(ufl)_-$ $(drb)_+$

$(L^{-1}RU^{-1}D)^2$: (uf,br,dl)(ur,db,fl)(ub,bl,dr)(ul,df,fr)

(ufr,fld,lub)(ubr,frd,ldb)$(ufl)_+$ $(drb)_-$

$(L^{-1}RU^{-1}D)^3$: (uf,db)(ur,dl)(ub,df)(ul,dr)(fl,br)(fr,bl)

$(L^{-1}RU^{-1}D)^4$: (uf,dl,br)(ur,fl,db)(ub,dr,bl)(ul,fr,dr)

(ufr,lub,fld)(ubr,ldb,frd)$(ufl)_-$ $(drb)_+$

$(L^{-1}RU^{-1}D)^5$：(uf,fl,dl,db,br,ur)(ub,fr,dr,df,bl,ul)

(ufr,fld,lub)(ubr,frd,ldb)$(ufl)_+(drb)_-$

$(L^{-1}RU^{-1}D)^6$：$I$

上面两个例子中的循环置换是“简单”的，即只置换，不翻转或扭转。如果在循环置换的同时还伴随有翻转或扭转，情况会怎么样呢？我们也举一个例子。操作 RLUDFB 发生如下循环置换：

$(uf,\ ul)_+(ub,\ ur)_+(df,\ dr)_+(db,\ dl)_+(fr)_+(fl)_+(br)_+(bl)_+$

(ufl，dlf)(ufr，drf)(ubl，dlb)(ubr，drb)

就角块而言，出现 4 个 2 循环，是简单的；就边块而言，上下夹心层上的 4 个边块发生翻转，顶层和底层各 4 个边块则发生带翻转的 4 个 2 循环：uf、ub、df、db 这 4 个边块分别移至 ul、ur、dr、dl，是不带翻转的，而后者在对换到前者的小室中去时，则同时发生了翻转。因此，这是一个 4 阶的过程，需要重复执行 4 次，魔方才回归原始状态。第二次执行这个过程时，8 个角块及上下夹心层上的 4 个边块还原，带翻转的 4 个 2 循环分解成为 8 个边块的翻转：

$(uf)_+(ul)_+(ub)_+(ur)_+(df)_+(dr)_+(db)_+(dl)_+$

$(RLUDFB)^2$ 因而被称为“8 翻转过程”，也就是魔方其他小块都不动，只有相对两面的 8 个边块原地翻身。

再一次（第三次）执行这个过程时，8 个角块及上下夹心层上的 4 个边块如同第一次执行这个过程一样，分别发生 2 循环和翻转；顶层和底层 8 个边块又发生带翻转的 4 个 2 循环，但翻转的是另外 4 个边块了：

$(ul,\ uf)_+(ur,\ ub)_+(dr,\ df)_+(dl,\ db)_+$

第四次执行这个过程，魔方还原。

循环可分解性在魔方游戏中起着十分重要的作用。许多重要的过程以及能形成美丽图案的过程就是通过循环可分解性实现的。前面我们已经提到的 $(L^{-1}RU^{-1}D)^3$ 形成的就是棋盘图案，后面将要讨论到。

下面我们再给出几个通过循环可分解性实现边块翻转或角块扭转的例子。至于通过循环可分解性形成美丽图案的例子将在第 8 章中讨论。

实现两个边块翻转的过程：$(FB^2DL)^{18}$

实现 L 面上 4 个边块翻转的过程：$(FBLUD)^6$

实现所有 12 个边块翻转的过程：$(UB^{-1}ULF^{-1}R^{-1})^6$

实现前面 3 个边块和底面 3 个边块翻转的过程：$(DR^{-1}F)^{30}$

实现 8 个角块扭转的过程：$(LR^2F^2B^{-1})^4$ 或 $(U^2R^2L^{-1}D)^4$

以上这些过程的循环分解情况请读者自行分析。

## 5.4 一些有用的过程

在了解了魔方的复杂运动规律以后，现在介绍一些在魔方六面还原以及其他玩法中非常有用的一些过程。

5.3 节中介绍过过程 $Z=FR^{-1}$，它产生的循环为

$$(uf,\ rd,\ rb,\ ru,\ rf,\ df,\ lf)$$

$$(ufl,\ rdf,\ dlf)_-(urf,\ rbd,\ rub)_+$$

边块 7 循环的长度为 7，两个带扭转的角块 3 循环的长度各为 9，因此这个过程的阶为 63，也就是说，重复执行该过程 63 次，将使魔方还原。现在我们考虑重复执行该过程 7 次会发生什么情况。这时，7 个边块将返回原位，剩下角块的两个带扭转的 3 循环：

$$(ufl,\ dfr,\ fdl)_-(urf,\ drb,\ ubr)_+$$

因此，执行 $Z^7=FR^{-1}FR^{-1}FR^{-1}FR^{-1}FR^{-1}FR^{-1}FR^{-1}$ 这样一个操作序列为我们提供了使所有边块留在原位而只交换 6 个角块位置的一个办法。反之，执行 $Z^9$，则使所有角块留在原位，而只发生 7 个边块的循环换位。

再看过程 $Y=F^2R^2$，它产生的循环为

$$(uf,\ df)(ur,\ dr)(fl,\ br,\ fr)$$

$$(ufl,\ ubr,\ dfr)(dlf,\ drb,\ urf)$$

这个过程的阶为 6。如果我们对 $Y$ 只重复执行 3 次，即执行 $Y^3$，那么，6 个角块和参与 3 循环的 3 个边块都将回归原位，只剩下 4 个边块两两对换：

$$(uf,\ df)(ur,\ dr)$$

过程 $Y^3$ 在许多情况下非常有用。第 4 章魔方六面还原的第三阶段，还原

中层的3个边块，如果开始时中层的4个边块已经都在中层，只是发生“错位”，就可以不必像第4章讲的那样麻烦，先把它们移到顶层工作区，然后再一一移至中层就位了，而可以先把整个魔方左右旋转一下，把这4个边块变成两个在顶层，两个在底层，然后通过 $Y^3$ 使之两两对换，最后再反方向把整个魔方左右旋转一下，任务就完成了。

另一个有用的过程如下：

$$P = URU^{-1}R^{-1}$$

这个过程产生的循环是

(ub，ur，fr)

$(ulb，ubr)_+(urf，frd)_-$

执行 $P^3$，将使3个边块还原，剩下4个角块两两对换：

(ulb，bru)(urf，dfr)

这在魔方六面还原的第五阶段常常是很有用的。

# 5.5 交换过程

5.4节最后讨论的过程 $P = URU^{-1}R^{-1}$ 非常有趣，值得进一步讨论。

过程P只涉及两个面：顶面和右面。首先我们注意到，对顶面和右面的操作顺序不同，其结果也不同，即UR和RU是完全不同的2个操作，是不能随便颠倒位置的。也就是说，对魔方的操作，不像算术中的加法或乘法操作，是不适用交换律的。

其次注意到，虽然P中的 $U^{-1}R^{-1}$ 不是UR的逆，因此P不是恒等过程，但P造成的循环比UR和 $U^{-1}R^{-1}$ 所造成的循环简单得多。UR造成的循环为

(uf，ul，ub，br，dr，fr，ur)

$(ubr)_+(urf，ufl，ulb，bdr，dfr)_-$

$U^{-1}R^{-1}$ 造成的循环为

(uf，fr，dr，br，ur，ub，ul)

$(urf)_-(ubr，ulb，ufl，frd，drb)_+$

$URU^{-1}R^{-1}$ 造成的循环前面已经给出过了，为了比较，再写一遍：

$$(ub, ur, fr)$$

$$(ulb, ubr)_{+}(urf, frd)_{-}$$

同前两者比较，我们发现，被 UR 移动过的许多小块，被后续的 $U^{-1}R^{-1}$ 移回了原处，因此不再出现在循环表达式中了。如果某个小块被 U 所移动，但未被 R 移动，那么它将被后面的 $U^{-1}$ 移回原处。如果某个小块被 R 所移动，但未被 $U^{-1}$ 所移动，那么它将被后面的 $R^{-1}$ 移回原处。由此可见，受 $URU^{-1}R^{-1}$ 影响的小块要么是顶面和右面共有的小块，要么是因为受上述共有小块的移动而连带移动的小块。在 $URU^{-1}R^{-1}$ 的情况下，共有小块是角块 ubr、urf 和边块 ur，受牵连的小块是角块 ulb、frd 和边块 ub、fr。

由于形如 $XYX^{-1}Y^{-1}$ 那样的过程具有如此特殊而有用的性质，我们专门为它起个名字叫“交换过程”，并写成：

$$[X, Y] = XYX^{-1}Y^{-1}$$

对于上述交换过程 $URU^{-1}R^{-1}$，写成 [U，R]；类似地，把交换过程 $UR^{-1}U^{-1}R$ 写成 [U，$R^{-1}$]。由于 [U，R] 造成的循环换位只发生在魔方一个 Z 形的部分，因此被叫做 Z 型交换过程，而 [U，$R^{-1}$] 造成的循环换位只发生在魔方一个 Y 形的部分，因此被叫做 Y 型交换过程，分别如图 5-3(a) 和 (b) 所示。为了看得清楚，图 5-3(a) 所示的 Z 型交换过程是 [F，R] = $FRF^{-1}R^{-1}$，图 5-3(b) 所示的 Y 型交换过程是 [F，$R^{-1}$] = $FR^{-1}F^{-1}R$，即用前面代替了顶面。此外，在 Z 型和 Y 型交换过程中，哪个面的操作在前，哪

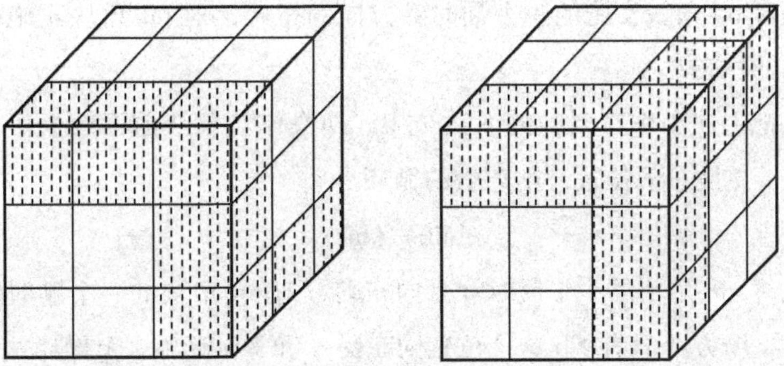

(a)　　　(b)

图 5-3　Z 型和 Y 型交换过程

个面的操作在后，也是没有关系的，因此，[R，F] = $RFR^{-1}F^{-1}$同样是一个Z型交换过程，[R，$F^{-1}$] = $RF^{-1}R^{-1}F$ 同样是一个Y型交换过程，当然，Z型和Y型的交换区域位置发生了变化。

Z型和Y型交换过程在魔方六面还原中非常有用，它们可以单独使用，甚至可以联合使用。具体应用方法，我们将在后面介绍。

实际上，第4章介绍魔方六面还原时，已经利用过交换过程的原理了。在第五阶段中，为了把ufl小室中的小块移到urf小室中去，我们的操作过程合起来是（$LD^2L^{-1}$）U（$LD^2L^{-1}$）$U^{-1}$。若令 $X = LD^2L^{-1}$，$Y = U$，那么上述操作过程不就是 [$X$，$Y$] 吗？这个交换过程产生如下循环：

(ufl，urf，bdr)

其中，同时受$X$和$Y$影响的只有位于ufl小室中的角块，它移至小室urf，腾出的小室被原位于bdr小室中的角块占据，而原在urf小室中的角块则进入bdr小室。

在第六阶段中，为了把扭转就位的角块“正”过来，我们执行了如下操作序列：

$$(LD^2L^{-1})(F^{-1}D^2F)\ U\ (F^{-1}D^2F)(LD^2L^{-1})\ U^{-1}$$

若令 $X = LD^2L^{-1}F^{-1}D^2F$，$Y = U$，那么，这个操作序列不就是交换过程 [$X$，$Y$] $= XYX^{-1}Y^{-1}$吗？它产生如下循环：

$$(\mathrm{ulf})_+(\mathrm{ufr})_-$$

这是对ulf角块实施的一个顺时针方向的扭转，对ufr角块实施的一个逆时针方向的扭转。

如果把上述操作序列中的F改成B，即操作对象从前面改成后面，同时让L和$L^{-1}$交换一下位置，则产生的循环为

$$(\mathrm{ulb})_-(\mathrm{ufl})_+$$

这是对ulb角块的一个反时针方向扭转，对ufl角块的一个顺时针方向扭转。这时，魔方上只有ulb这个位置同时受$X$和$Y$的影响，$X$操作并不把其中的角块移到别处去，而只是原地扭转一下而已。然后，通过施加U和$X^{-1}$，我们不但让底层和中层的小块重回原位，还让被U从小室ufl移至小室ulb的

角块在原地扭转而正了过来。最后，通过 $U^{-1}$ 把原在小室 ufl 的角块移回小室 luf，把原在小室 ulb 的角块移回小室 lbu。

关于交换过程，还有两个问题值得注意。第一个问题是，有些交换过程可能需要通过变换其形式才能看出来，如下列过程：

$$W = U^2 L R^{-1} F^2 L^{-1} R$$

从形式上，我们很难看出它也是个交换过程，但是如果我们把对前面的操作 $F^2$ 变换一下，看成是先把整个魔方作 $C_R$ 旋转，然后转动顶面 180°，再把整个魔方反方向旋转一下，这不是和 $F^2$ 完全等效的吗？也即用 $C_R U^2 C_R^{-1}$ 代替 $F^2$，这样，这个操作序列就变成

$$W = U^2 L R^{-1} C_R U^2 C_R^{-1} L^{-1} R$$

现在令 $X = U^2$，$Y = LR^{-1}C_R$，则 $Y^{-1} = C_R^{-1} R L^{-1}$

由于在 $Y^{-1} = C_R^{-1} R L^{-1}$ 中，后两个操作对象是 R 和 L，正好是相对的两面，我们前面说过，对相对两面的操作是互相独立的，哪个先做，哪个后做都没有关系，因此我们把 $Y^{-1}$ 写成等效的形式：

$$Y^{-1} = C_R^{-1} L^{-1} R$$

这样就可以把 $W$ 写成

$$\begin{aligned} W &= (U^2)(LR^{-1}C_R)(U^2)(C_R^{-1}L^{-1}R) \\ &= (U^2)(LR^{-1}C_R)(U^2)(C_R^{-1}RL^{-1}) \\ &= [U^2, LR^{-1}C_R] \\ &= [X, Y] \end{aligned}$$

显然，这就是一个交换过程。它产生的循环只移动边块而不涉及角块：

(ub, df, uf)

第二个问题是，在特殊情况下，交换过程可以等于恒等过程，即 $[X, Y] = XYX^{-1}Y^{-1} = I$。这个特殊情况就是 $X$ 和 $Y$ 这两个操作满足交换律，可以互换，即

$$XY = YX$$

前面我们提到 RL = LR 就是满足这个条件的情况之一，两个操作的对象是相对的两面，产生的循环是不相交的。另外的情况包括产生的循环中有一

个或几个是相同的，另外有几个是不相交的。齐斯特发现了一个非常特殊、非常有趣的操作序列 $Q$，这个操作序列同任何其他过程 X 都是可互交换的，即

$$QX = XQ$$

$Q$ 是怎样一个操作序列呢？它又怎么会和其他任意过程可互交换呢？原来 $Q$ 是这样一个包含 20 个操作的过程：

$$Q = \mathrm{UR^2FBRB^2RU^2LB^2RU^{-1}D^{-1}R^2FR^{-1}LB^2U^2F^2}$$

它的效果是使魔方的所有 12 个边块发生翻转，而所有角块都留在原位不动。这就不难理解为什么它同任意过程都是可互换的了。在魔方的所有可能的操作序列中，唯有被称作“超级翻转”（superflip）的这个操作序列具有这一特性，其它所有操作序列，包括可实现“8 翻转”的 $\mathrm{(RLFBUD)^2}$，可实现“8 扭转”的 $\mathrm{(LR^2F^2B^{-1})^4}$ 等，都没有这一特性。这点请读者务必注意。

最后要指出，从根本上说，任何过程都是交换过程，都是实现一些小块的交换的。之所以把 $XYX^{-1}Y^{-1}$ 这样一些具有特殊形式的过程从一般过程中分离出来专门称之为交换过程，只是因为它们限定了较小的交换区域，特别有用而已。此外，交换过程的逆正好是把方括号中的两个元素颠倒一下位置，即 $[X, Y]^{-1} = [Y, X]$。这一点很容易证明：

$$[X,Y]^{-1} = (XYX^{-1}Y^{-1})^{-1} = YXY^{-1}X^{-1} = [Y,X]$$

## 5.6 利用共轭过程由老过程建立新过程

除了利用 5.5 节的交换过程可以导出新过程以外，也可以利用共轭过程去修改已知的过程产生新过程，以便对不同的小块实施移位。

所谓共轭过程就是 $XYX^{-1}$ 形式的过程，第 4 章讨论魔方六面还原法时已经多次地利用过了。现在考虑下列过程：

$$\mathrm{RUR^{-1}}$$

这个过程产生如下循环：

(uf，ul，ub，fr)

(ufl，ulb，fur，frd)

注意，上述循环的结构同单独执行一个操作 U 所产生的循环结构完全一样，这是共轭过程的显著特征。

现在设 $Y$ 为如下的交换过程：

$$Y=[L^{-1}D^2L,U]=L^{-1}D^2LUL^{-1}D^2LU^{-1}$$

这个交换过程产生如下循环

(ulb，ufl，frd)

现在再设 $X=R^{-1}$，则有如下共轭过程：

$$XYX^{-1}=R^{-1}L^{-1}D^2LUL^{-1}D^2LU^{-1}R^{-1}$$

这个共轭过程产生如下循环：

(ulb，ufl，urf)

它的结构同 $Y$ 产生的循环的结构完全一样，唯一区别就是参与循环的其中一个角块从 frd 变成了 urf，也就是从前右下角变成了前右上角。产生角块的 3 循环的这种共轭过程在魔方六面还原的第五阶段特别有用，可以使第六阶段中需要纠偏的角块数最少。

一般来说，$XYX^{-1}$形式共轭过程的利用，常常是先通过 $X$ 把有待 $Y$ 移动的小块放到适当的位置上去，然后由 $Y$ 去移动这些小块，最后由 $X^{-1}$把已经交换了位置的小块放回到它们新的地方。总的效果就是产生同执行 $Y$ 相同的循环，但作用在不同的小室。

让我们稍为详细一些来分析一下这个问题。假定操作 $Y$ 把一个操作对象从位置 a 带到 b，用 $Y(a)=b$ 来表示；再假定操作 $X$ 把对象从 c 带到 a，$X(c)=a$，把另一个对象从 d 带到 b，$X(d)=b$。由此可知 $X^{-1}(a)=c$，$X^{-1}(b)=d$，$Y^{-1}(b)=a$。

现在来考察 $XYX^{-1}$对 c 的作用。可以用以下方式来表示：

$$X^{-1}(a)=c\xrightarrow{X}a\xrightarrow{Y}b\xrightarrow{X^{-1}}d=X^{-1}(b)$$

也就是说，通过 $XYX^{-1}$这个共轭过程，c 中的对象被带到了 d：

$$XYX^{-1}(c)=d$$

或者用另一种方式表示：

$$XYX^{-1}(X^{-1}(a))=X^{-1}(b)=X^{-1}(Y(a))$$

由最后这个表达式可以看出，$XYX^{-1}$所产生的循环在位置$X^{-1}$(a) 上的作用，同$Y$所产生的循环在位置 a 上的作用是完全相同的，这里 a 可以是魔方上的所有可能位置（或者是 12 个边小室中的任意一个，或者是 8 个角小室中的任意一个）。尤其是，两者的循环结构——循环的个数，每个循环的长度——也完全一样。例如，U 包括两个 4 循环，所以任何涉及 U 的共轭过程也必包含两个 4 循环。

共轭过程在角块纠偏中特别有用，尤其是有待纠偏的两个角块不在同一面上时。例如，为了把 ulb 顺时针方向纠正为 lbu，把 dfr 逆时针方向纠正为 rdf，可以用下述方式：

令 $X=\mathrm{R}$

令 $Y=[\mathrm{BD^2B^{-1}L^{-1}D^2L},\ \mathrm{U^2}]$

$=\mathrm{BD^2B^{-1}L^{-1}D^2LU^2L^{-1}D^2LBD^2B^{-1}U^2}$

则 $XYX^{-1}$产生如下循环而完成任务：

$$(\mathrm{ulb})_+(\mathrm{dfr})_-$$

为了交换任意 3 个边块而不影响任何其他小块，也可以利用共轭过程。前面已经介绍过，下列过程可以循环交换 ub，df，uf 这 3 个边块：

$$W=\mathrm{U^2LR^{-1}F^2L^{-1}R}$$

现在假定，需要循环换位的是 ub，ur，uf 这 3 个边块，那怎么办呢？这种情况下，我们需要做的就是能把 ub 和 uf 留在原处而把 ur 移到小室 df 中去的一个过程 $X$，至于 $X$ 对魔方还做了些其他什么事是无关紧要的。因此可以选如下的一个 $X$：

$$X=\mathrm{R^2D^{-1}}$$

$X$ 产生的循环如下：

(fr，br)（ur，df，dl，db，dr）

(urf，dfr，ubr，dlf，dbl，drb)

这样，利用共轭过程 $XWX^{-1}$就可以达到目的，产生如下循环了：

(ub，ur，uf)

再举一个例子，这个例子在魔方六面还原的第五阶段有用。

令 $Y=(URU^{-1}R^{-1})^3$

该交换过程产生如下循环：

(ulb，bru)(urf，dfr)

于是，利用共轭过程 $FYF^{-1}$就可产生循环：

(ulb，bru)(ufl，fur)

这比第4章中为达到同样循环而执行的操作步数要少得多。当然，角块的扭转情况也有所不同。

# 6 升级六面还原基本法

在学习了第5章魔方的复杂运动规律以后，我们可以讨论对魔方六面还原的基本法如何改进了。实际上，第5章已多次涉及对魔方六面还原法的一些阶段可予以改进的过程，但在那儿是零敲碎打的。本章将系统、全面地讨论这个问题，方法不但包括利用第5章讨论的交换过程、共轭过程，还包括利用交换循环、循环的重复等。

为了叙述方便，后面将把第4章中介绍的魔方六面还原的基本方法简称为"基本法"。

## 6.1 底层边块的还原

在基本法中，还原底层每个边块最多需要4步，因此还原底层4个边块总共最多需要16步。由于还原第一块往往比较简单，所以实际上总步数可以略低于16。但如果要想大大缩减总步数，就必须考虑一次还原多个边块。这就要利用交换循环同时还原几个边块。

由于在这个阶段角块随便怎么变动位置都无关紧要，因此可以列出许许多多过程以达到同时还原几个边块的目的。已经证明，还原底层4个边块可以在12步内完成，但从任意初始状态出发，完成第一阶段任务最少到底要多少步这个问题仍无定论。

下面给出几个比较简单的共轭过程和交换过程供你在魔方六面还原的第一阶段中参考。如果同你的要求不一致，你可以参照着找到相应过程。

$F^2B^2U^2B^2F^2$：　(df，db)(ul，ur)(dlf，drb)(dfr，dbl)

$DRD^{-1}R^{-1}$：　(df，dr，br)$(dlf，dfr)_+$$(drb，bru)_-$

$F^{-1}RFR^{-1}$：　(df，rf，rd)$(dlf，bdr)_+$$(dfr，rfu)_-$

$RBF^{-1}R^{-1}B^{-1}F$：(df，rd，rf)(db，ru，rb)

$(dfr，fur，ubr)_+$$(dlf，dbl，drb)_-$

# 6.2 底层 3 个角块的还原

第 5 章在讨论这个问题时已经指出，如果需要还原的底层角块处于顶层，且其底面在魔方的侧面，这是最容易还原的。在这种情况下，共有 6 个共轭过程可供利用，但在第 4 章中只介绍了 2 个。以把 dlf 角块从顶层移至其主位为例，6 个可供利用的共轭过程如下：

$FU^2F^{-1}$：（rub，dlf）（ulb，luf）（lf，ub）（ul，ur）

$L^{-1}U^2L$：（bru，dlf）（urf，flu）（lf，ru）（uf，ub）

$FUF^{-1}$：（flu，dlf，bul，rub）（lf，ul，ub，ur）

$L^{-1}U^{-1}L$：（luf，dlf，rfu，bru）（lf，fu，ru，bu）

$FU^{-1}F^{-1}$：（bul，dlf，flu，rub）（lf，ur，ub，ul）

$L^{-1}UL$：（rfu，dlf，luf，bru）（lf，bu，ru，fu）

在某些情况下，执行上述共轭操作之前先旋转顶面可能使还原下一个角块更加容易。例如，

$U^2FUF^{-1}$：（bru，dlf，bul，fur）$_+$（ufl）$_-$
（lf，ul）（uf，ur，ub）

这个操作序列同 $L^{-1}U^2L$ 一样，把位于小室 bru 中的角块移至 dlf 小室。但对顶层的其他角块所起的作用非常不同，可以用来简化对下一个角块的还原。例如，如果开始时处于 dlf 小室的角块也需要移至顶层，以便为移至底层的主室就位做好准备，那么，执行 $L^{-1}U^2L$ 将使位于 dlf 小室中的角块移至 bru 小室，其前小面在顶面；而执行 $U^2FUF^{-1}$ 将使其移至 bul 小室，左小面在顶面。因此，以什么顺序去还原 3 个角块，选择什么过程去还原角块，都会影响完成第二阶段任务所需的总步数。

当然，更好的办法是同时还原几个角块。例如，可以用 $FB^{-1}U^2F^{-1}B$ 把位于小室 ulb 的角块移至 dlf 小室，同时把位于小室 ufl 的角块移至 dbl 小室。当它们的底小面在顶面，而其他角块尚未还原时，这是还原这两个角块的最简单的方法，可谓“一箭双雕”，而如果一个一个去还原它们，则由于它们的底小面在顶面，是最难处理的。

上述对 $U^2$ 的共轭过程产生两个 2 循环，把两个角块从顶层移至底层；对 U 或 $U^{-1}$ 的共轭过程则产生一个 4 循环，也可以把两个角块从顶层移至底层。因此，这类共轭过程最多能同时将处于顶层的两个角块移至底层还原（因为这两种情况下涉及的角块都只有 4 个）。但有时候会有意外的惊喜：在将顶层的两个角块移至底层就位的同时，也使底层的另一个角块还原了。比如过程 $RL^{-1}D^2BUB^{-1}D^2R^{-1}L$ 就有这样的效果。这个过程产生的循环如下：

$$(rdf, dlf, fur, dbl)(lf, ur, rf, fu)$$

有没有什么操作过程使得底层的 4 个角块发生循环换位而不触动底层的 4 个边块呢？到目前为止，笔者还没有见到这样的过程，有心的读者不妨找一找。

## 6.3 中层边块的还原

能一次还原中层几个边块的过程也是存在的。前面已经讨论过的交换过程 $F^2UD^{-1}L^2U^{-1}D$ 产生如下循环：

$$(lf, rf, lb)$$

过程 $(U^2R^2)^3$ 则能产生如下循环：

$$(uf, ub)(rf, rb)$$

该过程的共轭过程 $F(U^2R^2)^3F^{-1}$ 产生如下循环：

$$(uf, rb)(ub, lf)$$

显然，先按某个方向转动整个魔方，也就是使魔方重新定位以后，再执行上述这些操作，就能实现若干中层边块的同时还原。但由于还原中层边块本来就不算复杂，所以一般来说这种简化并不能大幅度地减少总步数。然而，如果在这一阶段的操作中在选择操作过程时有些预见性，那对下一阶段简化操作会大有好处，尤其是如果在还原中层边块的同时，把顶层边块从中层移回其顶层主室就位，或者虽然不在主位，但其顶小面能够冲上，就很万幸了。

## 6.4 顶层边块的还原

这个阶段要想减少还原所需的操作总步数，仍然要想办法找到能一次还原几个边块的过程。潜力最大的过程在这里是 Z 型和 Y 型交换过程的共轭过程。这两种交换过程都能产生 3 个边块的循环，同时交换两对角块。注意，通过在执行 U 的共轭过程前执行 $U^{-1}$，而在执行 $U^{-1}$的共轭过程前执行 U，可以让第四阶段的主要操作中包含这类操作，然而却不包括 Z 型或 Y 型交换过程的共轭过程。例如，考虑下列过程：

$$FRUR^{-1}U^{-1}F^{-1}$$

这个过程是对 $RUR^{-1}U^{-1}$的共轭过程，产生的循环是

$$(uf,\ ru,\ bu)\ (urf,\ ufl)_{+}\ (ubr,\ ulb)_{-}$$

为了检查该过程（或这种类型的其他过程）可以节省多少步，不妨拿一个已经还原的魔方，执行上述过程的逆过程，即 $FURU^{-1}R^{-1}F^{-1}$，然后利用第四阶段中的技术把顶层边块移回原处，数一数需要多少步。肯定地，这将把角块弄乱（如果你已经还原过一个拧乱了的魔方，你当然可以重新把它还原）。

由此可见，为了完成第四阶段的任务而需要 3 个边块的循环换位时，经常会利用 Z 型和 Y 型交换过程的共轭过程。然而让 4 个边块循环换位而不影响其他边块是很困难的。暂时可以采取的策略是在第四阶段实现 3 个边块的循环换位，或者是交换两对边块，这要简单得多，需要的步数也较少。

## 6.5 让最后 5 个角块各就各位

在第五阶段中，主要是应该仔细选择操作过程，以便尽量减少甚至消除在第六阶段中需要纠偏的角块的数量。怎么做到这一点呢？首先，我们注意到，在第 5 章中所用的下列两个过程（$i=1$，2 或 $-1$）把选定角块移到目标角时，是相同的小面朝上的：

$$F^{-1}D^2FU^iF^{-1}D^2FU^{-i}$$

$$LD^2L^{-1}U^iLD^2L^{-1}U^{-i}$$

因此，要选择这样的角块当选定角，它的顶小面已经在顶面。这样，当把它移进目标角以后，就已经在主位而不需要纠偏了。如果顶层角块中没有符合这个条件的小块，那么，要退而求其次，选择这样的小块，它的一个边小面同其所处面的面块颜色相同。在这种情况下，转动一下整个魔方，让该面朝上，就可以利用上述过程把选定角移至目标角了。

上述两个过程都可以把选定角移至目标角，且保持顶小面在顶面。但当它们把工作角移至选定角，以及把目标角移至工作角时，其方位是因过程不同而不同的。这可从它们的操作表达式看出来：

$$F^{-1}D^2FUF^{-1}D^2FU^{-1}：(ufl，urf，rbd)$$

$$LD^2L^{-1}ULD^2L^{-1}U^{-1}：(ufl，urf，bdr)$$

因此，如果目标角的主位就是工作角，或者工作角的主位就是选定角，那么，如何选用上述两个过程之一就值得斟酌了：选得恰当，常常可以使工作角和目标角中的一个也还原到主位而不再需要纠偏。

重复应用上述过程两次，一般至少可以还原第五阶段中涉及的5个角块中的两个，而且不再需要纠偏。剩下的3个角块需要通过有关3循环还原就位，这比先让它们“安家”（回到各自主室），然后“落户”（变成主位）容易。因此，选用前述两个过程不但是为了还原两个角块，也是为了将已经在主室、但不在主位的角块正过来。要力图避免角块在主室中而发生扭转的情况。在还原前2个角块时你是有可能做到这一点的，除非在第五阶段开始时5个角块都在主室，但都有扭转。

为了使最后3个角块通过3循环不但回到各自主室，而且在主位，我们常常可以利用交换过程的一个简单共轭过程。例如，

$$RF^{-1}D^2FU^2F^{-1}D^2FU^2R^{-1}：(ufl，fur，rub)$$

或者

$$L^2F^2LBL^{-1}F^2LB^{-1}L：(ufl，urf，ulb)$$

后一个过程可以改写为 $L^{-1}(L^{-1}F^2LBL^{-1}F^2LB^{-1})L$，这就容易看出它也是个共轭过程了。

前面在讨论如何改进基本法的第四阶段，把角块从底层移到顶层时，我们列出了可用的6个过程。但到此为止，我们只用了其中的两个交换过程，即 $[U^i, LD^2L^{-1}]$ 和 $[U^i, F^{-1}D^2F]$（$i=1$，2或$-1$）。在有些情况下，用其他4个过程会带来一些好处。例如，

$$UF^{-1}DFU^{-1}F^{-1}D^{-1}F: (ulb, ufl, bld)$$

如果通过 $C_BC_L$ 旋转整个魔方两次让它重新定位，使ulb角块在lbu小室，那么利用上述过程产生的3循环变成：

$$(ulb, rub, ufl)$$

Z型和Y型交换过程对还原这些角块也很有用。例如，下列Z型交换过程：

$$(URU^{-1}R^{-1})^3=[U, R]^3$$

可产生如下循环：

$$(ulb, bru)(urf, dfr)$$

而该交换过程的一些简单共轭过程在交换两对角块方面也非常有用。例如，下列共轭过程：

$$F(URU^{-1}R^{-1})^3F^{-1}=F[U, R]^3F^{-1}$$

产生的循环如下：

$$(ulb, bru)(urf, flu)$$

这样，用14步就完成了两对角块的交换。

下列过程也是14步：

$$(UBU^{-1}B^{-1})F^{-1}(UBU^{-1}B^{-1})F(UBU^{-1}B^{-1})$$

它不但完成两对角块的交换，还使另一个角块扭转：

$$(urf, ufl)_-(ubr, drb)(ulb)_+$$

下列过程只有12步：

$$FL^{-1}D^2LF^{-1}UFL^{-1}D^2LF^{-1}U^{-1}$$

同样可以完成两对角块的交换：

$$(ulb, fur)(ufl, rub)$$

这个过程是一个交换过程 $[FL^{-1}D^2LF^{-1}, U]$，其第一部分则是一个共轭

过程。

## 6.6 给角块纠偏

6.5 节重点讨论了在基本法的第五阶段中如何使最后 5 个角块在各就各位的同时，尽可能处于主位，从而“毕其功于一役”，完成还原任务。但事情常常不能“尽如人意”，在完成 5 个角块的就位以后，可能有若干个角块是扭转着的，需要通过第六阶段把它们正过来。在基本法中，我们是用共轭过程来使处于魔方同一面的两个角块发生扭转从而实现纠偏的。那么，如果需要纠偏的两个角块所处小室没有一个小面是共同的，如 ulb 和 frd，那怎么办呢？这时可利用共轭过程。比如从附录 2 看到，过程 $X = R^{-1}BD^2B^{-1}RU^2R^{-1}BD^2B^{-1}RU^2$ 可实现如下两个角块的扭转：

$$(\text{ulb})_+\ (\text{frd})_-$$

因此可利用其共轭实现目标：

$$RXR^{-1}:(\text{ulb})_-\ (\text{urf})_+$$

有趣的是，$RXR^{-1}$ 相当于把 $X$ 中的第一个操作 $R^{-1}$ 挪到末尾去，变成最后一个操作。

如果需要纠偏的 3 个角块是同方向扭转着的，那怎么办呢？在讨论基本法时，我们叫大家先不去管它，只当还是一正一逆的去纠偏就是。这当然不是一个好办法，因为其结果只是纠正了一个角块，另一个角块只纠正了一半，没有完全到位。现在我们可以用 Z 型或 Y 型交换过程去一次性解决 3 个同方向扭转着的角块问题了。首先注意到，

$$([R, D]^2)^3 = I$$

其次注意到，$[R, D]^2$ 只影响顶层的 ubr 小室，让它作一个顺时针方向的扭转。这样，如果我们在 3 个 $[R, D]^2$ 之间旋转顶层，那么就可以对顶层的 3 个角块施加顺时针方向的扭转，而对魔方的其他部分产生的只是恒等过程，也就是没有变化。例如，下列过程：

$$([R, D]^2U)^3U = (RDR^{-1}D^{-1})^2U\ (RDR^{-1}D^{-1})^2U\ (RDR^{-1}D^{-1})^2U^2$$

产生的就是顶层 3 个角块的顺时针方向扭转：

$$(ubr)_+ \ (urf)_+ \ (ufl)_+$$

而下列过程则可以产生不在同一面的 3 个角块的逆时针方向扭转：

$$BD^2B^{-1}UBD^2B^{-1}U^{-1}R^{-1}B^2RF^2R^{-1}B^2RF^2$$

$$=[BD^2B^{-1}, U][R^{-1}B^2R, F^2]: (ulb)_- \ (ufl)_- \ (frd)_-$$

在结束对基本法的改进的讨论时，我们要特别指出，并不是所有高效率的操作过程都是用共轭过程和交换过程实现的。例如，齐斯特发现的下列过程：

$$LBL^{-1}B^{-1}U^2F^{-1}L^2FL^{-1}F^{-1}L^2FL^{-1}U^2$$

该过程实现的是

$$(ulb)_- \ (ubr)_- \ (urf)_-$$

齐斯特还利用计算机程序发现了以下过程：

$$B^{-1}U^2B^2UB^{-1}U^{-1}B^{-1}U^2FRBR^{-1}F^{-1}$$

该过程使顶层的两个边块翻转：

$$(ub)_+ \ (ur)_+$$

# 7 名家妙“方”

到这里为止，我们已经详细介绍过对魔方进行六面还原的一个基本方法，以及对这个基本法有什么可能的途径加以改进。应该说，这是我们从缤纷多彩的魔方百花园中采摘的一朵比较鲜艳的鲜花献给读者；在这个百花园中还有许许多多美丽可爱的鲜花，我们不可能也没有必要一一采摘下来献给读者。但为了使读者对这个百花园有一个大致的了解，我们这里对其中一些比较有特色的魔方六面还原法作扼要的介绍。

## 7.1 剑桥数学家康韦的方法

剑桥大学数学家康韦（J. H. Conway）对世界上主要的智力游戏玩具都有深入的研究，对魔方也不例外。在 *Winning Ways for Your Mathematical Plays* 中，他提出了与基本法略有不同的 6 阶段还原法。康韦的 6 阶段还原法也是从底层到中层到顶层，从边块到角块逐步推进的；与基本法不同的是他不设置工作角、工作边，让底层 4 个角块和中层 4 个边块都同时还原。

下面我们简单介绍一下康韦的魔方六面还原法。其 6 个阶段如下：

（A）还原底层 4 个边块；

（B）还原底层 4 个角块；

图 7-1　康韦六阶段还原小块示意图

（C）还原中层 4 个边块；

（D）让顶层 4 个边块各就各位；

（E）成对交换顶层角块；

（F）把有翻转或扭转的小块正过来。

各个阶段中还原的是哪些小块，如图 7-1 所示。在第一阶段中还原的小块标以 A，在第二阶段中还原的小块标以 B……

康韦用 4 个以“A”开头的单词来说明第一阶段

中还原的方法，即 aloft（向上升起），around（转圈），about（转到相反方向），adjust（调整），如图 7-2 所示。图中带阴影线的就是待还原边块的主色所在的面。先把这个面调到顶上来（aloft），然后旋转（around）顶层，使之处于正确侧面，然后转到相反方向（about）使之还原就位。如果这破坏一个已还原的边块，则在转到相反方向（about）前先执行调整（adjust）过程：旋转一个适当的侧面。

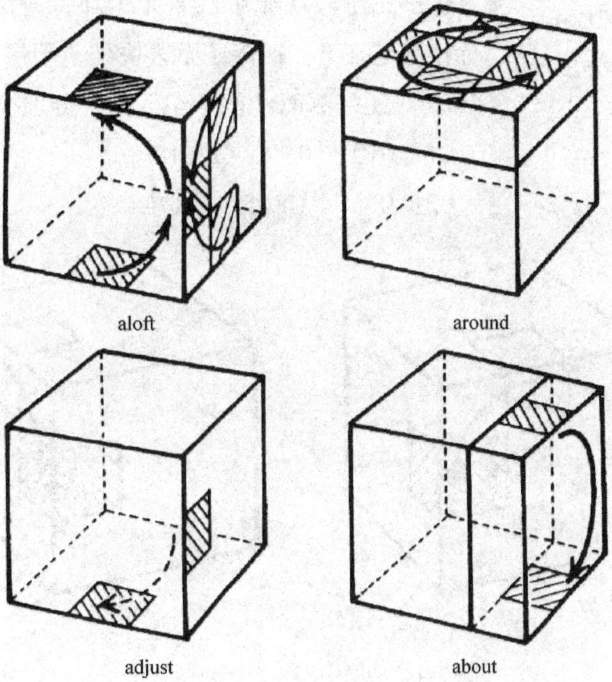


图 7-2 还原底层边块的 4 个“A”

第二阶段还原底层 4 个角块，方法见图 7-3。待还原的角块若处于顶层，则都通过转动魔方，调到 urf 的位置上来，目标是 frd 小室。带阴影的是该角块还原后有主色的面。视其当前在魔方前面（标“1”）、还是右面（标“2”）、还是顶面（标“3”），分别执行下列操作予以还原：

B1：$F^{-1}U^{-1}F$

B2：$RUR^{-1}$

B3：$F^{-1}UFRU^{2}R^{-1}$

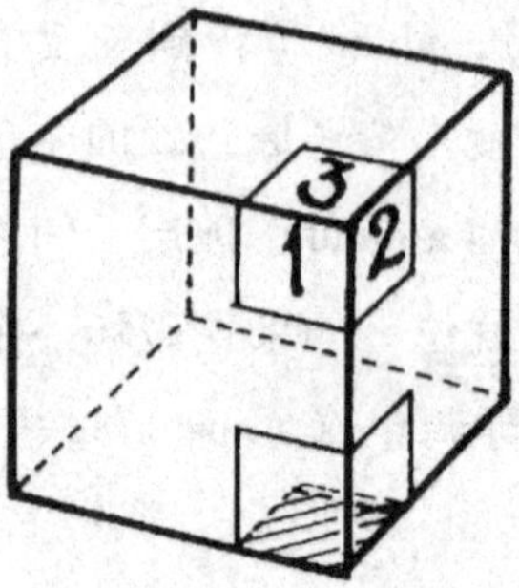


图 7-3　还原底层 4 个角块的方法

可以看出，这些操作也都是共轭过程（B3 是两个共轭）。

如果待还原的角块已在底层，但不在其主位，则先用上述 3 个过程之一把任意一个角块从顶层移至待还原角块所在小室，从而把它"硬"挤到顶层，再用上述方法使之还原。

第三阶段还原中层 4 个边块，方法见图 7-4。目标小室定在 fr。视待还原边块处于顶层的前面（图 7-4(a)）还是侧面（图 7-4(b)），分别执行下列操作：

C1：$URU^{-1}R^{-1}U^{-1}F^{-1}UF$

C2：$U^{-1}F^{-1}UFURU^{-1}R^{-1}$

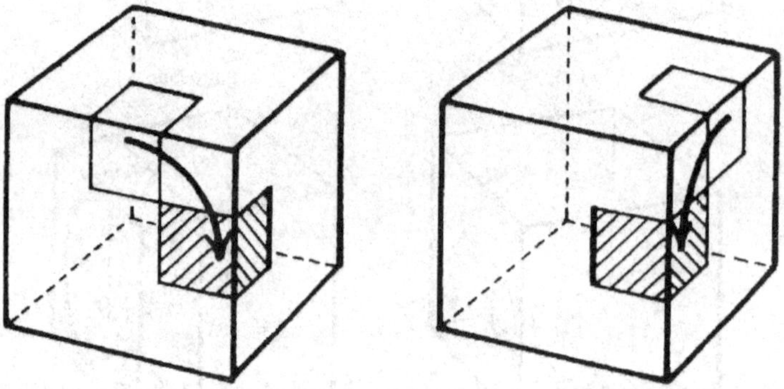

(a)　(b)

图 7-4　还原中层 4 个边块的方法

显然，C1 和 C2 中每个都有 2 个交换过程。

若待还原边块已在中层，但不在其主位，则先用上述操作之一用另一个边块把它"挤"到顶层去，然后如法炮制。

第四阶段让顶层 4 个边块各就各位，采用如图 7-5 所示方法顺序交换相邻的两个边块。执行操作为

$$D：UFRUR^{-1}U^{-1}F^{-1}$$

这个操作使处于 ul 小室中的边块在移入 uf 小室时发生翻转，而对方则不发生翻转。这个操作还同时使 ur 小室中的边块发生翻转，ub 小室中的边块则

在原位不动。

操作中包括对交换过程 $RUR^{-1}U^{-1}$的一个共轭过程。

为了减少交换次数，可以先转动顶层。

第五阶段成对交换相邻顶层角块，方法见图 7-6。先旋转魔方使待交换的两个角块处于魔方前面，然后执行操作：

$$E：FDF^2D^2F^2D^{-1}F^{-1}=M_s$$

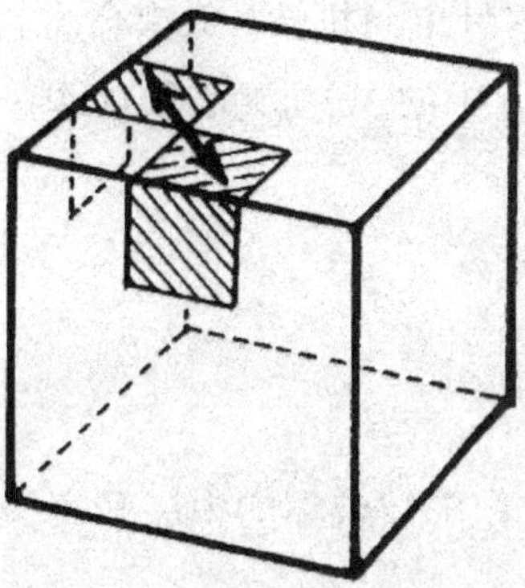

图 7-5　让顶层 4 个边块各就各位的方法

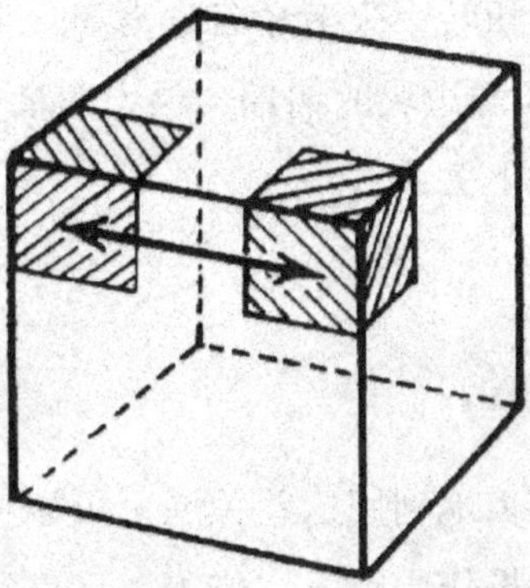

图 7-6　成对交换相邻顶层角块的方法

这是 3 重嵌套的一个共轭过程：整个过程为 $FXF^{-1}$，而 $X$ 是一个形如 $DYD^{-1}$的共轭过程，$Y$ 本身又是一个共轭过程 $F^2D^2F^2=F^2D^2F^{-2}$。通过该过程实现两个角块带扭转的交换，ufl 小室中的角块逆时针就位于 urf 小室，对方则顺时针方向扭转后就位于 ufl 小室。

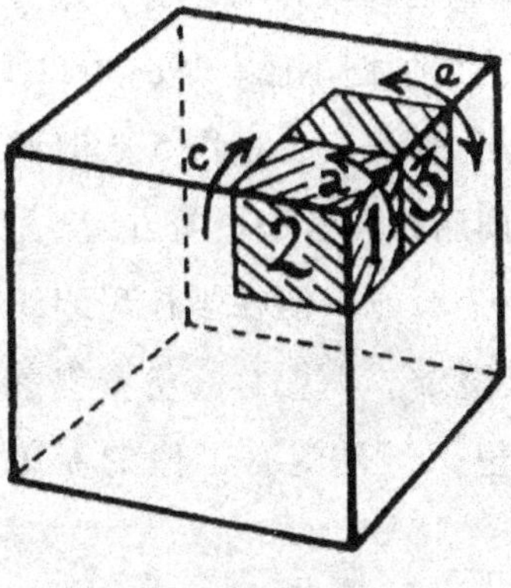


图 7-7　把顶层有翻转或扭转的小块正过来的方法

然后旋转顶层，使第二对待交换的角块处于图 7-6 所示位置，再一次执行过程 E，实现 2 个角块的交换。在这个过程中，把前一次执行 E 时搞乱了的中层和顶层恢复原状。最后旋转顶层，使顶层各小块各就各位。

康韦把过程 E 称为“单一交换”(monoswap)，并命名为 $M_s$。显然，$M_s^2=I$。

第六阶段把顶层有翻转或扭转的小块正过来，方法如图 7-7 所示。先旋转顶层，使有待纠偏的边块和（或）角块处于如图所示位置，然后根据其主面在位置1，还是2，还是3，分别执行：

$$F1：(F^{-1}RFR^{-1})^2 = M_a$$

$$F2：(RF^{-1}R^{-1}F)^2 = M_c$$

$$F3：(M_DR)^4 = M_e$$

过程F1和F2显然是交换过程，它们实现角块的纠偏，其中F2实现顺时针方向扭转，康韦命名它为$M_c$；F1实现逆时针方向扭转，康韦命名它为$M_a$。F3则实现边块的纠偏，康韦命名它为$M_e$。其中的$M_D$为夹心层操作。三者之间有如下关系：

$$M_e^2 = M_c^3 = I$$

$$M_cM_e = M_eM_c$$

$$M_a = M_c^{-1}$$

谨慎地利用这些关系，可以使前面的操作中被破坏的中层和底层小块在后面的操作中重返主位。

## 7.2 “神奇小子”博赛特的方法

英国少年博赛特13岁就出版了魔方专著 *You can do the cube*，卖出150万本，有多种外语译本，包括中译本，因此叫他“神奇小子”是一点也不为过的。据博赛特自己说，他最早是从一个女同学那里见到魔方的，那个魔方来自美国。但他跑遍一切有关的商店，一无所获，使他烦恼不已。1981年2月，他到瑞士的祖母家去，惊喜地发现他的堂兄有一个魔方，于是用5天时间琢磨出了基本解法。离开瑞士前，他在伯尔尼一家商店订购了一个魔方，3月份他收到了祖母寄来的邮包，终于拥有了自己的一个魔方。他在学校里组织了魔方俱乐部，把他的解法抄写下来，以便帮助其魔友。不想有一份资料落到了一个出版社编辑（当然也是一个魔方迷）手里，于是就有了他的专著的出版。

博赛特的解法同基本法有很大不同，这从他的五个阶段的划分就可以看出来。

（1）还原顶层的4个角块（博赛特把顶层叫做第一面）；

（2）还原顶层的4个边块；

（3）还原底层4个角块（博赛特把底层叫做第二面）；

（4）使中层和底层的8个边块各就各位；

（5）把有翻转的边块正过来。

博赛特的六面还原法完全用图解。图解当然比较直观，但占篇幅太多，因此我们下面将用操作表达式来代替他的图解。博赛特的解法中有“夹心层”的操作，是用中片旋转法实现的。

**1. 第一阶段：还原第一面（顶层）4个角块**

这一阶段中要用到5种步法，从步法甲1到步法甲5分别解决角块处于不同情况下的还原问题。

步法甲1如图7-8所示，执行操作为$FDF^{-1}$。

步法甲2如图7-9所示，执行操作为$R^{-1}D^{-1}R$。

步法甲3如图7-10所示，执行操作为$R^{-1}DRFD^2F^{-1}$。

步法甲4如图7-11所示，执行操作为$R^{-1}DRFDF^{-1}$。

步法甲5如图7-12所示，执行操作为$FD^{-1}F^{-1}R^{-1}D^{-1}R$。

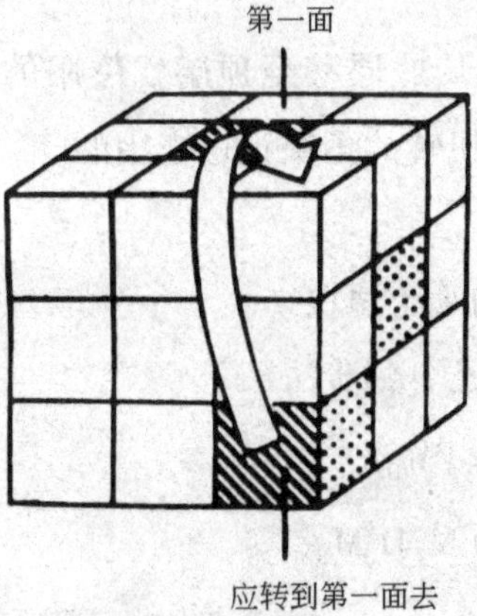


图7-8　步法甲1

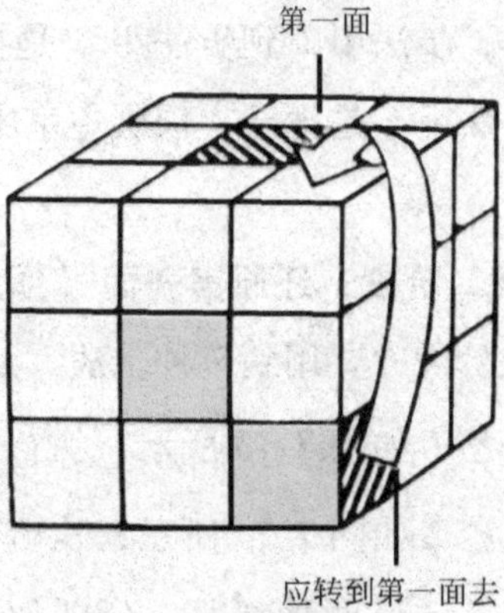


图7-9　步法甲2

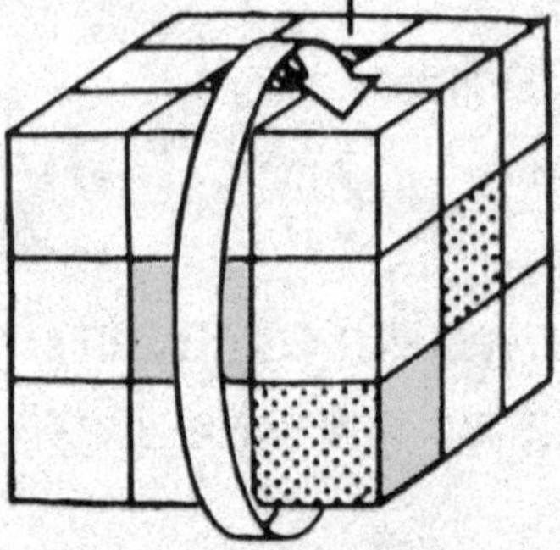


图 7-10　步法甲 3

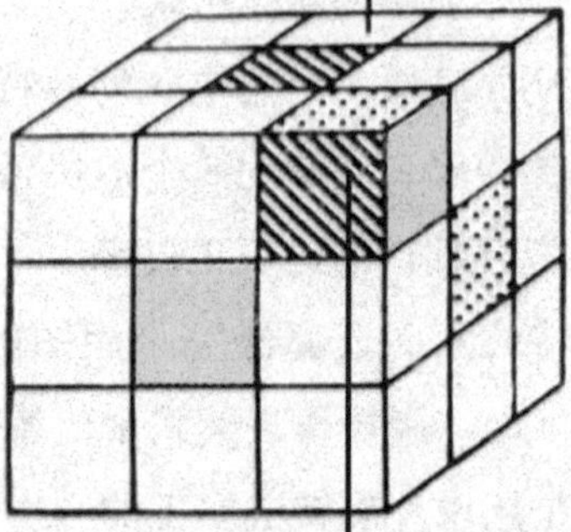


图 7-11　步法甲 4

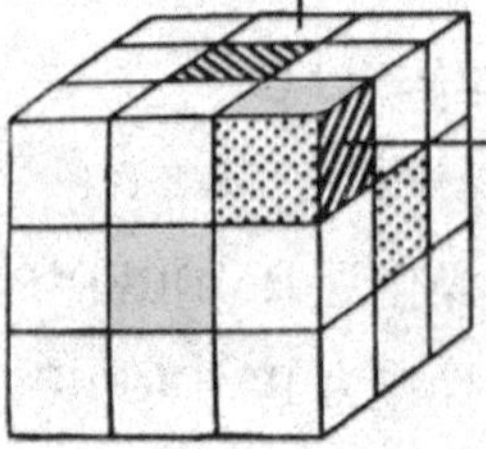


图 7-12　步法甲 5

显然，步法甲 1 到步法甲 3 是把角块从底层移至顶层就位用的，而步法甲 4 到步法甲 5 是把已在顶层主室中但有扭转的角块正过来用的。

**2. 第二阶段：还原第一面（顶层）的 4 个边块**

这个阶段中要用到 7 种步法，从步法乙 1 到步法乙 7。

步法乙 1 如图 7-13 所示，执行操作为 $FM_DF^{-1}U^{-1}$。

步法乙 2 如图 7-14 所示，执行操作为 $M_LD^2M_R$。

步法乙 3 有两种情况，分别如图 7-15(a)、(b) 所示。在前一种情况下，执行操作为 $M_U FM_U^2F^{-1} M_U$，在后一种情况下，执行操作为 $M_DF^{-1}M_U^2FM_D$。

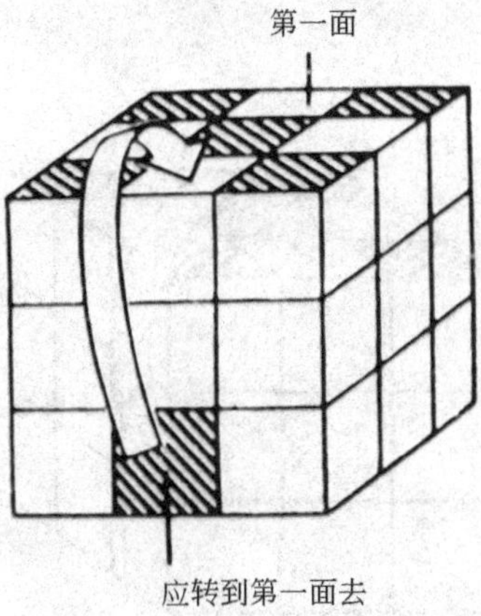


图 7-13 步法乙 1

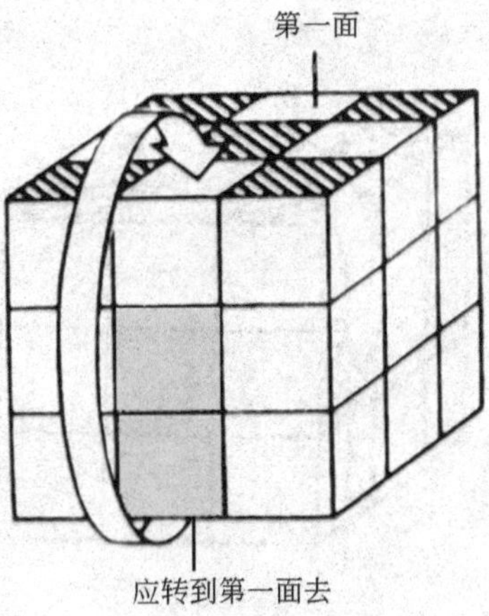


图 7-14 步法乙 2

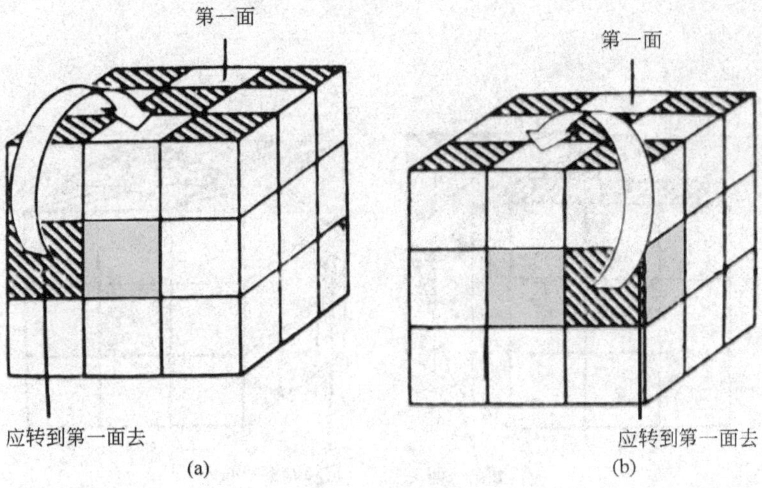


图 7-15 步法乙 3

步法乙 4 也有两种情况，分别如图 7-16(a)、(b) 所示。在前一种情况下，执行操作 $M_U F^{-1} M_D F$；在后一种情况下，执行操作 $M_D F M_U F^{-1}$。

同样，步法乙 5 有两种情况，见图 7-17(a)、(b)。前者执行$F^{-1} M_U^2 F M_U^2$，后者执行 $F M_U^2 F^{-1} M_U^2$。

步法乙 6 如图 7-18 所示，边块已经就位，但有翻转，则执行操作 $M_L D^2 M_R F M_D F^{-1} M_U$。

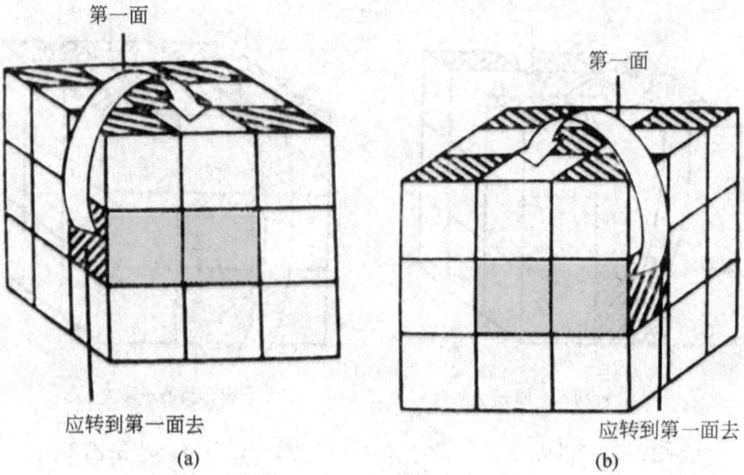


图 7-16　步法乙 4

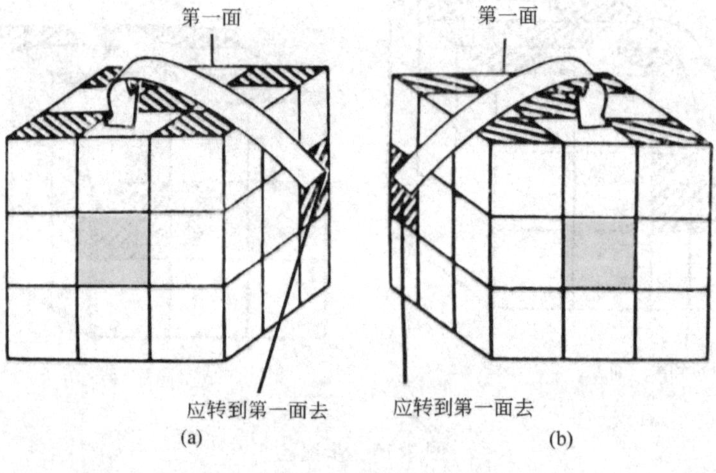


图 7-17　步法乙 5

步法乙 7 如图 7-19 所示，边块已经在顶层，但不在主室，通过步法乙 7 先把它转到底层去，并旋转底层使之处于正确位置下方，然后再用步法乙 1 或乙 2 使之还原。该步执行操作为 $M_LDM_RD^{-1}$。

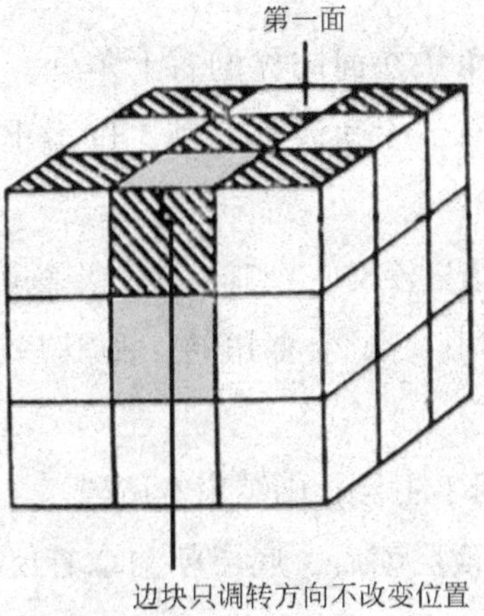


图 7-18 步法乙 6

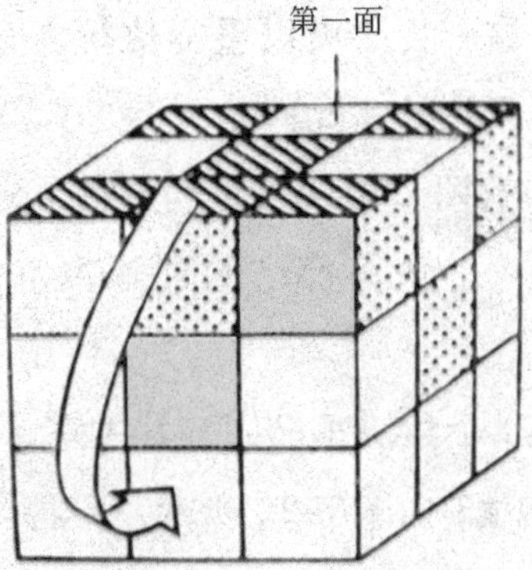


图 7-19 步法乙 7

**3. 第三阶段：还原第二面（底层）的 4 个角块**

这个阶段用到 4 个步法，从步法丙 1 到步法丙 4。

步法丙 1 如图 7-20 所示，执行操作 $R^{-1}DRDFD^{-1}F^{-1}$。该操作可重复执行多次，直到底层有两个角块的底小面颜色同底层面块的颜色一致。这时若只有一个角块被还原，则下一步采用步法丙 2；若两个角块复原，则下一步采用步法丙 3。

步法丙 2 如图 7-21 所示，魔方要颠倒着拿，即底朝上，顶朝下。它使底层的 3 个角块互换位置。执行操作 $URU^{-1}L^{-1}UR^{-1}U^{-1}L$。

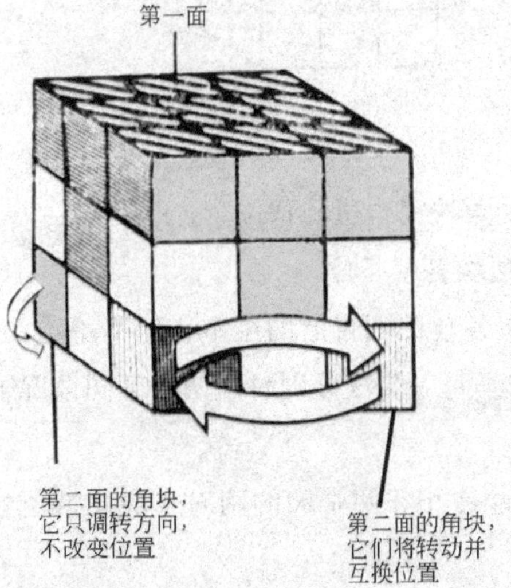


图 7-20 步法丙 1

图 7-21 步法丙 2

步法丙2执行以后，第一个还原的角块在面向你的右上角处，它不再移动位置。这个步法可以重复执行，直至有一个角块到达其主位为止。其结果可能有以下几种情况：

（1）有两个角块回到其主室，另两个还没有，则其后执行步法丙3。

（2）4个角块都已回到其主室，但其中2个有扭转，则其后执行步法丙4。

（3）4个角块都已回到其主室，且居于主位，则结束本阶段。

步法丙3 如图7-22所示，要将魔方顶层朝后、底层朝前拿着使需要扭转的2个角块在面对你的2个下角。执行如下操作：

$$UF^{-1}U^{-1}F^2R^{-1}F^2RF^{-1}UF^{-1}U^{-1}F^2R^{-1}F^2RF^2DF^2D^{-1}F^{-1}DF^{-1}D^{-1}$$

步法丙4 如图7-23所示，魔方拿法同步法丙3一样，但需要扭转的2个角块在面对你的2个上角。执行如下操作：

$$RB^2R^{-1}U^{-1}B^2UFU^{-1}B^2URB^2R^{-1}F^{-1}$$

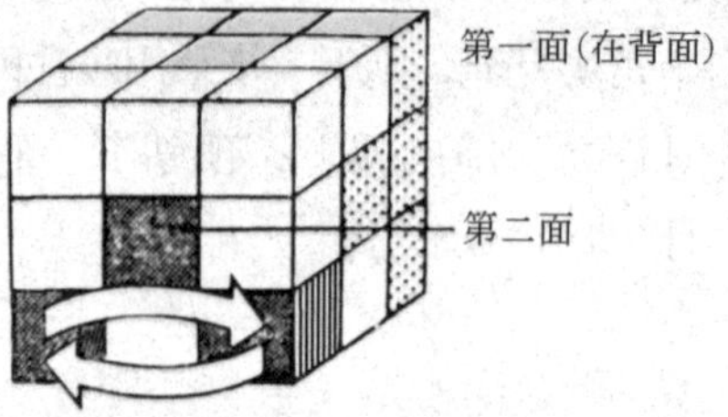


图7-22 步法丙3

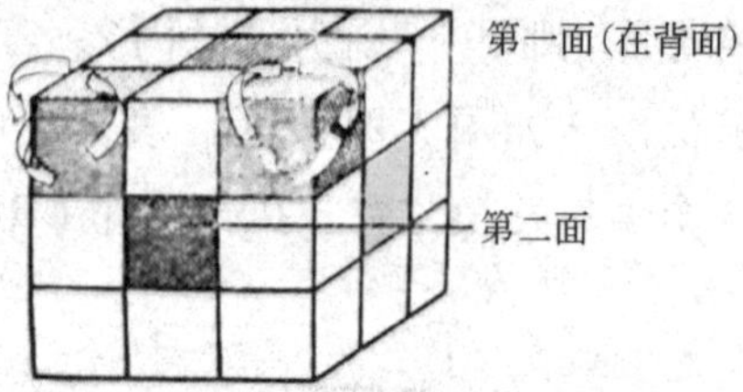


图7-23 步法丙4

这个操作可能需要执行2次，使角块完全扭转到位。

**4. 第四阶段：使中层和底层的8个边块各就各位**

这个阶段的任务是使这8个边块各自回到自己的主室，但不一定在主位。共有12种步法，从步法丁1到丁12，每一步法分别解决两种不同情况下边块的就位。见图7-24～图7-35。

步法丁1 又叫做“6转步法”，能使相邻两个面的两对边块互换位置，如图7-24所示。执行操作 $(R^2F^2)^3$。

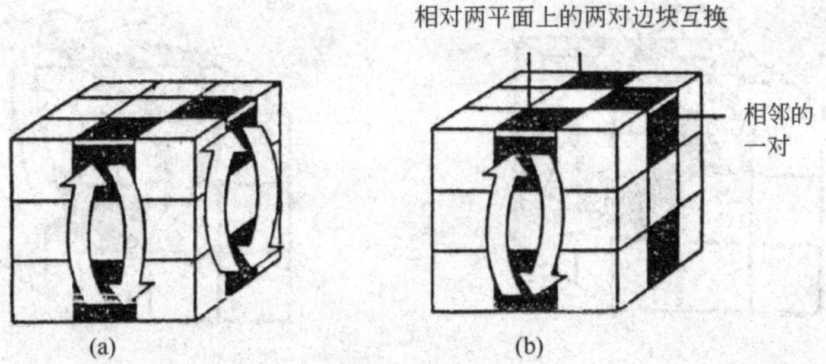


图 7-24　步法丁 1

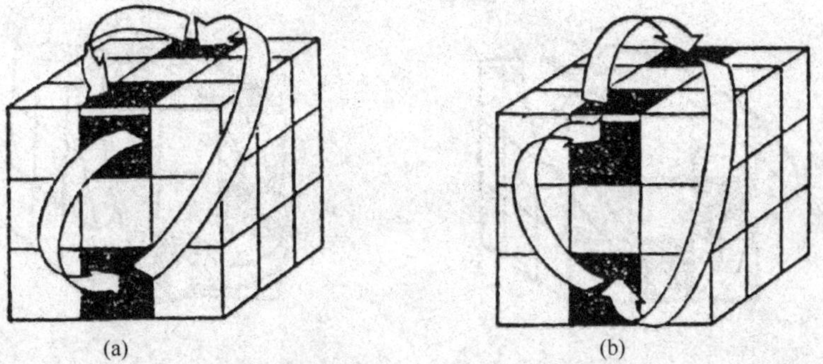


图 7-25　步法丁 2

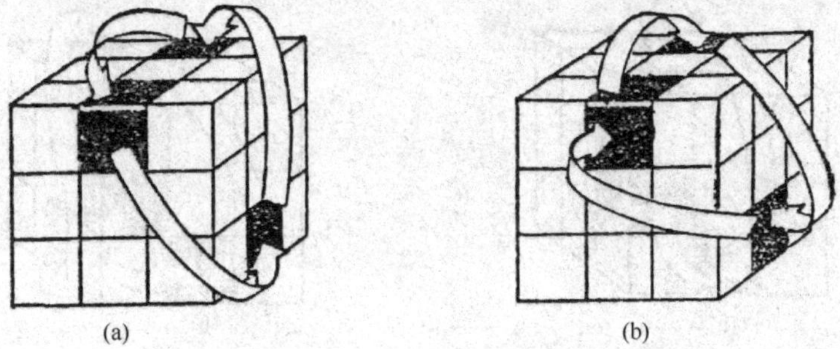


图 7-26　步法丁 3

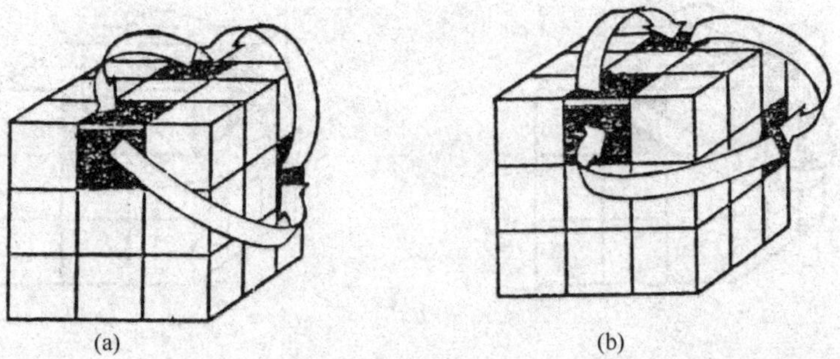


图 7-27　步法丁 4

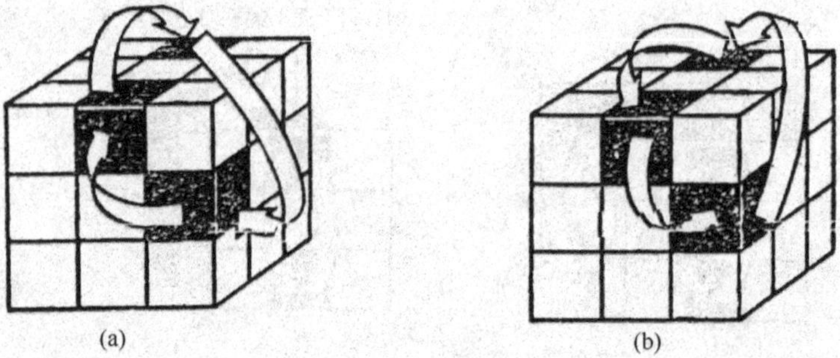


图 7-28　步法丁 5

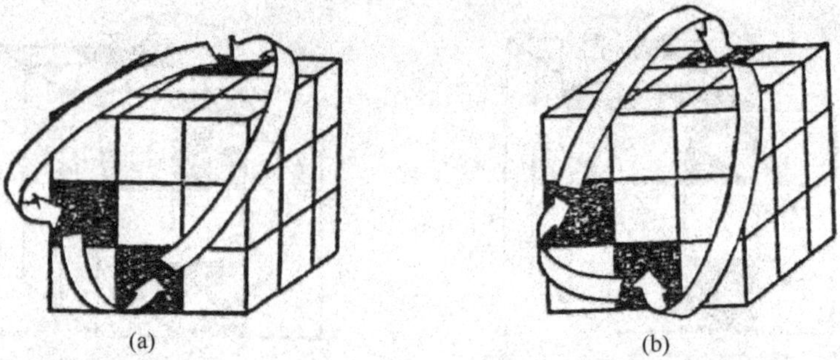


图 7-29　步法丁 6

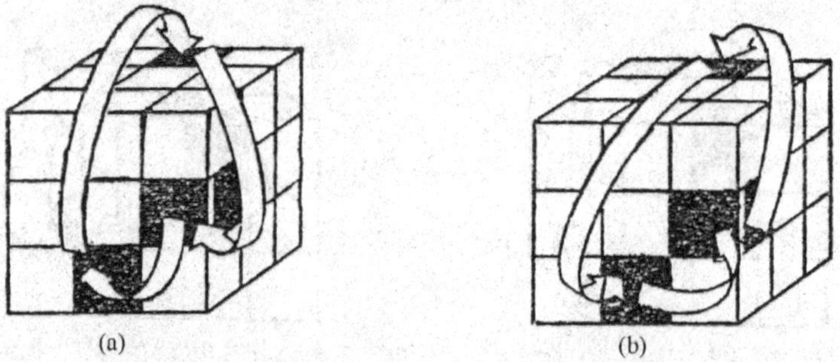


图 7-30　步法丁 7

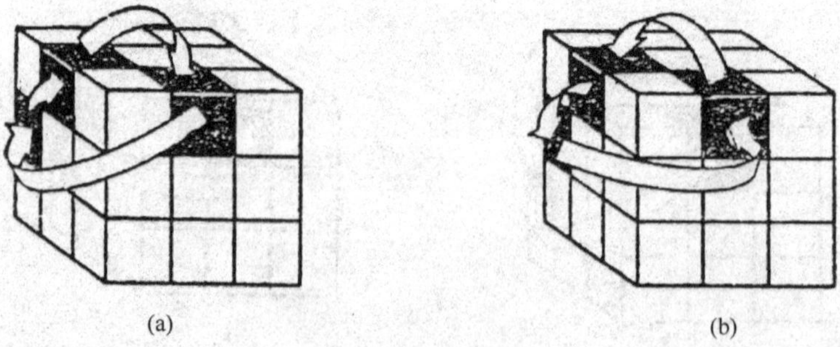


图 7-31　步法丁 8

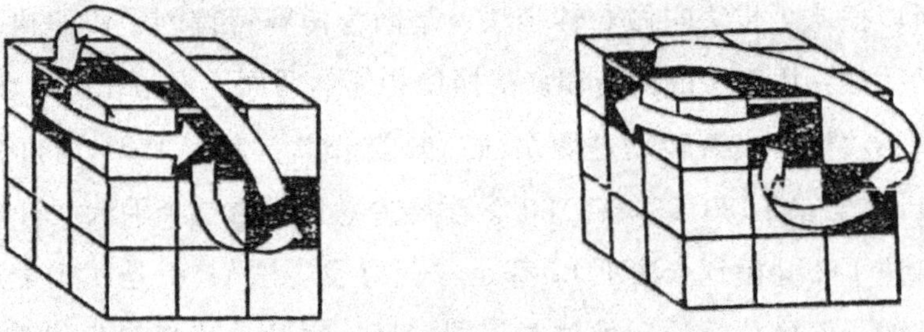
(a) (b)

图 7-32 步法丁 9

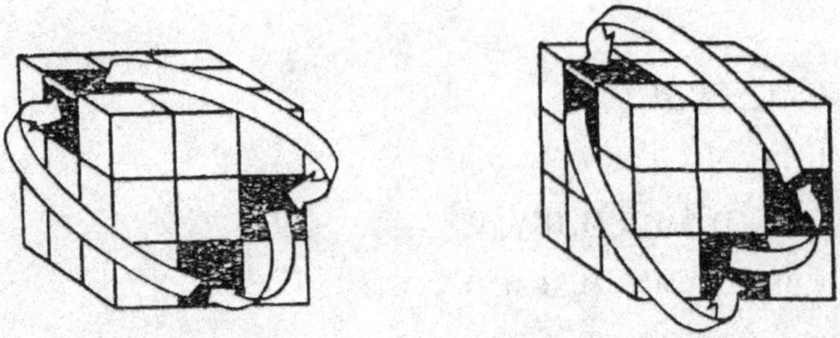
(a) (b)

图 7-33 步法丁 10

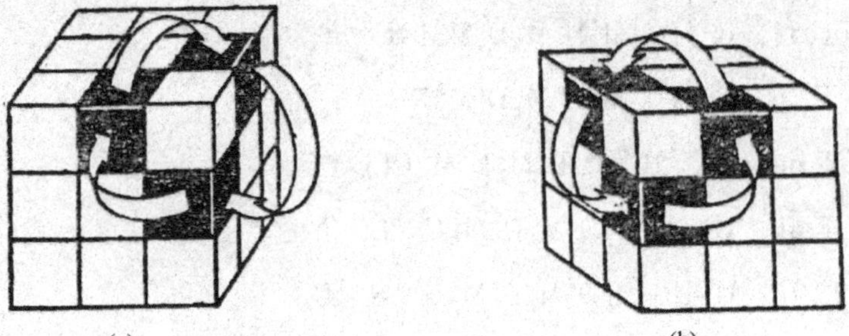
(a) (b)

图 7-34 步法丁 11

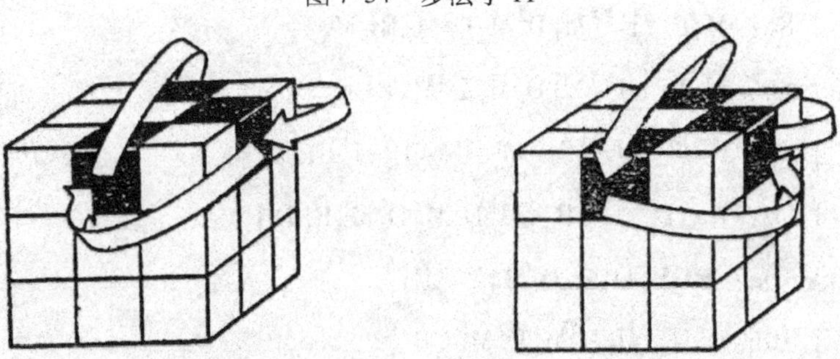
(a) (b)

图 7-35 步法丁 12

之所以把这个步法叫做6转步法，是因为博赛特首创了快速执行这一操作序列的手法：用双手的拇指和食指捏住相邻的两面，拇指在上，食指在下，然后手指不放松，交替转动这两个面：向前180°，向后180°；再向前180°，向后180°；再向前180°，向后180°。学会并熟练掌握这个手法大有好处。

从步法丁2开始到步法丁12都是"三对换步法"，都是使3个边块发生循环换位的，但换位边块所处位置不同。另外每种步法都有两种情况，它们的区别只是循环的方向不同。下面我们分别列出每个步法两种情况下的操作序列。

步法丁2a：$(M_LD^2)^2M_R^2$

步法丁2b：$M_L^2(D^2M_R)^2$

步法丁3a：$D^{-1}M_LD^2M_LD^2M_R^2D$

步法丁3b：$D^{-1}M_L^2D^2M_RD^2M_RD$

步法丁4a：$RD^{-1}M_LD^2M_LD^2M_R^2DR^{-1}$

步法丁4b：$RD^{-1}M_L^2D^2M_RD^2M_RDR^{-1}$

步法丁5a：$R^{-1}D^{-1}M_L^2D^2M_RD^2M_RDR$

步法丁5b：$R^{-1}D^{-1}M_LD^2M_LD^2M_R^2DR$

步法丁6a：$UL^{-1}U^{-1}M_LD^2M_LD^2M_R^2ULU^{-1}$

步法丁6b：$UL^{-1}UM_LD^2M_LD^2M_R^2U^{-1}LU^{-1}$

步法丁7a：$U^{-1}RUM_LD^2M_LD^2M_R^2U^{-1}R^{-1}U$

步法丁7b：$U^{-1}RU^{-1}M_LD^2M_LD^2M_R^2UR^{-1}U$

步法丁8a：$M_LU^{-1}B^{-1}M_LD^2M_LD^2M_R^2BUM_R$

步法丁8b：$M_LU^{-1}B^{-1}M_L^2D^2M_RD^2M_RBUM_R$

步法丁9a：$R^{-1}D^{-1}L^{-1}B^{-1}M_LD^2M_LD^2M_R^2BLDR$

步法丁9b：$R^{-1}D^{-1}L^{-1}B^{-1}M_L^2D^2M_RD^2M_RBLDR$

步法丁10a：$RUM_LD^2M_LD^2M_R^2U^{-1}R^{-1}$

步法丁10b：$RU^{-1}M_LD^2M_LD^2M_R^2UR^{-1}$

步法丁11a：$LDL^2B^{-1}M_LD^2M_LD^2M_R^2BL^2D^{-1}L^{-1}$

步法丁 11b：$LDL^2B^{-1}M_L^2D^2M_RD^2M_RBL^2D^{-1}L^{-1}$

步法丁 12a：$R^2D^{-1}RL^{-1}U^2R^{-1}LF^2DR^2$

步法丁 12b：$R^2D^{-1}M_LD^2M_LD^2M_R^2DR^2$

本阶段结束时，有可能所有小块都不但在各自小室，而且在主位，也就是还原成功。但也可能有些边块发生翻转，需要进入下一个阶段。

**5. 第五阶段：把有翻转的边块正过来**

本阶段要用到 6 种步法，从步法戊 1 到步法戊 6，用以纠正不同翻转情况下的边块。

步法戊 1，如图 7-36 所示，同时纠偏一层上相邻的 2 个边块。执行操作为 $FM_U^2F^2M_DFUF^{-1}M_UF^2M_U^2F^{-1}U^{-1}$

步法戊 2，如图 7-37 所示，同时纠偏一层上相对的 2 个边块。执行操作为

$B^{-1}R^{-1}FM_U^2F^2M_DFUF^{-1}M_UF^2M_D^2F^{-1}U^{-1}RB$

步法戊 3，如图 7-38 所示，同时调整 4 个边块的方向。执行操作为

$(R^{-1}M_F)^4$

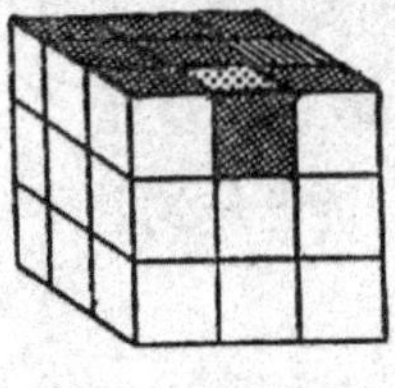

图 7-36　步法戊 1

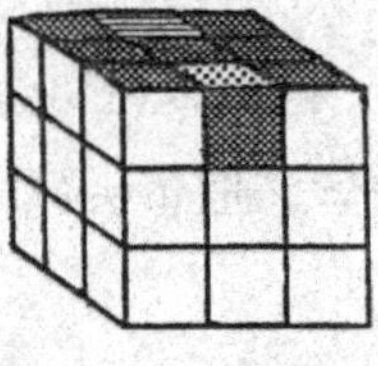

图 7-37　步法戊 2

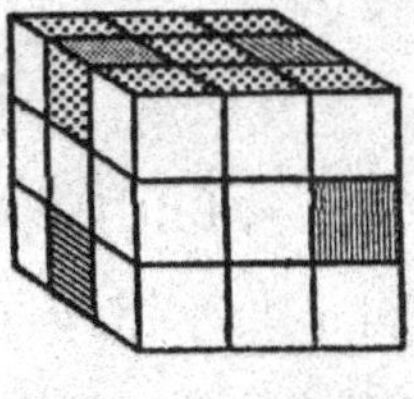

图 7-38　步法戊 3

步法戊 4，如图 7-39 所示，同时调整处于魔方相对 2 个边块的方向。执行操作为

$DF^{-1}M_U^2F^2M_DFUF^{-1}M_UF^2M_U^2F^{-1}U^{-1}F^2D^{-1}$

步法戊 5，如图 7-40 所示，执行操作为

$R^2FM_U^2F^2M_DFUF^{-1}M_UF^2M_U^2F^{-1}U^{-1}R^2$

步法戊 6，如图 7-41 所示，执行操作为

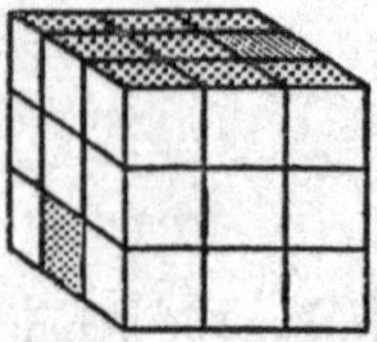

图 7-39　步法戊 4

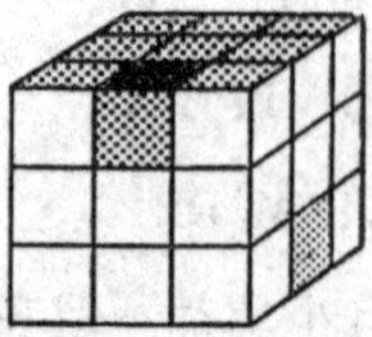

图 7-40　步法戊 5

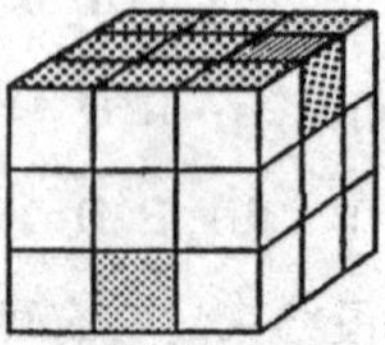

图 7-41　步法戊 6

$F^{-1}M_U^2F^2M_DFUF^{-1}M_UF^2M_U{}^2F^{-1}U^{-1}F^2$

通过以上 5 个阶段，魔方六面还原任务就完成了。

## 7.3　群论专家乔伊纳的“先角后边法”

著有 *Adventures in Group Theory* 的群论专家大卫·乔伊纳（David Joyner）提出了一种魔方解法叫“先角后边法”（corner-edge method），也就是先让所有 8 个角块就位，再让所有 12 个边块就位的方法。这个方法中也要用到夹心层的转动，也是用中片旋转法实现的。先角后边法也可以叫做“先就位后还原法”。因为在这个方法中先让所有小块回到其主室，然后再对不在主位的小块予以校正使之还原。两个阶段中都是先角块后边块。

为了让所有 8 个角块就位，乔伊纳提出了一个简单的方法，他称之为“钓鱼法”（fishing）。假定要把 lfd 小室中的角块移到其主室 urf 就位，执行 $R^{-1}DRD^{-1}$。其中第一步 $R^{-1}$是“把饵装在鱼钩上”，第二步 D 是“用鱼钩钩住鱼颚”，第三步 R 是“收绕钓丝，把鱼丢进桶里”，鱼已经钓着了，也就是说已经把 lfd 移到 urf 了。

通过几次这样“钓鱼”，如果你运气好，所有角块也许都各就各位了；或者 6 个角块已经就位，剩下 2 个需要对换；或者 5 个角块已经就位，剩下 3 个需要循环换位。在剩下两个角块需要对换的情况下，执行 $UF[R, U]^3F^{-1}$，其中 [R, U] 就是交换过程，即 $RUR^{-1}U^{-1}$。这个操作序列使 ubr 和 ufl 对换，同时发生边块 4 循环（uf, ul, ub, ur）。在剩下 3 个角块需要循环换位的情况下，执行 $[RDR^{-1}, U] = RDR^{-1}URD^{-1}R^{-1}U^{-1}$，它造成角块的 3 循环（brd，bur，lub）[①]。

解决了所有角块的就位以后，我们来解决所有边块的就位。执行 $M_R^2U^{-1}M_LU^2M_RU^{-1}M_R^2$，这个操作序列产生边块的 3 循环（uf，ul，ur）。转动魔方，重复执行这个操作就可以使所有边块就位。

为了使不在主位的角块正过来，执行 $(R^{-1}D^2RB^{-1}U^2B)^2$，这个操作使 ufr 角块顺时针方向扭转，使 bld 角块逆时针方向扭转。转动魔方，重复执行这个操作可使所有角块还原。

最后对边块进行纠偏，执行 $(M_RU)^3U(M_LU)^3U$，该操作序列使 uf，ub 这两个边块发生翻转。而执行 $(M_RU)^4$ 则使 ub，ul 和 df，db 共 4 个边块发生翻转。根据 12 个边块就位后发生翻转的情况，反复利用以上两个操作就可以使所有边块还原，从而使整个魔方达到六面还原。

以上描述当然有些简单化。实际上，为了实现小块的换位或纠偏，可能需要用到不同的操作序列。乔伊纳汇总给出了下面一些有用过程：

$$M_R^2U^{-1}M_LU^2M_RU^{-1}M_R^2\text{：(uf, ul, ur)}$$

$$(R^2U^2)^3\text{：(uf, ub) (fr, br)}$$

$$F^2L^2U^2(F^2L^2)^3U^2L^2F^2\text{：(uf, ub) (ur, ul)}$$

$$(RUR^{-1}U^{-1})^3\text{：(ufr, dfr) (ubr, ubl)}$$

$$(D^2R^2D^2(F^2R^2)^2U)^2\text{：(ufl, ubr) (dfr, dbl)}$$

$$(M_R^2UM_R^2U^2)^2\text{：(ufl, ubr) (ufr, ubl)}$$

$$RDR^{-1}URD^{-1}R^{-1}U^{-1}\text{：(brd, urb, ulb)}$$

$$(M_RU)^3U(M_LU)^3U\text{：}(\text{uf})_+(\text{ub})_+$$

$$(M_RU)^4\text{：}(\text{ub})_+(\text{ul})_+(\text{df})_+(\text{db})_+$$

$$(R^{-1}D^2RB^{-1}U^2B)^2\text{：}(\text{ufr})_+(\text{bld})_-$$

## 7.4 计算机科学家考尔夫的方法

最后我们介绍美国计算机科学家理查德·考尔夫（Richard E. Korf）的方

① 此处乔伊纳的原文有误，笔者已加以改正。

法（发明这个方法时他在哥伦比亚大学，目前他在加州大学洛杉矶分校）。考尔夫的方法是利用“宏算子”技术（macro operator，或简称 macro）通过计算机编程实现问题求解的方法，他利用这个方法深入研究了魔方、移动九宫（Eight Puzzle）、移动 15（Fifteen Puzzle）、汉诺塔（Hanoi Tower）等问题，取得了一系列成果，出版了学术专著《通过搜索宏算子学习解题》（*Learning to Solving Problems by Searching for Macro-Operators*，Pitman，1985）。考尔夫的方法中综合利用了状态空间分析、双向搜索、人工智能、机器学习等许多技术，我们这里当然不可能、也没有必要一一介绍；我们这里只介绍他把这些技术用于魔方六面还原程序所获得的结果——魔方六面还原操作过程总表。总表给出了逐一还原各边块和角块时，该小块当前所处不同位置下所应采取的动作。

考尔夫的表中共包括 238 个宏，也就是 238 个操作序列，每次还原时只需选做其中的 18 个。

下面就给出考尔夫的程序所给出的魔方还原操作过程总表，表的设计与原版有所不同，如边块的 2 个方位在原版中用 0、1 区别，角块的 3 个方位用 0、1、2 区别，不太直观，我们改用小块小面的不同次序来表示，对应关系更直观一些。

**表 7-1　魔方六面还原操作过程总表**

第 1 步：还原边块 uf

| 当前位置 | 执行操作 |
|---|---|
| uf | — |
| fu | $F^{-1}L^{-1}U^{-1}$ |
| ul | $U^{-1}$ |
| lu | LF |
| ub | $U^2$ |
| bu | $BLU^{-1}$ |
| ur | U |
| ru | $R^{-1}F^{-1}$ |

续表

| 当前位置 | 执行操作 |
|---|---|
| lf | F |
| fl | $L^{-1}U^{-1}$ |
| lb | $L^2F$ |
| bl | $LU^{-1}$ |
| rb | $R^2F^{-1}$ |
| br | $R^{-1}U$ |
| rf | $F^{-1}$ |
| fr | RU |
| dl | $L^2U^{-1}$ |
| ld | $L^{-1}F$ |
| db | $D^2F^2$ |
| bd | $B^{-1}LU^{-1}$ |
| dr | $R^2U$ |
| rd | $RF^{-1}$ |
| df | $F^2$ |
| fd | $FL^{-1}U^{-1}$ |

第 2 步：还原角块 ulf

| 当前位置 | 执行操作 |
|---|---|
| ulf | — |
| ful | $LD^{-1}L^2$ |
| lfu | $L^2DL^{-1}$ |
| ubl | $BDL^{-1}$ |
| lub | $BL^2$ |
| blu | L |
| urb | $B^2L^2$ |
| bur | BL |
| rbu | $R^2D^{-1}L^{-1}$ |
| ufr | $R^2DL^2$ |

续表

| 当前位置 | 执行操作 |
| --- | --- |
| ruf | $R^{-1}D^{-1}L^{-1}$ |
| fru | $R^2D^2L^{-1}$ |
| dfl | $D^{-1}L^2$ |
| ldf | $D^2B^{-1}L^2$ |
| fld | $L^{-1}$ |
| dlb | $L^2$ |
| bdl | $B^{-1}L$ |
| lbd | $DL^{-1}$ |
| dbr | $DL^2$ |
| rdb | $B^{-1}L^2$ |
| brd | $D^2L^{-1}$ |
| drf | $D^2L^2$ |
| fdr | $DB^{-1}L^2$ |
| rfd | $D^{-1}L^{-1}$ |

第 3 步：还原边块 ul

| 当前位置 | 执行操作 |
| --- | --- |
| ul | — |
| lu | $F^2U^{-1}F^{-1}L^{-1}F^{-1}$ |
| ub | $F^2U^{-1}F^2$ |
| bu | $FBLF^{-1}$ |
| ur | $F^2U^2F^2$ |
| ru | $FUF^{-1}L^{-1}$ |
| lf | $UL^2B^{-1}L^2U^{-1}$ |
| fl | $UL^{-1}ULU^{-1}$ |
| lb | $F^2B^{-1}U^{-1}F^2$ |
| bl | $FLF^{-1}$ |
| rb | $L^{-1}UBU^{-1}$ |
| br | $LD^2B^2L$ |

续表

| 当前位置 | 执行操作 |
| --- | --- |
| rf | $F^{-1}UF$ |
| fr | $F^2L^{-1}F^2$ |
| dl | $FL^2F^{-1}$ |
| ld | $L^{-1}U^{-1}FU$ |
| db | $F^2B^2U^{-1}F^2$ |
| bd | $UB^{-1}U^{-1}L$ |
| dr | $FR^2BU^2$ |
| rd | $RF^{-1}UF$ |
| df | $F^2UF^2$ |
| fd | $FL^{-1}F^{-1}$ |

第 4 步：还原边块 lf

| 当前位置 | 执行操作 |
| --- | --- |
| lf | — |
| fl | $U^2L^{-1}U^{-1}F^{-1}U^{-1}$ |
| ub | $U^2F^{-1}U^2$ |
| bu | $U^{-1}LU$ |
| ur | $UF^{-1}U^{-1}$ |
| ru | $U^2LU^2$ |
| lb | $U^2L^2U^2$ |
| bl | $B^{-1}U^{-1}LU$ |
| rb | $UR^2F^2U^{-1}$ |
| br | $BU^{-1}LU$ |
| rf | $UF^2U^{-1}$ |
| fr | $RUF^{-1}U^{-1}$ |
| dl | $UDFU^{-1}$ |
| ld | $U^2L^{-1}U^2$ |
| db | $UD^2FU^{-1}$ |
| bd | $U^2DL^{-1}U^2$ |

续表

| 当前位置 | 执行操作 |
|---|---|
| dr | $UD^{-1}FU^{-1}$ |
| rd | $URF^2U^{-1}$ |
| df | $UFU^{-1}$ |
| fd | $U^2D^{-1}L^{-1}U^2$ |

第 5 步：还原角块 ulb

| 当前位置 | 执行操作 |
|---|---|
| ulb | — |
| bul | $B^2DB^{-1}$ |
| lbu | $BD^{-1}B^2$ |
| ubr | $RDB^{-1}$ |
| rub | $B$ |
| bru | $RB^2$ |
| urf | $R^2B^2$ |
| fur | $R^2DB^{-1}$ |
| rfu | $RB$ |
| dlf | $D^2B^2$ |
| fdl | $D^{-1}B^{-1}$ |
| lfd | $DR^{-1}B^2$ |
| dbl | $D^{-1}B^2$ |
| ldb | $B^{-1}$ |
| bld | $D^2R^{-1}B^2$ |
| drb | $B^2$ |
| bdr | $DB^{-1}$ |
| rbd | $R^{-1}B$ |
| dfr | $DB^2$ |
| rdf | $D^2B^{-1}$ |
| frd | $R^{-1}B^2$ |

第 6 步：还原边块 ub

| 当前位置 | 执行操作 |
| --- | --- |
| ub | — |
| bu | $LB^2L^2DLB^{-1}$ |
| ur | $B^2R^2DR^2B^2$ |
| ru | $LRBL^{-1}$ |
| lb | $URU^{-1}DB^{-1}$ |
| bl | $U^{-1}FLF^{-1}U$ |
| rb | $LBL^{-1}$ |
| br | $R^2B^{-1}URU^{-1}$ |
| rf | $BD^2R^2B$ |
| fr | $B^{-1}URU^{-1}$ |
| dl | $D^{-1}LB^2L^{-1}$ |
| ld | $LB^{-1}L^{-1}$ |
| db | $LB^2L^{-1}$ |
| bd | $DLB^{-1}L^{-1}$ |
| dr | $DLB^2L^{-1}$ |
| rd | $UR^{-1}U^{-1}B$ |
| df | $D^2LB^2L^{-1}$ |
| fd | $D^{-1}LB^{-1}L^{-1}$ |

第 7 步：还原边块 lb

| 当前位置 | 执行操作 |
| --- | --- |
| lb | — |
| bl | $U^{-1}BL^{-1}DLU$ |
| ur | $U^{-1}BU$ |
| ru | $RU^{-1}B^2U$ |
| rb | $U^{-1}B^2U$ |

续表

| 当前位置 | 执行操作 |
| --- | --- |
| br | $R^{-1}U^{-1}BU$ |
| rf | $R^2U^{-1}B^2U$ |
| fr | $RU^{-1}BU$ |
| dl | $U^{-1}D^{-1}B^{-1}U$ |
| ld | $B^2D^2R^{-1}D^2B^2$ |
| db | $U^{-1}B^{-1}U$ |
| bd | $U^2L^{-1}DLU^2$ |
| dr | $U^{-1}DB^{-1}U$ |
| rd | $R^{-1}U^{-1}B^2U$ |
| df | $U^{-1}D^2B^{-1}U$ |
| fd | $L^{-1}B^{-1}D^{-1}BL$ |

第 8 步：还原角块 urf

| 当前位置 | 执行操作 |
| --- | --- |
| urf | — |
| fur | $R^{-1}DR^2$ |
| rfu | $R^2D^{-1}R$ |
| ubr | $R^2DR^2$ |
| rub | $RD^{-1}R$ |
| bru | $R^{-1}$ |
| dlf | $D^2R^2$ |
| fdl | $D^2FD^{-1}F^{-1}$ |
| lfd | $DR$ |
| dbl | $D^{-1}R^2$ |
| ldb | $FD^2F^{-1}$ |

续表

| 当前位置 | 执行操作 |
|---|---|
| drb | $R^2$ |
| bld | $D^2R$ |
| bdr | $FD^{-1}F^{-1}$ |
| rbd | $D^{-1}R$ |
| dfr | $DR^2$ |
| rdf | $R^{-1}D^{-1}R$ |
| frd | $R$ |

第 9 步：还原边块 ur

| 当前位置 | 执行操作 |
|---|---|
| ur | — |
| ru | $F^{-1}R^2F^2D^{-1}F^{-1}R$ |
| rb | $RD^{-1}R^{-1}F^{-1}RF$ |
| br | $F^{-1}R^{-1}F$ |
| rf | $UL^{-1}F^{-1}LU^{-1}$ |
| fr | $R^2D^{-1}R^{-1}FD^{-1}F^{-1}$ |
| dl | $D^2F^{-1}R^2F$ |
| ld | $DF^{-1}RF$ |
| db | $D^{-1}F^{-1}R^2F$ |
| bd | $D^2F^{-1}RF$ |
| dr | $F^{-1}R^2F$ |
| rd | $D^{-1}F^{-1}RF$ |
| df | $DF^{-1}R^2F$ |
| fd | $F^{-1}RF$ |

第10步：还原角块 urb

| 当前位置 | 执行操作 |
| --- | --- |
| urb | — |
| bur | $B^{-1}DL^{-1}D^2LB$ |
| rbu | $B^{-1}L^{-1}D^2LD^{-1}B$ |
| dfl | $RF^{-1}RFR^2$ |
| ldf | $B^{-1}D^2B$ |
| fld | $RD^2R^{-1}$ |
| dlb | $D^{-1}R^2DR^2D^{-1}R^2$ |
| bdl | $DB^{-1}D^2B$ |
| lbd | $RD^{-1}R^{-1}$ |
| dbr | $R^2DR^2D^{-1}R^2$ |
| rdb | $RDR^{-1}$ |
| brd | $B^{-1}D^{-1}B$ |
| drf | $DR^2DR^2D^{-1}R^2$ |
| fdr | $B^{-1}DB$ |
| rfd | $D^2RD^{-1}R^{-1}$ |

第11步：还原边块 rf

| 当前位置 | 执行操作 |
| --- | --- |
| rf | — |
| fr | $F^{-1}D^{-1}L^{-1}U^{-1}R^2FRUL$ |
| rb | $R^2D^2R^2D^2R^2$ |
| br | $R^{-1}F^{-1}R^{-1}FDR$ |
| dl | $R^{-1}DRDFD^{-1}F^{-1}$ |
| ld | $R^2D^2R^{-1}D^2R^2$ |
| db | $B^2R^2D^2B^{-1}D^2R^2B^2$ |
| bd | $DR^2D^2R^{-1}D^2R^2$ |
| dr | $R^{-1}D^2RD^2FDF^{-1}$ |
| rd | $R^2D^2RD^2R^2$ |
| df | $B^2R^2D^2BD^2R^2B^2$ |
| fd | $D^{-1}R^2D^2R^{-1}D^2R^2$ |

第 12 步：还原边块 rb

| 当前位置 | 执行操作 |
|---|---|
| rb | — |
| br | $R^2D^2BR^2B^{-1}D^2R^{-1}DR^{-1}$ |
| dl | $RDR^{-1}D^{-1}B^{-1}D^{-1}B$ |
| ld | $R^{-1}D^2F^{-1}R^2FD^2R$ |
| db | $BD^2LBL^{-1}D^2B^{-1}$ |
| bd | $B^{-1}D^2BD^2RDR^{-1}$ |
| dr | $RD^2R^{-1}D^2B^{-1}D^{-1}B$ |
| rd | $BD^2LB^{-1}L^{-1}D^2B^{-1}$ |
| df | $BD^2LB^2L^{-1}D^2B^{-1}$ |
| fd | $B^{-1}DBDRD^{-1}R^{-1}$ |

第 13 步：还原边块 df

| 当前位置 | 执行操作 |
|---|---|
| df | — |
| fd | $RDFD^{-1}F^{-1}R^{-1}D^{-1}$ |
| dl | $D$ |
| ld | $FDLD^{-1}L^{-1}F^{-1}$ |
| db | $D^2$ |
| bd | $BDRD^{-1}R^{-1}B^{-1}$ |
| dr | $D^{-1}$ |
| rd | $RFDF^{-1}D^{-1}R^{-1}$ |

第 14 步：还原边块 dl

| 当前位置 | 执行操作 |
| --- | --- |
| dl | — |
| ld | $L^{-1}F^{-1}D^{-1}FDLD^{-1}$ |
| db | $R^{-1}B^{-1}D^{-1}BDR$ |
| bd | $LDBD^{-1}B^{-1}L^{-1}$ |
| dr | $R^{-1}D^{2}RDR^{-1}DR$ |
| rd | $R^{-1}D^{-1}B^{-1}DBR$ |

第 15 步：还原边块 db

| 当前位置 | 执行操作 |
| --- | --- |
| db | — |
| bd | $R^{-1}D^{-1}R^{2}F^{-1}R^{-1}F^{2}D^{-1}F^{-1}D^{2}$ |
| dr | $DRDR^{-1}DRD^{2}R^{-1}$ |
| rd | $DBRDR^{-1}D^{-1}B^{-1}LDBD^{-1}B^{-1}L^{-1}$ |

第 16 步：还原角块 dlf

| 当前位置 | 执行操作 |
| --- | --- |
| dlf | — |
| fdl | $R^{-1}D^{-1}RD^{-1}R^{-1}D^{2}RLDL^{-1}DLD^{2}L^{-1}$ |
| lfd | $LD^{2}L^{-1}D^{-1}LD^{-1}L^{-1}R^{-1}D^{2}RDR^{-1}DR$ |
| dbl | $LBL^{-1}FLB^{-1}L^{-1}F^{-1}$ |
| ldb | $FL^{2}FR^{2}F^{-1}L^{2}FR^{2}F^{2}$ |
| bld | $L^{-1}F^{-1}RFLF^{-1}R^{-1}F$ |
| drb | $L^{2}B^{2}LFL^{-1}B^{2}LF^{-1}L$ |
| bdr | $FLF^{-1}RFL^{-1}F^{-1}R^{-1}$ |
| rbd | $F^{-1}RFL^{-1}F^{-1}R^{-1}FL$ |
| dfr | $F^{-1}R^{-1}FL^{-1}F^{-1}RFL$ |
| rdf | $FLBL^{-1}F^{-1}LB^{-1}L^{-1}$ |
| frd | $LD^{2}LUL^{-1}D^{2}LU^{-1}L^{2}$ |

第 17 步：还原角块 dlb

| 当前位置 | 执行操作 |
|---|---|
| dlb | — |
| bdl | $D^{-1}B^{-1}DFD^{-1}BDLBL^{-1}F^{-1}LB^{-1}L^{-1}$ |
| lbd | $LBL^{-1}FLB^{-1}L^{-1}D^{-1}B^{-1}DF^{-1}D^{-1}BD$ |
| dbr | $FL^{-1}F^{-1}RFLF^{-1}R^{-1}$ |
| rdb | $R^{-1}DLD^{-1}RDL^{-1}D^{-1}$ |
| brd | $LB^{2}LF^{2}L^{-1}B^{2}LF^{2}L^{2}$ |
| drf | $L^{2}F^{2}L^{-1}B^{2}LF^{2}L^{-1}B^{2}L^{-1}$ |
| fdr | $RFL^{-1}F^{-1}R^{-1}FLF^{-1}$ |
| rfd | $DLD^{-1}R^{-1}DL^{-1}D^{-1}R$ |

第 18 步：还原角块 drb

| 当前位置 | 执行操作 |
|---|---|
| drb | — |
| bdr | $L^{-1}D^{-1}LD^{-1}L^{-1}D^{2}LRDR^{-1}DRD^{2}R^{-1}$ |
| rbd | $RD^{2}R^{-1}D^{-1}RD^{-1}R^{-1}L^{-1}D^{2}LDL^{-1}DL$ |

看了这张表，也许有读者问：魔方有 12 个边块，8 个角块，表中怎么只还原了 11 个边块，7 个角块？回忆一下我们前面提到的“夸克禁闭原理”，就不难回答这个问题了。就边块而言，11 个边块都还原好以后，剩下的一个边块（这里是 dr）必然在它的主室而且是主位，因为边块如果有翻转，必然成对出现；现在其他 11 个边块都没有翻转，所以最后这个边块是不可能处于翻转状态的。就角块而言，7 个角块都还原以后，剩下的一个角块（这里是 drf）必然也在它的主室而且是主位，因为角块如果有扭转，必然顺时针方向和反时针方向成对出现，或者是 3 个顺时针（或逆时针）方向同时出现；现在其他 7 个角块都没有扭转，所以最后这个角块也是不可能处于扭转状态的。实际上，在还原底层的第一个角块（dlf）或第二个角块（dlb）的时候，我们

可以看到，其操作序列所产生的效果常常是包含 drf 在内的 3 循环，使底层的 4 个角块各就各位；在最后还原 drb 的时候，实际上是对 drb 和 drf 这 2 个角块各施以顺时针方向或逆时针方向的扭转，使之最终完成魔方还原。因此，dr 边块和 drf 角块就不需要出现在这个总表中作为还原对象了。

# 7.5 妙“方”点评

下面我们对上述 3 种魔方六面还原法作一个简要的说明和点评，当然都是笔者个人的理解和看法，不见得恰如其分。

(1) 康韦是著名的数学家，尤其是娱乐数学的专家，笔者对他深为敬仰。他在《稳操胜券》中提出的魔方六面还原法很有特色，也很有效。唯有第一阶段，因为康韦用 4 个“A”标志要还原的 4 个边块，因此用 4 个“A”开头的单词“aloft”、“around”、“adjust”、“about”说明还原的方法，这多少带有“文字游戏”的味道（康韦是玩文字游戏的能手），只是大略说明了在第一阶段中为还原 4 个底层边块所可能采用的操作，并没有具体说明待还原边块处于什么位置时应如何处理。不过，这阶段的任务相对而言比较简单，而且通过对基本法的学习，读者已经掌握了还原底层边块的方法，所以康韦对第一阶段的操作介绍得笼统一些、抽象一些已经不重要了。

以后各阶段，康韦对于待还原小块目前处于什么情况，都给出了相应的操作序列，如第二阶段的 B1、B2、B3，第三阶段的 C1、C2 等。这些操作序列都比较简练，都能使处理对象还原至主室、主位，而且不破坏此前已还原的小块。

第五阶段的操作序列 E 在使 2 个相邻角块换位的同时，原已就位的中层和底层一些边块和角块是要受影响的，这可以从 E 的操作表达式看出来：

E：(luf，rfu) (lfd，drb) (fr，bd) (fl，rd)

但是，我们看到，这个过程的阶是 2。因此，康韦巧妙地利用了这个性质，在执行一次 E，交换了魔方前面的两个顶角以后，旋转一下顶层，把后面 2 个顶角调到前面来，再一次执行 E，使之互相交换，在这个过程中，正好把上一次执行 E 时搞乱了的中层和底层恢复原状。这里，部分倒转原理的利用可以说发挥到了极致!

最后一个阶段的操作在把顶层有翻转和扭转的小块正过来的同时，如何保证中层和底层已还原就位的小块在受到干扰后重回主位，是康韦的方法中唯一交代得不太清楚、需要魔友自己去琢磨的问题。我们这里试着作一分析。这个阶段的3个操作表达式如下：

F1：(fr，fd，dr)(frd)$_-$(lfd)$_+$(rbd)$_+$(fur)$_-$

F2：(fr，dr，fd)(frd)$_+$(lfd)$_-$(rbd)$_-$(fur)$_+$

F3：(ur)$_+$(fl)$_+$(bl)$_+$(br)$_+$

因此，就边块的纠偏而言，执行F3，使翻转的ur正过来以外，中层的3个已还原的边块要受到影响。但是这没有问题，我们已经知道，边块的翻转一定是成对出现的，所以如果有一个顶层边块需要纠偏，那么一定会有另一个顶层边块也需要纠偏。因此在执行一次F3后，你可以把顶层旋转一下，把那个边块调到ur小室的位置上来，再执行一次F3，这就可以保证把顶层两个边块都正过来，而中层及底层又都重新恢复成还原好的状态了。

对于角块纠偏的F1和F2（这是两个互逆的过程），目的是使fur角块正（或逆）时针方向扭转。因此，如果顶层有一正一逆两个扭转着的角块的话，你可以任意先把其中之一调到fur小室的位置上来，然后执行F1（或F2），把它正过来。此时，底层有3个角块发生扭转，不再在主位，中层和底层有3个边块发生循环换位，脱离了主位。这都没有关系，你可以旋转顶层，把第二个待纠偏的角块调到fur小室中来，然后执行F2（或F1）把它正过来。在这个过程中，中层和底层被搞乱了的小块自然就恢复正常了。如果顶层有3个同方向扭转着的角块，则先后执行3次F1（或F2），其间被搞乱了的中层和底层小块，在整个过程结束时自然也会恢复到正常状态，因为F1（或F2）都是3阶的过程。

因此，魔友如果利用康韦的方法去还原魔方，除第一阶段外，总共只要记住10个过程（B1，B2，B3；C1，C2；D；E；F1，F2，F3）。这些过程的长度都在8以内，对于记忆力较强的年青人来说应该是不难的。

（2）对于博赛特的方法，我们不想品头评足了。一个13岁的少年，独立地提出了一套魔方解法，无论如何应该说是很不简单的。没有用数学方法表达和缺乏分析，显然同他的年龄和学识有关，不应苛求。

（3）乔伊纳的方法同康韦的方法类似，但好像更加精炼——因此，对魔友提出了更高的要求，在利用这个方法时要更多地动脑子。这个方法不分层次，只分角块和边块用 4 个阶段还原魔方：

（a）使 8 个角块各就各位；

（b）使 12 个边块各就各位；

（c）对有扭转的角块实施纠偏；

（d）对有翻转的边块实施纠偏。

第一阶段主要用到 3 个过程：

$R^{-1}DRD^{-1}$：(lfd，urf)$_{+}$ (frd，drb)$_{-}$ (fr，dr)

UF $[R，U]^{3}F^{-1}$：(ubr，flu)$_{-}$ (ulb)$_{-}$ (urf)$_{-}$ (uf，ul，ub，ur)

$[RDR^{-1}，U]$：(brd，bur，lub)

实际上，当然还可能用到更简单的过程——如果有某个面的 4 个角块发生了循环换位，诸如 (urf，ubr，ulb，ufl)，可以简单地旋转一下该面，让这 4 个角块就位。当然，不能指望经常有这样的好事。在有复杂换位的情况下，应该仔细观察换位的情况，审慎地决定用上面 3 个过程中的哪一个，以便使总的操作次数最少。第一个过程当然是优先考虑的，因为它实现 4 个角块的两两对换——一对在前面的两个对顶角上，另一对是邻接面的底层相邻两个角块。第二个和第三个过程用于本阶段最后解决魔方对顶角上两个角块的对换或后面 3 个角块的循环换位。

第二个阶段主要用以下过程：

$$M_R^2U^{-1}M_LU^2M_RU^{-1}M_R：(uf，ul，ur)$$

这个过程产生顶层 3 个边块的循环换位。一开始就仔细观察 12 个边块当前是如何错位的，并选择恰当的次序去实现边块的就位，一般只需重复执行这个过程两次或三次。

第三个阶段也只应用一个过程以对角块进行纠偏：

$$(R^{-1}D^2RB^{-1}U^2B)^2：(ufr)_{+}\ (bld)_{-}$$

第四个阶段对边块进行纠偏可能用到两个过程：

$$(M_R U)^3 U \quad (M_L U)^3 U：(uf)_+ \quad (ub)_+$$

$$(M_R U)^4：(ub)_+ \quad (ul)_+ \quad (df)_+ \quad (db)_+$$

根据纠偏开始时有哪些边块发生了翻转，并把魔方置于适当的方位，选用恰当的过程，可以用较少旋转次数使 12 个边块完全就位，实现魔方六面还原。

这样，我们看到，乔伊纳的方法只需要记住 7 个过程，比康韦的方法少。对于观察力敏锐，头脑灵活的年轻人来说，这个方法是很有吸引力的。

（4）在我们介绍的方法中（包括辛格马斯特的基本法），考尔夫的方法无疑是对魔友的要求最低的——这个方法把第一步还原哪个小块，如何还原；第二步还原哪个小块，如何还原；……直到最后一步还原哪个小块，如何还原，都规定得清清楚楚，明明白白，你只要照着那张表去做，不必动任何脑筋就可以把拧乱了的魔方还原了。因此，如果玩魔方只是为了消遣，为了缓解工作和生活中的压力，并不企图锻炼智力的话，那么这个方法是最适合不过的。反过来讲，如果玩魔方是为了锻炼智力，那么这个方法是最没有价值的。

这个方法有什么与众不同之处呢？那就是它的还原策略。它既不采取逐层的策略，也不采取先角块后边块的策略。它的策略是“东一榔头西一棒”式的。你看，在还原了顶层的 2 个边块和 1 个角块后，转而还原中层的 1 个边块，然后又回来还原顶层的 1 个角块和 1 个边块，接着又去还原中层的 1 个边块，然后再回来把顶层剩下的 1 个边块和 2 个角块还原好，至此，顶层全部还原完毕。接着把中层余下的 2 个边块也还原好，彻底解决上面 2 层。最后以先边块、后角块的次序还原底层。这样一个还原次序显得有些零乱，但效果却是最好的：还原一个魔方最少（假定还原开始时没有一个小块在主位情况下）只要 79 步，最多要 135 步，平均是 86 步（转 180°和转 90°都算一步），而大多数人（尤其是初学者）还原一个魔方都会超过 100 步（曾经有人对 10 个会玩魔方的人做过统计，平均转数是 128 步）。如果你的魔方足够好使，你的观察力也很敏锐，能很快定位要还原的小块在哪儿，并在表中找到相应的操作序列，是会有较高的效率去还原魔方的。

最后我们还要指出，考尔夫通过计算机程序获得的这张魔方六面还原操作过程总表，虽然从总体上说，其效果不错，效率较高，但绝对不是最佳的。就以表中最后还原 drb 角块这两个操作来说，都需要 14 步。但前面我们已经提到，它们实际上就是执行 drb 正（逆）转，drf 逆（正）转的操作。而我们在附录 1 中给出的康韦的表 2 中的第五组操作，恰恰也是完成这样的功能的，但只有 13 步。因此，我们可以用下面这张表代替原先那张表以提高效率：

第 18 步：还原角块 drb（改进）

| 当前位置 | 执行操作 |
|---|---|
| drb | — |
| bdr | $DR^2U^{-1}RB^2U^{-1}B^2UR^2D^{-1}RUR^2$ |
| rbd | $D^{-1}R^{-1}UR^2D^{-1}F^2DF^2R^{-1}DR^2U^{-1}R^2$ |

类似地，利用康韦第二张表中的第 13 组操作，我们可以把还原对象为 dlf 角块，当前位置为 lfd（也就是角块发生扭转）情况下的还原过程，用以下的 12 步操作来代替总表第 16 步中原先的 14 步操作：

$$R^{-1}FU^2F^{-1}RD^2R^{-1}FU^2F^{-1}RD^2$$

有心的读者一定还能发现其他不少可改进之处。

# 8 魔方之美

到这里为止，我们对魔方六面还原的讨论就结束了。相信大家通过以上介绍都可以掌握六面还原的方法而能熟练地玩魔方了。但魔方作为一种复杂的、高级的智力玩具，不只有一种玩法。除了六面还原外，在魔方上变幻出各种各样美丽的图案，也是一种重要的玩法，对锻炼智力同样大有好处。本章就来讨论这个问题。

## 8.1 魔方图案的美学基础

魔方处于原始状态时，6 个面各是一个单调的颜色。随便拧几下，6 个单色的面立刻就乱了套，变得混乱、斑驳，不再显得和谐、庄重，失去了美感。这是怎么回事呢？原来，根据美国数学家、曾任美国数学会主席的伯克霍夫（George David Birkhoff，1884～1944）所创立的优美度理论（aesthetic measure theory，有人译为美学测度理论），任何事物的优美度 $M$，取决于该事物的两个量，一个是“序” $O$（order），另一个是“复杂度” $C$（complexity）：

$$M = O/C$$

换句话说，事物的优美度正比于它的序，而反比于它的复杂度；或者说，事物越有序、越简单，它就越优美；反之，越杂乱无章、越复杂的事物，就越不美观。处于原始状态的魔方，每个面只有一个颜色，很简单，很有次序，所以是美的；拧乱以后，6 个面上都是东一块红，西一块绿，乱七八糟，杂乱无章，就不美了。

那么，有没有可能使魔方虽然不处于原始状态，但仍然是美的呢？这是可能的，而且有许许多多的可能，但条件是：6 个面上各彩色小面的分布要有规律，使之“有序”、“简单”。魔方的这一玩法就是从美学的观点出发而形成的，目标就是通过转动魔方的面，使魔方打破六面各一色的单调状态，达到一面多色，但每个面上都有规律分布的彩色小面，使魔方呈现绚丽多彩的格局。

下面介绍一些科学家和魔方迷所创造的魔方图案，以供借鉴。读者在学习的基础上，应该力求创作出更多、更美丽的图案来，为魔方世界增添魅力。本章中的图案，所用魔方为顶白、底黄、前红、后棕、左蓝、右绿。操作以后魔方方位可能有变，但我们给出的图案都是初始时顶、前、右 3 面的图案，这点请读者注意。

## 8.2 博赛特的创造

神奇小子博赛特不但开发了自己的魔方六面还原法，还创作了不少魔方图案。他的图案都不算太复杂，但对刚入门的魔方迷来说还是很值得学习的。他的操作序列中包括夹心层操作和整个魔方的旋转，夹心层操作采用中片旋转法。

**1. 格子花**

如图 8-1 所示。这个图案很简单，每个面的 4 角小面都同本面的中央小面同色，仅 4 个边块小面与它不同色。显然，这种格局是魔方的 8 个角块都在原位不动，仅 12 个边块发生循环换位造成的。

图 8-1　格子花

形成格子花的操作为

$$M_R^2\ M_F^2\ M_D^2$$

要使魔方还原，可把魔方任一面朝上拿在手中，重复执行上述操作。

对这个图案国外的魔友们给它起了个名字叫 “pons asinorum”。pons 是生理学上的一个名词，指 “脑桥”，也就是脑部连接左右两个小脑的桥状组织，它起着控制呼吸节律和肌肉运动的作用。pons asinorum 则指欧几里得几何中的一个简单命题 “等腰三角形两底角相等”，转意为 “只有笨蛋才过不去的桥”。我国魔友则把这个图案叫做 “驴桥”，意思是这样简单的图案如果转不出来，你就趁早别玩魔方了。这当然是含有蔑视和侮辱人的意思的一个词汇，笔者不赞成用它。人的智力有高下，悟性有差异，但应该和睦相处，彼此尊重才对。

**2. 换心花**

该图案好似魔方 6 面其他小面都不动，只把中央面小块循环交换了一下，如图 8-2 所示。

形成该图案的操作为

$$M_L M_U M_R M_D$$

要使魔方还原，应记住中央面小块移动方向，然后重复执行上述操作。

图 8-2 换心花

**3. 直条纹花**

如图 8-3 所示。这个图案保持顶面、底面单色不变，4 个侧面各为 3 个直条，其中 2 个侧条颜色相同。显然，为了形成这个图案，前后、左右两个夹心层要维持不动，而这 2 个夹心层所形成的立体十字架4 角的 4 个立柱要对角整体交换。

图 8-3 直条纹花

执行操作为

$$(F^2L^2)^3\ (B^2R^2)^3 M_L^2 M_F^2$$

还原魔方执行同样操作。

**4. 横竖条花**

如图 8-4 所示。同上一个图案的不同处是 4 个侧面有 2 个是竖条纹，2 个是横条纹，因此，完全不动的只是前后夹心层。

执行操作为

$$(F^2L^2)^3\ (B^2R^2)^3M_L^{\ 2}$$

图 8-4　横竖条花

由此可见，这个图案比上一个复杂，但操作却比上一个简单：在形成直条纹花的操作中，不做最后那个 $M_F^{\ 2}$ 操作，形成的就是横竖条花。或者说，横竖条花是形成直条纹花的一个中间花色。

**5. 折线型花**

图 8-5　折线型花

折线型花图案如图 8-5 所示，其顶面和底面仍为单色，但 4 个侧面上各有一条对角线上 3 个小面为一色，其余 6 个小面为另一色，呈中文引号格局。显然，折线上的所有角块都维持在原位不动，而其余 4 个角块则依对角方向两两对换。边块则按前后、左右互相对换。

执行操作为

$$(RLC_U^{-1})^6$$

还原动作相同。

**6. SZ 型花**

这个名称是由于魔方 4 个侧面分别形成 2 个 S 形和 2 个 Z 形图案，如图8-6所示。这个图案是在上一个折线花图案的基础上，继续执行 $M_D{}^2$ 操作形成的。

**7. 十字型花**

十字型花如图 8-7 所示，因魔方 6 面各呈一个十字而得名。显然，处在十字上的所有边块均在原处不动，而 8 个角块发生对角交换。执行操作为

$$(F^2L^2)^2F^2\quad(B^2L^2)^2B^2C_R{}^{-1}C_FUM_BM_R{}^2M_FDM_UUM_L{}^2D$$

图 8-6　SZ 型花

图 8-7　十字型花

**8. 混合型花**

如图 8-8 所示。之所以称为混合型花，是因为它的顶面和底面是格子花，而 4 个侧面是十字花。执行操作为

$$(LR^{-1}C_U{}^{-1})^6$$

图 8-8　混合型花

**9. H 型花**

图 8-9　H 型花

H 型花名称的来历是魔方 6 面形成 6 个 H，组成 H 的 7 个小面为一色，其余 2 个小面为另一色，如图 8-9 所示。显然，这时 8 个角块和中层的 4 个边块都在原位不动，只有顶层和底层的相对边块交换了位置。

H 型花是在混合型花的基础上再执行如下操作形成的：

$$M_D^2\ (F^2L^2)^2F^2\ (B^2L^2)^2B^2$$

还原时重复执行形成它的全部操作。

# 8.3 康韦夫人的花样

大概是受丈夫的影响，康韦的夫人爱琳娜（Elena Conway）对智力游戏也情有独钟，独立地创造了一些魔方图案。我们这里介绍几个。她的操作过程中也包括一些夹心层操作，用的是中片旋转法。

**1. 4 窗图案**

康韦夫人的 4 窗图案（4 windows）实际上就是 4 个“O”，或者叫 4 个“色心”，见图 8-10。其实现过程为

$$M_R M_F^2 M_L M_F^2$$

图 8-10　4 窗图案

**2. 6 窗图案**

6 窗图案（6 windows）就是 6 个“O”，或者叫 6 个色心，也就是博赛特的换心花。其形成操作为

$$M_R M_B M_L M_F$$

**3. 棋盘图案**

棋盘图案（chequers）就是博赛特的格子花图案，操作也类似：

$$M_R{}^2 M_F{}^2 M_U{}^2$$

**4. 哈里坤图案**

“哈里坤”（harlequin）原意是马戏团的小丑。马戏团的小丑通常涂一个红鼻子，戴的高帽和穿的衣服花里胡哨，滑稽可笑。这个图案名为“哈里坤”，原因就是它色彩斑斓，五颜六色，如图 8-11 所示。

图 8-11　哈里坤图案

把棋盘图案各面中间那个小面换一种颜色就是“哈里坤”图案。其执行操作为

$$M_R M_B M_L M_F M_R{}^2 M_F{}^2 M_U{}^2$$

可见在获得 6 窗图案以后，再执行棋盘图案操作，就成为这个图案。

**5. 直条纹花**

这个图案在 6 个面上都形成 3 个直条，两侧的直条是同色的，如图 8-12 所示。执行操作为

$$(L^2F^2R^2)^2LR^{-1}$$

博赛特的直条纹花（Stripey）只有 4 面是直条，顶、底两面是单色的。相比之下，康韦夫人的直条纹花要略胜一筹。

图 8-12　直条纹花

**6. 锯齿形花（zigzag）**

这个图案同博赛特的折线花是一样的。康韦夫人的实现操作为

$$(LRFB)^3$$

共 12 步，比博赛特的实现法少 6 次魔方的整体转动。

**7. 4 十字花（4 crosses）**

这个图案维持顶面和底面单色不变，4 个侧面上形成 4 个十字，如图 8-13 所示。执行操作为

$$(LRFB)^3\ (FBLR)^3$$

图 8-13　4 十字花

显然，在实现锯齿形花以后，继续执行 $(FBLR)^3$，就可以获得 4 十字花图案了。

**8. 6十字花**

6十字花（6 crosses）同博赛特的十字花是一样的，但在这个图案的形成上，康韦夫人的步数要多一些，然而不必转动整个魔方：

$$(M_F{}^2L^{-1}M_F{}^2R)^3\ (M_R{}^2B^{-1}M_R{}^2F)^3$$

通过以上讨论，我们可以看到，正如俗话所说："戏法人人会变，各有巧妙不同"。变幻出同样的图案，可以用不同的操作过程，殊途同归。但步数不同，自然就有优劣之分。在"神奇小子"和数学家夫人的同场竞技中，就各有输赢，并无绝对的赢家。这也是魔方之所以有巨大魅力的原因之一吧！

## 8.4 德国人的发明

我们前面说过，魔方在德国十分流行，因此涌现出了无数魔方高手。波恩的彼得·克莱林斯（Peter Klerings），于勃豪森（Uberhausen）的拉埃纳（Rainer），以及克利斯托夫·邦特洛夫（Christoph Bandelow），克拉斯（H. Krass），沃尔克（R. Walker），托姆·威内克（Tom Werneck）等就是其中的代表。在魔方图案的创作方面，他们也有出色的成绩。下面介绍由德国人创作的若干精美图案。

**1. 圣诞礼包图案**

德国人把魔方6个面上有6个十字的图案叫做圣诞礼包图案（christmas parcel），而不像博赛特和康韦夫人那样直呼其为"十字花"或"6十字花"，这可能同德国人的宗教观念较重有关。其实现过程为

$$R^{-1}M_R{}^2M_F{}^2U^2M_R{}^2M_F{}^2D^2R$$

这比博赛特和康韦夫人的都要简单一些。

**2. 山坡图案**

山坡图案（peaks）如图8-14所示。执行的操作是

$$L^2UF^2L^2D^{-1}L^{-1}R^{-1}DM_RD^{-1}RDM_LL^{-1}FU^{-1}FL^2$$

这样的图案，共顶点的 3 个面上只有 3 种颜色，与其相对的顶点所邻接的 3 个面是另外 3 种颜色，因此被叫做“扭转着的山坡”（twisted peaks）。如果把执行操作改为

$$U^2R^{-1}D^{-1}BRM_U{}^2R^{-1}B^{-1}DRF^2LFU^{-1}FD^2F^{-1}UF$$

则形成的山坡图案如图 8-15 所示。这样的图案，共顶点的 3 个面上拥有魔方的全部 6 种颜色，与其相对的顶点所邻接的另外 3 个面上的图形颜色同上述 3 个面的颜色正好互相交换了位置，因此被叫做“互换了的山坡”（exchanged peaks）。

图 8-14　山坡（1）

图 8-15　山坡（2）

**3. 环状图案**

环状图案（rings）如图 8-16 所示。每面都以一个顶角小面为中心，紧紧环绕它的 3 个小面为另一色，外层 5 个小面与中心同色，呈环状结构。执行操作如下

$$M_UM_LM_DF^{-1}R^2DB^{-1}M_R{}^2BM_R{}^2D^{-1}R^2FM_R$$

同山坡图案类似，这个环状图案叫“扭转着的环”（twisted rings）。如果执行如下操作：

$$UM_LU^{-1}B^2UM_RURM_F{}^2L^{-1}B^2D^2$$

则形成“互换了的环”（exchanged rings），如图 8-17 所示。

**4. 鸭掌**

这个图案如图 8-18 所示，你仔细看一下，会发现它很像鸭子走在沙地上留下的脚印。其操作过程为

$$U^{-1}R^2D^{-1}B^{-1}DR^{-1}D^{-1}BDR^{-1}U$$

图 8-16　环（1）

图 8-17　环（2）

同山坡和环状图案类似，这也是个“扭转着的鸭掌”（twisted duck feet）。如果执行如下操作：

$$RB^2RLB^2R^2L^{-1}D^{-1}RL^2DFD^{-1}L^2UB^{-1}UBU^2R^{-1}D$$

则获得的是“互换了的鸭掌”（exchanged duck feet），如图 8-19 所示。

图 8-18　鸭掌（1）

图 8-19　鸭掌（2）

**5. 方中方**

所谓方中方（cubes within the cube），就是在 3×3×3 的魔方中，包括 2 个 2×2×2 的小魔方，如图 8-20 所示。执行操作为

$$D^2F^{-1}D^2R^2FRF^{-1}RU^2L^{-1}BLM_U{}^2B$$

图 8-20　方中方

这里的 2 个 2×2×2 小魔方位于前方右上角和后

方左上角，适当改变操作，可使小魔方有不同布局。

**6. 边六角形（edge hexagon）**

图案如图 8-21 所示，是由每面上两个同色的相邻边块相连所组成的六角形。执行操作为

$$U^{-1}R^{-1}F^{2}RFURU^{2}R^{-1}F^{2}U^{-1}R^{2}URFUF^{2}U^{-1}R^{-1}$$

图 8-21　边六角形

**7. 字母图案**

著名的德国智力玩具专家和魔方专家汤姆·威内克（Tom Werneck）为全部 26 个英文字母开发出了魔方图案，但比较逼真、从而被广泛认可的是以下 10 个，如图 8-22 所示。德国人把形成字母图案的魔方叫做“生日魔方”（birthday cube），因为比如说，史密斯（Smith）过生日时，如果在生日蛋糕旁还有个上面有字母“S”的魔方，史密斯一定会十分喜欢的。

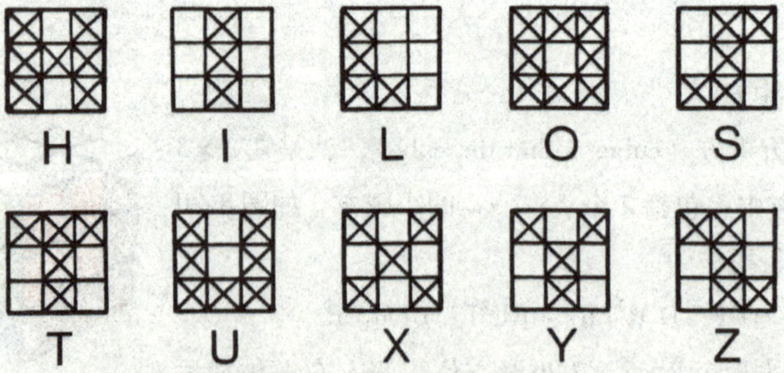


图 8-22　字母图案

以上 10 个字母图案中，X、O 和 H 我们前面已经见过了。下面我们介绍一下形成 6 个 T 和 6 个 U 的操作过程。

形成 6 个 T 的操作过程：

$$U^2F^2R^2B^2D^2F^2D^2R^2D^2F^2$$

这 6 个 T 中，上下、左右，前后各 2 个 T 刚好是对称的，即如果这一面上的 T 是正立着的，则对面的 T 是倒立着的，如图 8-23 所示。

形成 6 个 U 的操作过程：

$$M_UFU^{-1}M_LUF^{-1}D^{-1}M_FU$$

终局（魔方方位有变）形成的 6 个 U，前面和右面，后面和顶面，左面和底面的 2 个 U 都是“脚抵着脚”的，图 8-24 中魔方示初始时顶前右三面，因此未能展示这一现象。

图 8-23　6T

图 8-24　6U

**8. 蛇**

令人生畏的蛇（不管是有毒蛇还是无毒蛇），大多有色彩斑斓的花纹，而且不同的蛇有不同的花纹。此外，蛇的蜿蜒爬行路线也有一定的规律。德国人或根据蛇皮花纹，或根据蛇的爬行轨迹在魔方上模拟生成了许多有趣的图案。

我们先执行以下操作：

$$BRL^{-1}D^{-1}R^2DLR^{-1}B^{-1}R^2UB^2U^{-1}DR^2D^{-1}$$

这时获得的魔方图案如图 8-25 所示。顶、底是 3 个直条，4 侧有环状图案。如果我们把魔方拿在手中转着看各面中间的同色小面，形成蜿蜒曲折的轨迹，像不像一条蛇在扭着身子曲曲折折地前进?

图 8-25　蛇（1）

下列操作也能产生类似的效果：

$RUF^2D^{-1}RL^{-1}FB^{-1}D^{-1}F^{-1}R^{-1}F^2RU^2FR^2F^{-1}R^{-1}U^{-1}F^{-1}U^2FR$

它所产生的图案如图 8-26 所示。

以上两个操作造成的都是 2 循环，因此重复执行一次魔方还原。

下面的操作所造成的图案是以蛇名命名的。

$$F^{-1}LDM_F^{\ 2}UM_FD^{-1}M_BU^{-1}M_FL^{-1}F^{-1}R^{-1}M_DRF^2$$

以上操作形成的图案叫 Black Manba，是一种非洲毒蛇，如图 8-27 所示。

图 8-26　蛇（2）

图 8-27　Black Manba

$$UM_BU^{-1}F^2UM_FU^{-1}F^2LU^2M_LD^2R^{-1}$$

以上操作形成的图案叫庇松（Python）。庇松是希腊神话中的一条巨蟒，食人无数，后来被太阳神阿波罗杀死，如图 8-28 所示。

$$R^2L^{-1}U^2RLU^2RULF^2L^{-1}FD^2F^{-1}LF^2L^{-1}U^{-1}$$

上述操作形成的图案是令人望而生畏的响尾蛇。有趣的是这条响尾蛇是

图 8-28 Python

雌性的（female rattlesnake）；如果执行上述操作的逆操作，则形成雄性响尾蛇（male rattlesnake）的图案，如图 8-29 所示。

$$R^2LF^2M_R^{\ 2}FU^{-1}LF^2M_U^{\ 2}F^2M_U^{\ 2}L^{-1}UF^{-1}B^2L$$

上述操作形成的是蛇中之王——王蛇，也是雌性的（female boa）。其逆操作同样变成雄性王蛇（male boa），如图 8-30 所示。

图 8-29 响尾蛇

图 8-30 王蛇

最后看一个有趣的图案，德国人把它叫成是“带着一个宝宝的眼镜蛇”（cobru with baby cobra），如图 8-31 所示。执行操作为

$$URF^{-1}M_U^{\ 2}FBM_RB^{-1}R^{-1}U^{-1}$$

它所形成的图案实际上在前、左、右、底 4 面是 4 个 U，顶面和后面是 2 个互换的环。德国人大概把 2 个环的中间一层以

图 8-31 带着一个宝宝的眼镜蛇

及左右两面 2 个 U 字中间的空白所连接起来的彩带看成是眼镜蛇妈妈，前面和底面 2 个 U 字中间的空白形成的一条短彩带看成是眼镜蛇宝宝，因而如此命名。但以上分析，只是笔者的猜测，不知是否正确。

**9. 六色同堂、四角同色图案**

这个图案是一个德国妇女创造的。还在东、西德统一之前，德国的一家杂志举办了一次魔方悬赏竞赛，出了这样一道题：设计符合如下要求的魔方图案，使魔方六个面都包含六种颜色，且图案有规则。最后一名德国妇女胜出，她设计的图案完全符合竞赛要求：每个面的中心十字由 5 个不同颜色的小面组成，四角是另一种颜色的小面，如图8-32所示。这个图案非常和谐、漂亮，有人给它起名“六色同堂、四角同色”，也有人给它起名“五彩十字”。设计出这个图案的妇女因而获得了“魔方王后”的称号。

图 8-32　“六色同堂、四角同色”

这个德国妇女是一个知识女性。她是通过计算机程序实现这个图案的，用了 50 步（转 180°同转 90°一样，都算一步）。但我们下面给出的并非是由她的计算机程序设计的 50 步操作过程。说来有趣，我国的杨迅文先生在其所著的《魔方探胜》一书中，完全根据对这个图案的分析，设计出了实现它的操作过程，只要 49 步，胜过了魔方王后，说明“人脑”毕竟强于“电脑”。杨迅文先生的操作过程如下：

$B^{-1}F^{-1}L^2R^2BFUR^2L^2U^2B^2F^2D^{-1}U^2$

$LR^{-1}U^{-1}LR^{-1}F^{-1}LR^{-1}D^{-1}LR^{-1}B^{-1}D^2U^2F$

$LR^{-1}DLR^{-1}BLR^{-1}UR^2D^{-1}U^{-1}B^{-1}$

$F^{-1}R^{-1}L^{-1}D^{-1}U^{-1}B^{-1}F^{-1}$

对这个图案，我们将要在9.1节中作详细讨论。

## 8.5 马可先生的创作

马可·朗格里奇（Mark Longridge）何许人也？是哪个国家的？干什么的？……可惜我们对此一无所知。从他公布在网上的《魔方大事记》中，我们可以知道的只是：马可是一个“魔方迷”，1982年曾经参加过加拿大和美国的魔方比赛，之后被Ideal公司雇佣为魔方演示员。他致力于开发魔方算法，发现各种各样有趣的图案。马可开发的魔方图案大多没有名字，但由于①其操作过程非常简单，少则几步，多则十几步，而且都是外侧面操作，不用夹心层操作；②其图案非常丰富多彩，尤其是对称性非常好。因此，在魔方界有专门的“马可图案”（Mark's patterns）的说法。由于其图案没有名字，人们用编号来区别。在魔方网站上，马可图案的编号已经到62号，这还不算“棋盘图案”之类有名称、但马可所发现的与众不同的算法。这节我们就来介绍马可图案中的几个。

**1. 马可图案1**

马可图案1如图8-33所示，其顶面、前面、左面上各是一条对角线，其余3面上各是一条对角线加一点。执行操作为

$$R^2U^{-1}RDFBR^{-1}L^{-1}UDF^{-1}UF^{-1}U^2D^{-1}B^2R^2U$$

**2. 马可图案2**

马可图案2如图8-34所示，顶、底上各有一条对角线，4个侧面各有一个品字形图案。执行操作为

$$UR^{-1}B^{-1}U^{-1}F^2B^2DBL^{-1}DF^2R^2F^2U^{-1}F^2D^{-1}$$

图 8-33　马可图案 1

图 8-34　马可图案 2

**3. 马可图案 3**

马可图案 3 如图 8-35 所示，顶、底上各有一个 2×2 的同色四边形（顶面在左前方、底面在右后方），如果转着魔方看，前面和左面、后面和右面的图案正好互相衔接形成一条波浪线。执行操作为

$$F^2U^2D^2FR^{-1}DR^2D^{-1}RF^{-1}UR^2U^2R^2D^2F^2$$

图 8-35　马可图案 3

**4. 马可图案 4 和 5**

马可图案 4 如图 8-36 所示，其 4 侧是 4 个棋盘图案，X 上的 5 个小面是本面颜色，4 个边块颜色为其右侧面颜色。顶面是横着的 K 字形。执行操作：

$$U^{-1}B^{-1}R^{-1}UF^{-1}UD^{-1}LU^{-1}FR^{-1}UR^2L^2D^{-1}L^2D$$

如果把执行操作改为

$$RL^{-1}D^2FR^2U^{-1}DB^2RF^{-1}BD^2L^2UF^2B^2U^{-1}$$

则形成的图案和上述图案相似，4 侧也是 4 个棋盘图案，但前面和右面两色形成互补，后面和左面两色形成互补，而顶、底的 K 字是上述 K 字转 90°，如图 8-37 所示。

图 8-36 马可图案 4

图 8-37 马可图案 5

**5. 马可图案 9**

马可图案 9 如图 8-38 所示，顶、底为 2 个 O 字，前、左为 3 个竖条，后、右为两个倒立的“U”字。这些图案的色彩都是互补的。执行操作为

$$F^2B^2RL^{-1}B^{-1}UD^{-1}R^2F^2R^{-1}FB^{-1}DB^2U^{-1}$$

**6. 马可图案 14**

这个图案也很有意思，如图 8-39 所示，其顶、底为 2 个 S 形，前、右和后、左如果从对角线方向看，各形成 2 个双色的十字，对称性极佳。

图 8-38 马可图案 9

图 8-39 马可图案 14

执行操作为

$$U^{-1}R^2UR^2B^{-1}L^{-1}U^{-1}R^2L^2DLF^{-1}R^2U^{-1}B^2D$$

**7. 马可图案 16**

马可图案 16 的前、后面形成 2 条对角线，其余 4 侧形成 4 个 T 字，其中顶面和右面、底面和左面的 2 个 T 是“头顶着头”的，如图 8-40 所示。

执行操作：$(FRLB)^3F^2B^2D^2F^2B^2U^2$

**8. 马可图案 17**

这个图案只用 8 个动作（表面看是 9 个）实现：$(U^2L^2R^2D)^2D$。

图案相当美观：顶面和底面是 2 个 H（顶面那个是横着的，底面那个是正的）；左面和右面是双色的 3 个横条；前面和后面是倒立的品字，如图 8-41 所示。

图 8-40　马可图案 16

图 8-41　马可图案 17

**9. 马可图案 18**

图 8-42　马可图案 18

这个图案通过 4 个角块的 2 个 2 循环造成非常奇特的效果：顶面和右面分别在左下角和右下角交换了一个小面；前面和后面分别在左边沿 2 角和下边沿 2 角交换了 2 个小面；底面和左面则交换了 3 个顶角处的小面，如图 8-42 所示。

执行操作很简单，只有 11 步：

$$FR^2L^2B^2UF^2R^2L^2B^2DF$$

**10. 马可图案 62**

这个图案的构思同上一个相反：只让前右上角和后左下角两个角块在原位不动，让其他 6 个角块发生两个 3 循环；同时让边块发生相应循环换位，从而以前右上角和后左下角为中心，在相邻的 3 个面上生成相同的图案，煞是好看，如图 8-43 所示。

以下 2 个操作序列都可以实现这一图案：

$$U^{-1}F^2L^2D^2UF^2U^2F^{-1}L^{-1}D^2B^2R^{-1}D^{-1}BR^{-1}UL^2B^2F^{-1}$$

$$F^2UB^2FU^{-1}B^{-1}LFR^{-1}DUR^{-1}URBU^{-1}RF^{-1}$$

图 8-43 马可图案 62

## 8.6 对魔方图案的分析和讨论

前面在介绍康韦夫人的 6 窗图案时，说它同博赛特的换心花是一样的。其实，如果我们执行一下他们提出的操作，就可以发现，两者虽然确实都是 6 个 O，或者叫 6 个“色心”，但颜色搭配和位置并不相同。例如，在康韦夫人的 6 窗图案中，红的色心外面是一个白框，在顶面；而在博赛特的图案中，红的色心外面是一个绿框，在右面。实际上，还可以通过同以上两个类似的许多不同操作实现 6 窗图案或叫换心图案，但有不同的色彩布局，呈现出丰富的多样性。下面，我们首先以换心图案为例，深入讨论一下这个问题。

换心图案同其他图案一样，是通过小块的循环移位实现的；但为了讨论方便，我们把它看成是通过面块的循环移位实现的。对于康韦夫人的图案，其操作表达式是

$$M_RM_BM_LM_F\text{：}(u,\ r,\ f)\ (d,\ l,\ b)$$

对于博赛特的图案，其操作表达式是

$$M_LM_UM_RM_D\text{：}(u,\ f,\ r)\ (d,\ b,\ l)$$

两者都是两个 3 循环。那么，这样的循环可能有多少个？也就是这样的换心图案可能有多少个呢？我们从顶面的色心 u 出发来讨论一下。u 有 4 个可

能的移动方向：往前、往后、往左、往右。在 u 往前移的情况下，f 有两个可能的移动方向：往左、往右。l（或 r）就只有一个可能的移动方向，就是移向顶面了。因此换心图案的循环表达式共有4 ×2 ×1 =8 个。也就是说，可能的换心图案共有 8 个。康韦夫人的图案和博赛特的图案就是其中的两个。这是魔方图案多样性的第一层意思。

魔方图案多样性的第二层意思是对于某个确定的图案，可以用许多不同的操作去实现。就换心图案而言，6 个色心是分布在 3 个夹心层上的；但移动这 6 个色心却只需要转动其中的两个夹心层就行。我们看康韦夫人的图案是通过转动前后夹心层和左右夹心层实现的，而博赛特的图案是通过转动上下夹心层和左右夹心层实现的。实际上，我们可以把这两个操作改写成如下交换过程：

对康韦夫人的图案　$M_R M_B M_R^{-1} M_B^{-1}$

对博赛特的图案　$M_L M_U M_L^{-1} M_U^{-1}$

这样就可以看出，先以任意次序转动任意两个夹心层，然后以同样次序，但以相反方向转动这两个夹心层，就可以获得一个换心图案。对每一个换心图案可以有 3 种不同的基本操作，每种操作任选 3 个夹心层中的两个。为什么把这样的操作叫做基本操作？因为我们知道，每个夹心层操作有等效的两种方法，如 $M_R = M_L^{-1}$。因此，每个基本操作都可以派生出 15 种等效操作；也就是说，对每一个换心图案可以用 16 种不同的操作方法实现。下面我们以表格形式给出以转动上下夹心层和左右夹心层这一组基本操作实现换心图案的完整表达（表 8-1）。以其他两组基本操作，以及由派生操作实现换心图案的表达读者不难自己完成。

**表 8-1　由一组基本操作实现换心图案的表达式总表**

| 操　作 | 循环表达式 |
| --- | --- |
| $M_L M_U M_L^{-1} M_U^{-1}$ | (u, f, r) (d, b, l) |
| $M_L M_U^{-1} M_L^{-1} M_U$ | (u, f, l) (d, b, r) |
| $M_L^{-1} M_U M_L M_U^{-1}$ | (u, b, l) (d, f, r) |

续表

| 操　　作 | 循环表达式 |
|---|---|
| $M_L^{-1}M_U^{-1}M_LM_U$ | (u, b, r)(d, f, l) |
| $M_UM_LM_U^{-1}M_L^{-1}$ | (u, r, f)(d, l, b) |
| $M_UM_L^{-1}M_U^{-1}M_L$ | (u, l, b)(d, r, f) |
| $M_U^{-1}M_LM_UM_L^{-1}$ | (u, l, f)(d, r, b) |
| $M_U^{-1}M_L^{-1}M_UM_L$ | (u, r, b)(d, l, f) |

3 组基本操作之间是什么关系？不难理解，它们实际上完全是一回事，用数学语言来说，就是“同构”的。把魔方转一个角度，就可以从一种基本操作变成另一种基本操作。

换心图案多样性的讨论至此可以结束了么？还不！以上讨论中，对夹心层的操作是用中片旋转法实现的。我们知道，对夹心层的操作还有侧片旋转法，同中片旋转法是等效的。这样，对每一个换心图案可以用 16×2 = 32 种不同的操作方法实现！

相对来说，换心图案的多样性还是比较简单的，因为它的操作表达式都是两个 3 循环，没有其他形式。有些图案比它复杂得多，比如棋盘图案，可以有“2 阶”的、“3 阶”的和“6 阶”的。所谓 2 阶的棋盘图案，是通过魔方边块的 2 循环实现的，而 3 阶和 6 阶棋盘则是通过魔方边块的 3 循环和 6 循环形成的。图 8-1 给出的棋盘图案是 2 阶的，它的形成最为简单：3 个夹心层各作两个 q 转。由于各夹心层操作是互相独立的，因此，3 个夹心层操作可以以任意次序进行。由 2 阶棋盘图案的实现过程可知，8 个角块维持在原位纹丝不动，而相对两面的相对边块则互相交换了位置，因此相对 2 面的棋盘图案在色彩上正好是对称、互补的。2 循环的操作表达式如下：

(fr, bl)(fu, bd)(fl, br)(fd, bu)(ur, dl)(ul, dr)

如果用每面 4 个边块的 4 个外表面（我们用 4u、4f 等来表示）的整体移位来表达的话，那么 2 阶棋盘图案是由以下 3 个 2 循环形成的：

(4u, 4d)(4f, 4b)(4r, 4l)

棋盘图案也可以通过3循环实现。比如用以下操作过程：

$$M_FU^{-1}M_R^{-1}B^{-1}M_R^{2}BM_R^{-1}DUM_R^{-1}FM_R^{2}F^{-1}M_R^{-1}D^{-1}M_F^{-1}$$

这个操作过程仍维持8个角块在原位不动，而12个边块则实现3循环：

（fr，uf，ru）（fl，ub，rd）（br，df，lu）（bl，db，ld）

这4个3循环正好造成每面4个边块的4个外表面形成两个3循环：

（4u，4r，4f）（4d，4l，4b）

因此构成如图8-44所示的棋盘图案。注意，操作中用到了夹心层操作，但涉及的夹心层正好转一个整圈，因此色心位置维持不变；操作中角块也都发生移动，但由于巧妙的共轭，最终仍回归原位。

同换心图案类似，这样的3循环也有8个，由此可以形成8种不同的3阶棋盘图案。例如，把上述操作表达式中的D、U；F、B互换，把R都改成L，则可获得以下3循环：

（fl，lu，uf）（br，rd，db）（fr，ld，ub）（bl，ru，df）

这个3循环的结果是

（4u，4f，4l）（4d，4b，4r）

其图案见图8-45。

图8-44　3阶棋盘图案（1）

图8-45　3阶棋盘图案（2）

现在来分析一下3阶棋盘图案是如何形成的。我们看到，魔方的12个边块是分布在3个方向的3个面的交点上的。但为了往各个方向移动这些边块，并不需要同时转动3个方向的3个面。如果某个方向的3个面都转动的话，那么对另外任意一个方向的面，只要转动外侧的2个面，而对剩下的那个方向，只要转动中间那个面就行。我们仔细看一下上面的2个操作，就可以看出这一点。现在，用 A 表示 3 个面都要转动的方向中的操作集合，用 B 表示 2 个面要转动的方向中的操作集合，用 C 表示只要转动 1 个面的方向中的操作，用 ABC 表示实现一个棋盘图案的整个操作，那么，ABc、AbC、Abc、aBC、aBc、abC、abc 也都可以实现棋盘图案，其中，小写英文字母表示同大写英文字母有相同的操作对象，但操作方向相反。如果我们把形成图 8-44 棋盘图案的操作当作 ABC，那么，形成图 8-45 棋盘图案的操作就是 abc。为了有一个完整的概念，下面我们给出形成 8 个不同棋盘图案的这组基本操作及其表达式总表（表 8-2）。

**表 8-2　由一组基本操作实现 3 阶棋盘图案的表达式总表**

| 操　作 | 表达式 |
|---|---|
| $M_FU^{-1}M_R^{-1}B^{-1}M_R^2BM_R^{-1}DUM_R^{-1}FM_R^2F^{-1}M_R^{-1}D^{-1}M_F^{-1}$ | (4u, 4r, 4f)<br>(4d, 4l, 4b) |
| $M_FU^{-1}M_L^{-1}B^{-1}M_L^2BM_L^{-1}DUM_L^{-1}FM_L^2F^{-1}M_L^{-1}D^{-1}M_F^{-1}$ | (4u, 4f, 4r)<br>(4d, 4b, 4l) |
| $M_FD^{-1}M_R^{-1}B^{-1}M_R^2BM_R^{-1}UDM_R^{-1}FM_R^2F^{-1}M_R^{-1}U^{-1}M_F^{-1}$ | (4u, 4b, 4r)<br>(4d, 4f, 4l) |
| $M_FD^{-1}M_L^{-1}B^{-1}M_L^2BM_L^{-1}UDM_L^{-1}FM_L^2F^{-1}M_L^{-1}U^{-1}M_F^{-1}$ | (4u, 4r, 4b)<br>(4d, 4l, 4f) |
| $M_BU^{-1}M_R^{-1}F^{-1}M_R^2FM_R^{-1}DUM_R^{-1}BM_R^2B^{-1}M_R^{-1}D^{-1}M_B^{-1}$ | (4u, 4b, 4l)<br>(4d, 4f, 4r) |
| $M_BU^{-1}M_L^{-1}F^{-1}M_L^2FM_L^{-1}DUM_L^{-1}BM_L^2B^{-1}M_L^{-1}D^{-1}M_B^{-1}$ | (4u, 4l, 4b)<br>(4d, 4r, 4f) |
| $M_BD^{-1}M_R^{-1}F^{-1}M_R^2FM_R^{-1}UDM_R^{-1}BM_R^2B^{-1}M_R^{-1}U^{-1}M_B^{-1}$ | (4u, 4l, 4f)<br>(4d, 4r, 4b) |
| $M_BD^{-1}M_L^{-1}F^{-1}M_L^2FM_L^{-1}UDM_L^{-1}BM_L^2B^{-1}M_L^{-1}U^{-1}M_B^{-1}$ | (4u, 4f, 4l)<br>(4d, 4b, 4r) |

图案还可以通过 6 循环实现。其操作过程是在执行 3 循环的操作过程后再执行 2 循环的操作过程。例如，在执行完上表中的最后那个操作后，继续

对 3 个夹心层各执行 2 个 q 转，则形成以下 6 循环：

（fr，ru，ub，bl，ld，df）

（fl，rd，uf，br，lu，db）

这个 6 循环的结果是

（4u，4b，4l，4d，4f，4r）

图 8-46　6 阶棋盘图案之一

它形成的棋盘图案如图 8-46。由于 3 阶棋盘图案有 8 种可能，因此，6 阶棋盘图案也有 8 种可能。

至此，我们可以看到，把棋盘图案叫做“驴桥”既不文明，也是没有道理的。由相对两面的颜色组成的棋盘，也就是 2 阶棋盘图案，形成它才确实是极其简单的：以任意次序转动 3 个夹心层各 180°就行了；而要形成由相邻面的颜色组成的棋盘，也就是 3 阶或 6 阶棋盘，那就决非易事，而是很难很难的。

图 8-47　五彩棋盘

以上讨论的棋盘图案，每个棋盘面上都只有两种颜色。还可以在魔方上实现“五彩棋盘”：每个棋盘面有 5 个颜色，除了“X”形上 5 个格子是同一种颜色外，其余 4 个格子是不同的 4 个颜色。实现这样的五彩棋盘，仍然要使 8 个角块在原位不动，而 12 个边块则要在原位翻转（图 8-47）。能实现这样的目标的操作过程有几个，前面我们介绍过的同其他任何过程都可以互交换的 20 步操作 $Q$（见 5.5 节）就是其中之一。下面这个是德国人克拉斯（H. Krass）发明的，步数为 22 步：

$$\mathrm{RLFBUDRLFBUF^2M_RF^2U^{-1}M_R^{\ 2}B^2M_LB^2UM_R^2D}$$

一种魔方图案，可以通过不同的 $n$ 循环实现，这种情况相当多。除了上面讨论的棋盘图案外，圣诞礼包图案、边六角形图案等都有这种情况。以边六角形为例，这个图案只涉及 6 个边块的循环换位。前面介绍的操作过程是通过 6 个边块的两个 3 循环形成六角形的：

(fl, ub, rd) (br, df, lu)

但是也可以通过4个边块的两个2循环和其他两个边块的翻转形成边六角形，其操作过程为

$$RU^2F^2U^2R^2M_RUM_RU^{-1}F^2UM_LUM_LF^2R$$

它所形成的循环和翻转为

$$(fl, dr)(ul, br)(ub)_+(fd)_+$$

适当改变这个操作过程中所旋转的面和（或）旋转方向，就可以获得不同布局和颜色搭配的边六角形。

应该注意，形成相同图案，但有不同布局和颜色搭配的操作过程并非等效过程，因为等效过程指的是操作序列不同，但形成的循环换位却完全一样。循环换位一样，那么图案布局、颜色搭配就会完全一样。所以，在魔方图案上，既可以为同样图案设计出不同的、不等效的操作过程，使图案在魔方上的布局和颜色搭配不同，又可以为同样图案设计出不同的、但等效的操作过程，使图案在魔方上的布局和颜色搭配完全相同。这为魔方爱好者提供了很大的探索空间。有些图案，已经设计出的操作过程多达十几种，如实现6个U的图案的操作过程，就可以举出以下一些：

(1) $DLF^{-1}D^{-1}M_RDUM_F^{2}U^{-1}FL^{-1}D^{-1}$

(2) $RM_DR^2D^{-1}R^{-1}M_DF^{-1}U^{-1}LUFM_URU$

(3) $U^{-1}FR^{-1}DM_RD^{-1}RF^{-1}RUM_F^{2}U^{-1}R^{-1}U$

(4) $M_UFU^{-1}M_LUF^{-1}D^{-1}M_FU$

(5) $R^{-1}U^{-1}M_FURM_URUM_FU^{-1}R^{-1}M_D$

(6) $M_FUM_RU^2B^2D^{-1}M_FDBFR$

(7) $R^{-1}DUBUM_FU^{-1}B^{-1}D^{-1}U^{-1}F^{-1}U^{-1}M_RUFR$

(8) $FR^2F_s^{2}L^{-1}DFR_s^{2}B^{-1}U^{-1}L^{-1}F^{-1}$

(9) $D^2L_sB^{-1}L^2U_sB^2R^{-1}U^2B_sL^2$

(10) $F^2DF_sL^{-1}F^2L^2U_sB^{-1}L_sU^{-1}$

(11) $RF^{-1}D_sR^{-1}F_sDL_sBD^{-1}$

(12) $U_sF^{-1}UR_sB^{-1}UFU_sR^{-1}$

(13) $L^{-1}R^2F^{-1}L^{-1}B^{-1}UBLFRU^{-1}RLR_sF_sU_sR_s$

最后那个操作序列很有意思。在作最后4个夹心层操作前，魔方上已经是6个U图案，但不是标准的U，它的中空部分不是两个方格，而只有一个方格，也就是说，U底部加厚了。它实际上是由lf、dr、bu这3个边块的循环换位即（lf，dr，bu）所造成的。而最后4个夹心层操作（注意，这里是用侧片旋转法实现的）的作用本来是形成6个O，也就是各面的中央小面都不动，而其周边的8个小面作为一个整体发生两个3循环即（U，R，F）和（L，B，D）。这样，其最终结果就正好形成了6个正规的U。此外，（2）和（3）这两个操作过程的逆过程同样可以生成6个U的图案。当然，这些过程都不是等效过程，因为它们在魔方的6个面上所形成的6个U的方向、颜色搭配都是不同的。

至于生成相同魔方图案的等效过程，我们这里也举一个例子。除了前面介绍过的形成边六角形的操作过程外，下列操作过程同它完全等效：

$$D^{-1}F^2R^{-1}M_FD^2UM_BD^2U^{-1}RF^2D$$

这个操作过程中包含2个夹心层操作。如果把一个夹心层操作也当作一步，那么这个操作过程只用了12步，比前一个操作过程少了7步。

最后需要指出的是，虽然人们在魔方图案的设计上有极大的空间，可以充分发挥想象力，设计出绚丽多彩、变幻莫测的图案，但并不是所有的图案都是可以实现的。如果你设计出的图案，造成边块翻转的总数不是偶数；角块正扭转和负扭转的总数不相等或者二者之差不是3的整倍数，那么这样的图案就是不可能实现的。例如，可以实现6个面上有6条对角线的图案，这种图案每面有3个颜色，即对角线上3个小面是一种颜色，对角线上方和下方是另外两种颜色。如果你想设计出每面只有两种颜色的6条对角线图案，即对角线上3个小面是一种颜色，对角线以外其他6个小面是相同的另一种颜色，如图8-48所示，那么，这样的图案是不可能实现的。读者也许感到奇怪，你不是已经转出这样的图案来了吗？怎么说它是不可能的？原来，这个图案是用以下操作过程实现的：

图 8-48 “不可能的图案”

图 8-49 背面图案

$$M_R M_B M_L M_F R^{-1} U B^2 U^{-1} F^{-1} U B^2 U^{-1} F R$$

上述操作过程确实使魔方的某一相邻 3 面上有 3 条对角线，形成一个三角形，如图 8-48 所示；相对的另外 3 面则不然，只各形成 2/3 条对角线，如图 8-49 所示，所短缺的那 1/3 条对角线，正是作为这 3 个面的共同顶点的那个角块，如果把这个角块逆向扭转 1/3，这 3 条对角线也就完整了。但这是不可能的。

下面再来讨论一个有趣的问题，即魔方图案及其在魔方表面上的分布。在前面介绍过的魔方图案中，我们看到有以下一些情况：

（1）魔方 6 个外表面上有相同的图案。这常常是我们追求的目标，如 6 个 O，6T，6U 等，都属于这一类。这种情况记为 6/0。

（2）魔方 4 个外表面上有相同的图案，另外 2 个外表面上是另一个图案，或者为单色，没有图案。如 4 个 O 等，都属于这一类。这种情况我们记为 4/2。

（3）魔方 3 个外表面上有相同的图案，另外 3 个外表面上是另一个图案。“不可能的图案”就属于这一类。这种情况记为 3/3。

（4）魔方的前和后、左和右、顶和底分别是 3 种不同的图案。马可图案 9、马可图案 17 等，就属于这一类。这种情况记为 2/2/2。

除了以上这些情况外，还有没有别的情况呢？当然有。比如说，通过以下过程，我们可以在魔方的两个表面上形成两个 X，其余 4 个面维持单色不变：

$$F^2 L^2 F^2 L^2 R^2 F^2 L^2 B^2$$

这种情况记为2/4。

以上种种情况中，有一点是共同的，即无论图案怎样分布，它总体上总是对称的。但在特殊的操作下，这个规律也可能打破。比如以下过程：

$$DRF^2U^{-1}FDB^{-1}RU^2BR^{-1}D_sL^{-1}BD^{-1}$$

这个过程造成魔方的顶、前、右3面形成3色的3条对角线图案，同图8-48“不可能的图案”一样；左、后两面也是相同的图案，只有底面维持单色不变，因此是5/1分布，整个魔方图案是不对称的！

实际上，如果仔细分析一下这个操作序列，我们可以看到，其图案分布经历了丰富的变化过程。魔方处于原始状态，6面单色，可看作6/0。第一步旋转D，形成5/1。第二步旋转R以后，形成2/2/2。第三步旋转$F^2$以后，仍然是2/2/2，当然图案同前者不同。第四步旋转$U^{-1}$以后，形成2（顶、底）/1/1/1/1。第五步旋转F以后，形成2（前、右）/2（顶、后）/1/1。这以后，魔方6面图案都不一样，直到倒数第二步，又形成2（前、后）/1/1/1/1，最后成为5/1。

我们以下面这则有关魔方迷的小故事来结束对魔方图案的讨论。

有一个魔方迷出海旅游，不幸轮船触礁沉没。他紧握住心爱的魔方不放，在海上漂流了几天几夜后来到一个孤岛，爬上岸喘息，思索着如何发出求救信号。他突然想到，魔方上是否可以形成“SOS”？于是他暂时忘却了死亡的威胁，兴致勃勃地又玩起魔方来。经过一番琢磨，他终于通过下列操作过程在6个魔方面上形成了2个“SOS”，见图8-50。

图8-50 “SOS”

$$R^2B^2L^2D^2M_RB^2M_LB^2U\ (R^2U^2)^2R^2UF^2M_DF^2M_U$$

兴奋之余，他又幻想挂着各种各样三色旗的轮船会途经这里，把他从孤岛上救出去，于是他又在魔方上拼成了三色旗的图案（图8-51）：

$$F^{-1}DR^2D^{-1}RB^2R^{-1}DR^2M_DF^2U^{-1}FL^2F^{-1}UF^2U^{-1}R$$

这个图案只有侧面4面三色旗，顶面和底面是一色的；他不太满意。灵机一动，他把最后一步R退回去，去拧对面，变成$L^{-1}$。哈！魔方六面都变

图 8-51　三色旗（1）

成了三色旗（图 8-52），他高兴得独自大笑了起来。自觉灵感涌现，他又用另外一个操作序列在魔方六面上制造出了不同的三色旗（图 8-53）。

$$R^2LB^{-1}DL^2D^{-1}LF^2L^{-1}DL^2M_DB^2U^{-1}BR^2B^{-1}UB^2U^{-1}L$$

图 8-52　三色旗（2）

图 8-53　三色旗（3）

他得意地看着自己的杰作，突然又有了新的发现，把魔方的前面再拧一下（F），六个面上的三色旗变成了另外的组合（图 8-54）！他兴奋异常，觉得这是他玩魔方以来收获最丰富的一天。在充满成就感的意境中，他闭上眼睡着了……

图 8-54　三色旗（4）

# 9 魔方难题

读者学习到这里，已经掌握了魔方六面还原的方法，也已经掌握了在魔方上形成许多美丽图案的操作方法。相信大家会有这样的感觉：当初似乎十分神秘、难以下手的魔方，原来并非是不可攻破的堡垒。是的，任何复杂的事物，只要你掌握了它的基本规律，了解了它的奥秘，就难不倒人了。需要的只是充分发挥你的逻辑思维能力和钻研精神罢了。不过，我们要提醒读者不要自满。学问是永无止境的。就魔方而言，六面还原和形成图案确实不算太难；但在魔方游戏中，也确实存在着一些比较难的问题，对人的智力提出了更大的挑战。这一章我们就来介绍魔方游戏中的一些难题，带领大家进入更深层次的魔方世界。

## 9.1 六色同堂问题

要让魔方六个面的每一个面上都包含 6 种颜色的小面，是魔方游戏中的一个难题。我们这里首先对六色同堂问题作进一步的讨论。

在 8.3 节中我们介绍了“六色同堂、四角同色”图案。这是六色同堂图案中对称性最好，因此显得最美观，也是最有名的一个。这个图案是一名德国妇女创造的，她因此获得了“魔方皇后”的称号。但是说实话，她用计算机程序找到的 50 步操作序列是不太高明的，比杨迅文先生的 49 步操作序列逊色得多。为了比较，下面给出她的操作序列：

（1） $D^{-1}B^2M_R{}^2B^2M_R{}^2D^2R^2M_F{}^2R^2M_F{}^2D^{-1}$

（2） $R^2M_D{}^2R^2M_D{}^2M_F{}^2M_RM_F{}^2M_R{}^{-1}M_D{}^{-1}$

（3） $M_F{}^2M_DM_F{}^2M_D{}^{-1}$

（4） $(FM_R{}^{-1})^4\ (LM_D{}^{-1})^4F\ (LM_F{}^{-1})^4F^{-1}$

我们看到，她的操作序列中用了大量夹心层操作。而一个夹心层操作实际上需要 2 个动作（以 $M_R$ 为例，先把右片和中片一起顺时针转 90°，然后把右片逆时针转 90°）。而杨迅文先生的操作序列中只有基本的外侧面操作，完全没有夹心层操作。因此，名义上杨迅文先生的操作序列只比魔方皇后的操作序列少一步，实际操作起来要快捷得多，优势是很明显的。

当然，我们也要看到魔方皇后的操作序列自有其优点。我们把她的操作序列写成（1）、（2）、（3）、（4）共 4 段，每段的中间结果也都形成相当漂亮的图案。完成（1）以后的图案是 4 个 H（4 个侧面）加 2 张棋盘（顶面和底面）；完成（2）以后的图案是 6 个十字，完成（3）以后的图案也是 6 个十字，但顶面和底面是 2 个普通的十字，4 侧的十字其中心小片颜色同和它相邻的 4 个小片的颜色是不一样的。杨先生的操作序列中，除中间有几次出现四角同色外，并没有较规律和美丽的中间图案出现，这一点上又不如魔方皇后皇后的操作序列。

还应该指出，2 个“六色同堂，四角同色”图案都是通过边块和角块的 2－循环实现的，因此其操作过程是等效过程：

（uf，bu）（ur，lu）（df，bd）（dr，ld）（fr，bl）（fl，rb）

（ufl，dlf）（ufr，dlb）（ubl，drf）（ubr，drb）

但由于魔方皇后在操作中有许多夹心层操作，所以终局魔方已发生翻转与旋转：顶面和底面的面块交换了位置，4 个侧面的面块顺时针方向转了 90°（从上往下看）。所以严格说来，这两个操作并不等效。

无论是杨先生的方法，还是魔方皇后的方法，实现“六色同堂，四角同色”图案的操作都很复杂。我们在 1.4 节中已经提到，美国学者最近已证明，任何魔方都可以在 20 步以内实现六面还原。这说明，任何魔方图案可以在 20 步以内实现，因为魔方六面还原的最快办法是执行原操作的逆操作，也就是说，用什么样的操作序列把魔方打乱，那么，执行这个操作序列的逆一定可以把魔方还原。既然任何魔方都可以在 20 步以内实现六面还原，意味着任何魔方图案也都可以在 20 步以内实现。

经过摸索，我们终于找到了实现“六色同堂、四角同色”图案、但只有 19 步的操作序列，远远地打破了魔方皇后的记录，也大大地优于杨迅文先生的操作序列：

$U^{-1}L^2DURB^{-1}F^{-1}D^{-1}U^{-1}R^2U^{-1}R^2F^2R^2DL^{-1}R^{-1}F^{-1}U^{-1}$

自从魔方皇后推出“六色同堂、四角同色”图案以后，许多魔方爱好者致力于发现新的六色同堂图案。但几十年来，这方面的进展并不大，见之于文献和网络的新的六色同堂图案只有寥寥几个。下面的“六彩方中方”算得上是另外一个比较美丽的六色同堂图案，见图 9-1。

图 9-1 “六彩方中方”

这个图案，在 $3\times3\times3$ 的魔方前左上角和后右下角各有一个 $2\times2\times2$ 的小魔方，小魔方的 4 个面是同色的，而其周边 5 个小面恰为另外的 5 个颜色，因而也是六色同堂的！应该说，其构思是很有特色和富于创意的。但是实现这个图案的操作十分复杂，需要 55 步：

（1）$RU(FU_S)^2LU_SBU_SRF^{-1}$

（2）$DF^{-1}U_SL^2D_SF^{-1}U_a^{-1}R^{-1}$

（3）$D^{-1}(B^2L^2)^2B^2$

（4）$L^{-1}F^{-1}L^{-1}FLF^{-1}L^{-1}FD(F^{-1}LFL^{-1})^2$

（5）$F^2UF^2L^2U^{-1}FU^2F^2U^2F^{-1}UL^2$

上述操作序列中出现的 $U_a^{-1}$ 符号是之前没有见过的，需要先说明一下。它们也是用来标记夹心层操作的，称为“反夹心层操作”（anti-slice move），具体是：

$R_a=RL$　　　$R_a^{-1}=R^{-1}L^{-1}$

$L_a=LR$　　　$L_a^{-1}=L^{-1}R^{-1}$

$B_a=BF$　　　$B_a^{-1}=B^{-1}F^{-1}$

$F_a = FB$　　　　　$F_a^{-1} = F^{-1}B^{-1}$

$U_a = UD$　　　　　$U_a^{-1} = U^{-1}D^{-1}$

$D_a = DU$　　　　　$D_a^{-1} = D^{-1}U^{-1}$

显然，$R_a = L_a$，$B_a = F_a$，$U_a = D_a$；$R_a^{-1} = L_a^{-1}$，$B_a^{-1} = F_a^{-1}$，$U_a^{-1} = D_a^{-1}$。

由于以上情况，许多人认为六色同堂图案不多，而且很难实现。情况真是这样么？笔者和深圳的“忘年交”莫海亮认真分析了这个问题，推翻了这个结论。

为了说明问题，我们先用6元组定义六色同堂图案，6元组中的6个元素表示六种颜色，其值表示具有该颜色的小面有几个。在这种定义方法下，六色同堂图案只有以下3种类型：

第一种类型，（4，1，1，1，1，1），表示每个面上有同色小面4个，其它5种颜色各有一个小面。以上介绍的“六色同堂、四角同色”图案和“六彩方中方”图案就都属于这一类型。

第二种类型，（3，2，1，1，1，1），表示每个面上某种颜色有3个小面，另外一种颜色有2个小面，其它4种颜色各有一个小面。

第三种类型，（2，2，2，1，1，1），表示每个面上有3种颜色各有2个小面，其它3种颜色各有一个小面。

除了以上3种六色同堂图案以外，不可能有其它类型的六色同堂图案了。

在第一种类型的六色同堂图案中，根据4个同色小面的分布情况，又有许多子类型。可能的子类型有23种，如图9-2所示。

显然，魔方皇后的“六色同堂、四角同色”图案属于其中的第20小类，而“六彩方中方”图案属于其中的第5小类。

第二类和第三类六色同堂图案可能的子类型就更多了。拿第二类来说吧，3个同色小面的分布情况就有16种；对其中的每一种，2个同色小面又有许多可能的分布情况。据我们统计，第二类大约有174种子类型，第三类大约有178来种子类型。限于篇幅，我们不给出具体图案了。

以上分析中，我们都说“可能”图案，因为这样的图案是否存在是不一

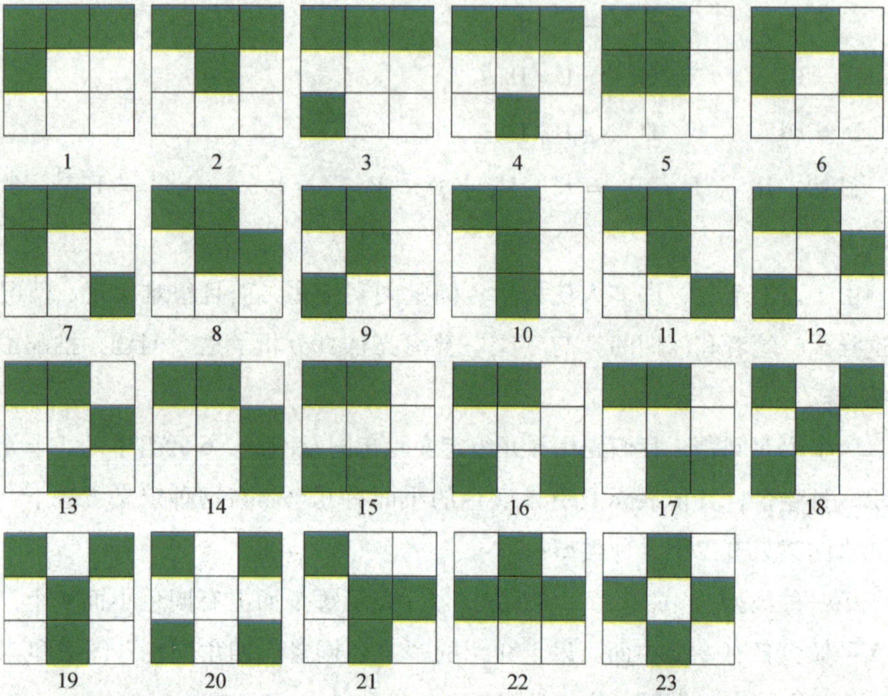


图 9-2　第一类六色同堂图案可能的子类型

定的。目前我们还不能从理论上去证明哪种图案是可以实现的，哪种图案是不可以实现的，我们只能尝试着去找到各种各样的六色同堂图案。值得高兴的是，经过一段时间的摸索，我们已经找到了许多六色同堂图案的实现途径。下面，我们就把我们已经发现的部分六色同堂图案介绍给读者，请读者欣赏。实现这些图案的操作序列只采用外侧面旋转，而且都不到 20 步。

第一类 23 种可能的六色同堂图案我们都已实现。作为例子，我们给出第 2、4、5、7、15、19、20、23 这几种，见图 9-3。

(a)　(b)

图 9-3　第一类六色同堂图案示例

实现这些六色同堂图案的操作序列如下：

（a） $U^2L^2B^2U^2B^2R\ F\ R^2B^2U^2R^{-1}B^{-1}U^{-1}B\ D^2U^{-1}B\ D\ B^2$

（b） $B^2L\ F^2D^2R^{-1}B\ U^{-1}F^{-1}R\ D^{-1}L^2B^{-1}L^{-1}B^2D^{-1}B^2D^2R^2$

（c） $F^2U^2B^2U^{-1}L^2U^{-1}L\ F^2D^2U^{-1}F\ R\ D\ R^2F^{-1}U$

（d） $L^2U^2B^2L\ R^2B\ D\ B\ L\ B\ U^{-1}L^{-1}R^{-1}U^2B\ F^{-1}R^2D^{-1}U^{-1}R^2$

（e） $R\ D\ L^{-1}F\ U\ R\ F\ B^{-1}D^{-1}F^{-1}B^2D^{-1}R^2L^2F^2U^2F^2B^2U^2L^2$

（f） $R^2B^2D^{-1}U^2L^2U^2B^2R^2B^{-1}L^{-1}F\ R^2B^2D^2F\ R^2F^{-1}L^2F^{-1}$

(g) $R^2F^2R^2D^2U^2F\ U\ L\ R^2B^2D\ L^2U\ F\ L\ U\ F\ D^{-1}F^{-1}$

(h) $U^2L^{-1}D^{-1}F\ L^2D\ R\ F^2U^2D\ B\ R\ U^{-1}L\ F\ B^2R^{-1}F^2L$

其中图案（c）也是“六彩方中方”，前面那个用了55步，我们这里只用了16步。最后这个图案（h）也很有名，就是所谓“六色同堂、四边同色”。这个图案以前也有人实现过，但操作序列很长，我们这里只用了19步。

下面介绍几个第二类，即（3，2，1，1，1，1）类型的六色同堂图案，也选择两种同色小面的分布比较对称，因而比较美观的几个，见图9-4。

(a)

(b)

(c)

(d)

(e)

(f)

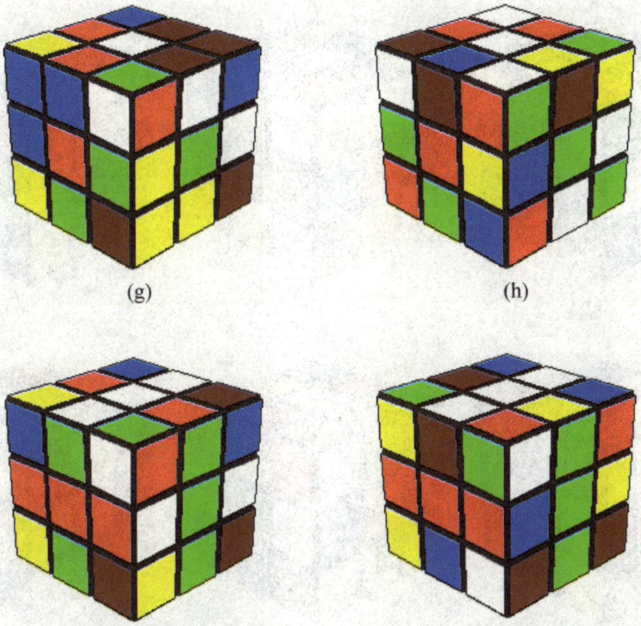

(g) (h) (i) (j)

图 9-4 第二类六色同堂图案示例

实现这些图案的操作序列如下：

（a） $U^{-1}R^2U^2R^{-1}ULB^2UFL^{-1}BU^2LDB^2D^2R^2U^2R^2$

（b） $B^2F^{-1}U^2L^2R^2F^2D^2U^{-1}BR^{-1}D^{-1}L^{-1}FR^2U^2F^{-1}UR^2BL^{-1}$

（c） $B^2F^2L^2R^2DU^2F^{-1}UL^{-1}B^{-1}D^{-1}L^{-1}RFLR^2FR^2U^2$

（d） $B^2F^2D^2L^2UB^{-1}L^2F^2UFUR^{-1}U^{-1}LD^{-1}L^{-1}D^2B^{-1}F^2$

（e） $F^2U^2R^2D^{-1}U^{-1}F^2R^2U^{-1}R^2B^{-1}FU^2L^{-1}FU^2L^{-1}RF^2U^{-1}F^2$

（f） $L^2DB^2L^2U^{-1}RFDLB^{-1}LF^2DF^{-1}R^2FLD^2R$

（g） $RU^2LR^{-1}D^2U^2F^{-1}U^{-1}L^{-1}D^{-1}RF^{-1}U^2L^{-1}B^2DU^2F^{-1}R$

（h） $FD^2U^2B^{-1}U^2L^2F^{-1}LB^{-1}R^2U^{-1}BR^2DU^2L^{-1}DRU^{-1}F^{-1}$

（i） $U^2L^2U^2B^2F^2UB^2L^{-1}D^2BDU^{-1}R^2B^2L^{-1}DBD^{-1}B^{-1}U^{-1}$

（j） $D^2L^2R^2F^2D^2L^{-1}F^{-1}UL^2U^{-1}LUL^{-1}FL^{-1}D^2FUR$

类似的，我们给出第三类，也就是（2，2，2，1，1，1）类型的几个六色同堂图案作为示例，见图 9-5。

图 9-5　第三类六色同堂图案示例

实现这些图案的操作序列如下：

(a) $L^2DB^2R^2UB^2F^{-1}UBF^2L^2D^{-1}U^2LF^{-1}DRU^{-1}FD^{-1}$

(b) $DL^2D^2F^2DL^2U^2BL^{-1}U^2F^2DUR^2BLRDF^{-1}U^2$

(c) $D^{-1}L^2D^{-1}R^2UF^{-1}LB^2U^{-1}FR^2F^{-1}R^{-1}FL^{-1}URDR^{-1}$

(d) $R^2U^2B^2L^2D^{-1}U^{-1}B^2UL^{-1}B^{-1}L^{-1}B^2F^2D^{-1}RB^2U^2F$

(e) $L^2D^2R^2DR^2B^2R^2DU^{-1}LR^{-1}U^{-1}R^{-1}F^{-1}DU^{-1}RBDF$

(f) $D^2B^2D^2L^2UB^2FU^2B^{-1}L^{-1}B^{-1}L^2DR^{-1}BFU^2R^{-1}F^2U$

前面我们在讨论魔方六色同堂图案的分类时，用了大类、小类的概念。由于魔方运动的随意性，魔方六个面上的图案可以像“万花筒”那样千变万化，因此同一小类也可以有许许多多不同的图案。例如，图 9-3（c）我们给出的是第一大类第 5 小类的一个图案，这类图案中每个外侧面上的 4 个同色小面紧紧挨在一起，形成一个正方形。但每个正方形在其外侧面上位于什么位置是可以变化的。在图 9-3（c）中，3 个共顶角的外侧面上的 3 个正方形

图 9-6 第一大类第 5 小类的另一个六色同堂图案

又紧挨在一起，因此形成“方中方”。现在我们看下面这个 18 步的操作序列：

$U^{-1}L^2D^2UF^2U^2F^{-1}LD^2L^{-1}FU^{-1}BRUB^{-1}UF$

它形成的魔方图案如图 9-6 所示。

在这个魔方图案中，6 个外侧面上由 4 个同色小面形成的正方形，没有 2 个是共一条边的，因此不形成“方中方”。乍看起来，图 9-3（c）和图 9-6 这 2 个魔方图案是如此不同，但它们却是属于同一小类的。其它小类也有类似情况。

同一小类的图案，即使同色小面在每个外侧面上的位置完全相同，其它只有一个小面的各个颜色的分布仍然可以大不相同。请看我们用以下 2 个操作序列所形成的 2 个魔方图案（图 9-7）：

（a）$U^2L^2B^2U^2B^2RFR^2B^2U^2R^{-1}B^{-1}U^{-1}BD^2U^{-1}BDB^2$

（b）$U^2B^2L^2D^2U^2LU^2R^2D^2B^{-1}R^2BF^2R^2F^{-1}U^{-1}R^2$

(a) (b)

图 9-7 第一大类第 2 小类的 2 个六色同堂图案

从右前方看这 2 个魔方，顶面和右面的图案完全一样，前面的图案也基本相同，唯一的区别是蓝色小面和棕色小面的位置恰好对换了一下。从左后方看这 2 个魔方的情况类似。造成这种差异的原因是操作不同，因而边块的循环置换不同，如下所示：

（a）（uf，dr，bl，lu，rf，db）$(ur, ub, rb)_+$ $(df, lf, ld)_+$

（b）（uf，dr，bd）$_+$ $(ur, ub, rb)_+$（ul，fr，fl，dl，df，lb）

以上我们看到的所有六色同堂魔方，6个表面上的图案都是完全一样的，都限于同一大类，而且是同一大类中的同一小类。这样的魔方图案，我们称之为“纯种”的。当然还可以有6个表面上的图案不一样的情况，也就是“杂交”的图案。“杂交六色同堂”又可以分以下几类：

1. 六面同一大类，但有不同小类。我们把它称为“杂交1号”。

2. 六面分属不同大类，但有相同小类。称为“杂交2号”。

3. 六面分属不同大类，并有不同小类。称为“杂交3号”。

图9-8中我们给出这3种杂交六色同堂图案的示例。

(a) (b) (c)

图9-8　杂交六色同堂图案示例

图9-8（a）是杂交1号六色同堂图案，6个面都是（4，1，1，1，1，1）类型的，但前后面和左右面、顶底面属于不同的小类。图9-8（b）是杂交2号六色同堂图案，其顶、底两面是（3，2，1，1，1，1）类型的，而其它4面是（2，2，2，1，1，1）类型的。图9-8（c）是杂交3号六色同堂图案，因为它只有右面是（3，2，1，1，1，1）类型的，其它5面都是（2，2，2，1，1，1）类型的，但3组两两同色小面的分布各不相同，属于不同小类。

实现杂交六色同堂图案一般比实现纯种六色同堂图案所需步数少。实现图9-8中几个杂交六色同堂图案的操作序列如下：

（a）$R^2FR^2B^{-1}U^2BR^2BU^2L^2UB^2LRF^2L^2B^{-1}F^{-1}$

（b）$F\ B\ R\ L\ F\ B\ R^2L^2$

（c）$F^2B^2R^2L^2D^{-1}U^{-1}FL^{-1}B$

至此，我们可以看到，六色同堂图案虽然只有3个家族，但这3个家族都有许多支脉，每个支脉又都“人丁兴旺”，相互之间又可“通婚”，因此形成一个巨大的“部落”。感兴趣的读者可以尽情到其中去探索。

## 9.2 180°

180°问题是这样的：魔方从原始状态出发，对每个面都只允许每次作180°旋转，把颜色打乱；要求将魔方六面还原，但还原过程中也只允许对每个面作180°旋转。在这个限制条件下，我们前面学习过的六面还原法都用不上了，这怎么办呢？

德国（当时的联邦德国）的《科学画报》（*Bilder Wissenschaft*）在1981年8月号上提出这一问题以后，引起了广大魔方迷的兴趣。在众多解决方案中，来自波鸿－林登的海威希·克拉斯（Herwig Krass）的方案脱颖而出。下面我们就来介绍一下克拉斯的方法（笔者作了适当的简化）。

克拉斯首先认识到，由于只允许作180°旋转，因此，打乱以后的魔方，每个面上只会有两种颜色：它自己的颜色和对面的颜色。为此他设计了如下的算法。

### 1. 对角块分类还原

以顶层的4个角块为例，它们被打乱以后，其顶小面的分布有如图9-9所示的4种基本情况。其他情况可以通过对整个魔方作 $C_D$、$C_D^2$ 或 $C_D^{-1}$ 的旋转转化为4种基本情况之一。为了把顶小面重新带回顶面，克拉斯设置了 $a$，$b$，$c$，$d$ 共4个参数。

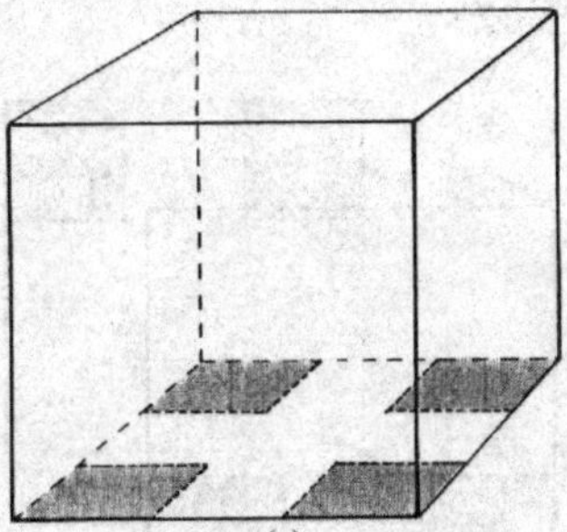
(a)

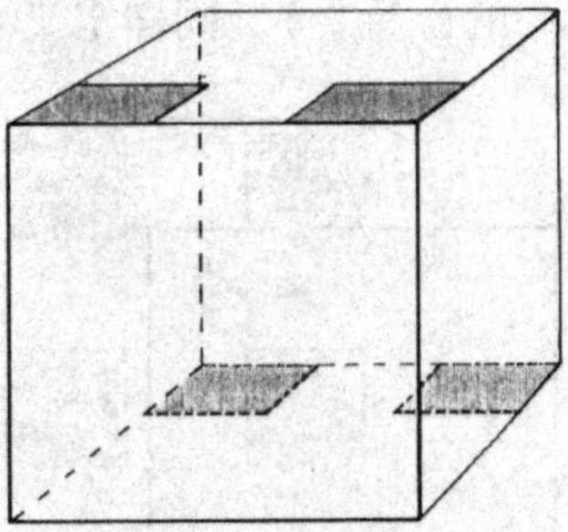
(b)

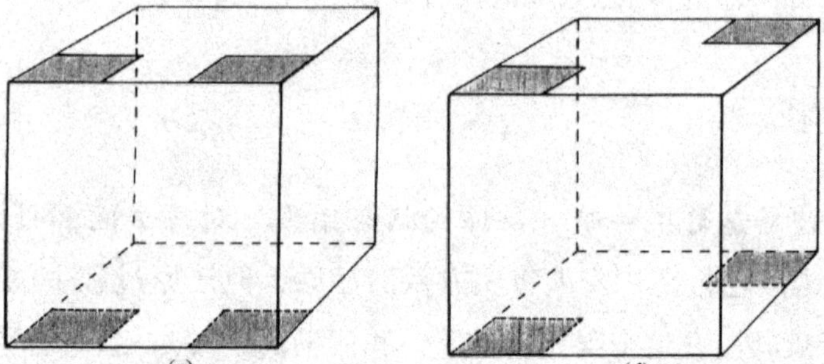

(c)　　(d)

图 9-9　顶层 4 角块顶小面分布的 4 种基本情况

对图 9-9（a），令 $a=0$，$b=0$，$c=1$，$d=1$；

对图 9-9（b），令 $a=0$，$b=0$，$c=0$，$d=1$；

对图 9-9（c），令 $a=0$，$b=1$，$c=0$，$d=1$；

对图 9-9（d），令 $a=1$，$b=1$，$c=0$，$d=1$。

执行操作为

$$Z1=R^{2a}D^{2b}F^{2c}B^{2d}$$

由于 $a$，$b$，$c$，$d$ 要么为 0，要么为 1，因此操作序列中对 R，D，F，B 这 4 个面的操作（如果发生的话），都是 180°的。

通过 Z1 把顶层的 4 个角块带回顶层，且使顶小面冲上以后，我们再来还原前面 4 个角块的前小面，方法同上述类似，先确定其前小面的分布有如图 9-10 所示的 4 种基本情况，其他情况可以通过对整个魔方作旋转转化为 4 种基本情况之一（换句话说，通过旋转魔方，将魔方定位在其前面有上述 4 种基本情况之一的位置上），同样定义 4 个参数：

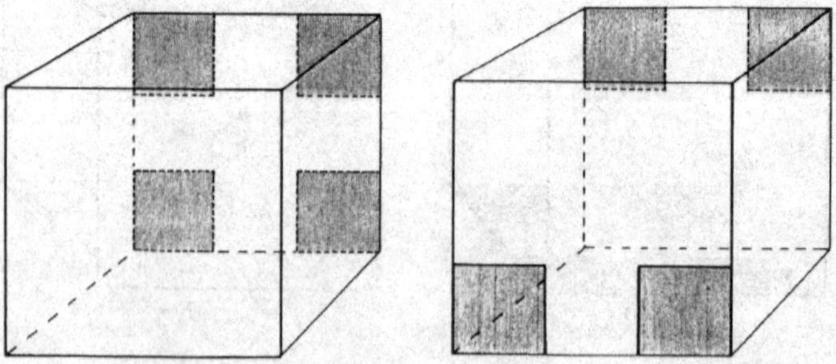

(a)　　(b)

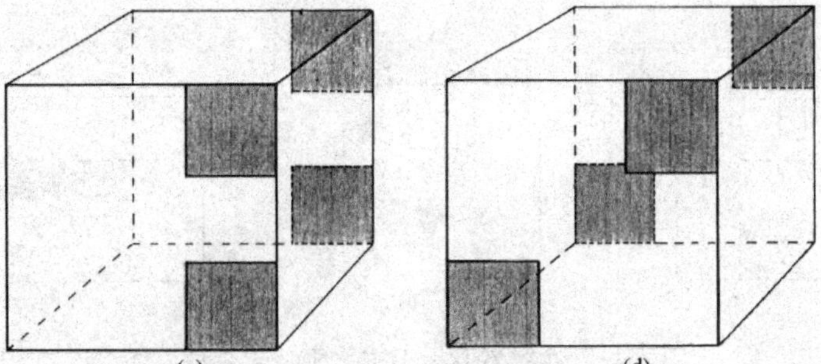


图 9-10 前面 4 角块前小面分布的 4 种基本情况

对图 9-10(a)，令 $a=0$，$b=0$，$c=1$，$d=1$；

对图 9-10(b)，令 $a=0$，$b=0$，$c=0$，$d=1$；

对图 9-10(c)，令 $a=0$，$b=1$，$c=0$，$d=0$；

对图 9-10(d)，令 $a=0$，$b=1$，$c=1$，$d=0$。

通过执行下列操作把魔方 4 个前面角块的 4 个前小面带回前面：

$$Z2=(F^2R^2F^2)^bD^{2c}U^{2d}$$

至此，8 个角块还原完毕。也许有读者会问，你只还原了角块的 2 个面，怎么就还原完毕了呢？原因是：由于打乱魔方时只允许旋转 180°，因此，相对 2 面小面的颜色一定是互补的，或者说对称的。还原了顶面，一定也还原了底面；还原了前面，一定也还原了后面；角块 2 面还原以后，第三面也肯定还原了。因此，在执行 Z1 和 Z2 以后，可以绝对肯定 8 个角块还原完毕。

下面来还原边块。

**2. 对边块分类还原**

首先来解决一个夹心层上 4 个边块中的 2 个的还原。以夹心层 $M_R$ 为例，需要还原的情况如图 9-11(a)～(c)所示。我们也设 3 个参数：

对图 9-11(a)，令 $a=1$，$b=0$，$c=0$；

对图 9-11(b)，令 $a=0$，$b=1$，$c=0$；

对图 9-11(c)，令 $a=0$，$b=1$，$c=1$。

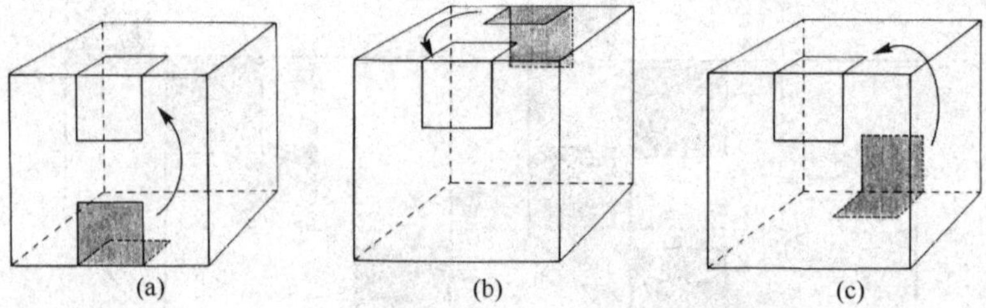


图 9-11　还原夹心层上边块第一步 3 种情况

执行操作：

$$Z3 = F^{2(a+c)}U^{2b}R^2L^2B^{2a}D^{2b}R^2L^2F^{2c}$$

通过执行 Z3，边块 uf 将回到正确位置。

然后，我们执行魔方旋转操作 $C_U^2$，把后面调到前面，前面调到后面。这时，新的 uf 如果不在正确位置上，只有图 9-12(a)、(b) 两种情况，设 $a$，$b$ 两个参数。

对图 9-12(a)，令 $a=1$，$b=0$；

对图 9-12(b)，令 $a=0$，$b=1$。

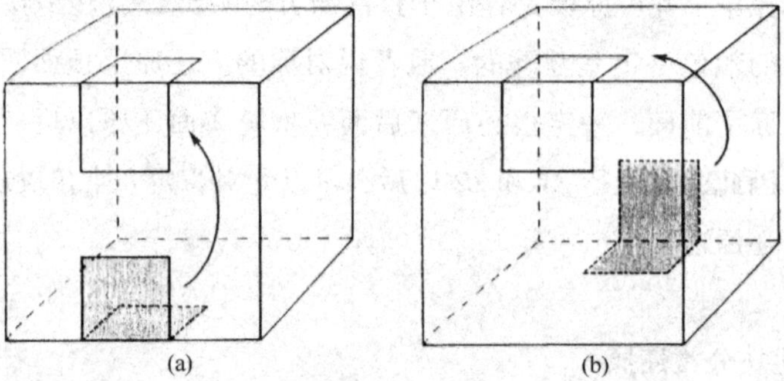


图 9-12　还原夹心层上边块第二步两种情况

执行操作：

$$Z4 = (D^{2a}R^2F^2R^2D^{2b})^2$$

通过执行 Z4，新的 uf 将回到正确位置。

下面，执行魔方旋转 $C_D^{-1}$ 和 $C_R^{-1}$，把原来的夹心层 $M_F$ 调到 $M_R$ 的位置上来，重复执行 Z3、$C_U{}^2$ 和 Z4，还原新的 2 个边块；这个任务完成以后，再一

次执行 $C_D^{-1}$ 和 $C_R^{-1}$，把原来的夹心层 $M_U$ 调到 $M_R$ 的位置上来，再执行 Z3、$C_U^2$ 和 Z4，又还原新的 2 个边块。至此，在理想情况下，边块全部处于主位，还原任务完成。在最坏情况下，有 4 个边块需要两两对换。

**3. 交换 2 对边块**

通过适当地旋转魔方，把需要两两对换的边块调整到如图 9-13 的位置上来，然后执行下列操作：

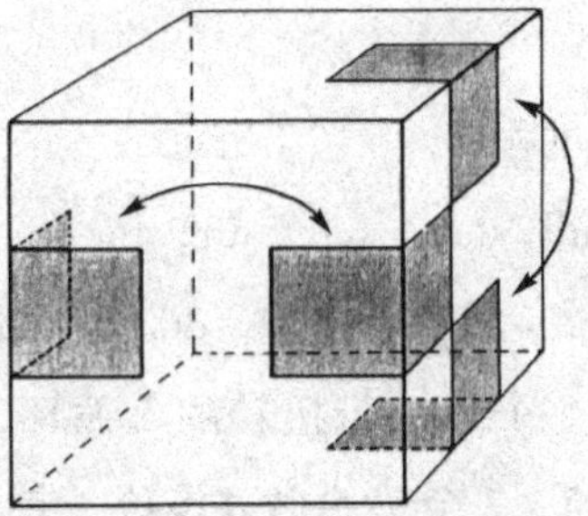

图 9-13　4 个边块两两对换

$$Z5 = (F^2U^2)^3\ (R^2F^2U^2F^2)^2$$

即可最终完成边块的调整，从而实现 180°旋转条件下的魔方六面还原。

利用克拉斯的方法解决 180°旋转条件下的魔方六面还原问题，最多需要 69 步（整个魔方的旋转动作不计在内）。实际上，由于在角块还原以后，部分边块已经处于正确位置，遇到这种情况时，Z3 或 Z4 就可以跳过，或者 Z5 根本可以不执行，需要步数往往远低于 69 步。

细心的读者也许发现一个问题：把夹心层 $M_F$ 和 $M_U$ 调到 $M_R$ 位置上来时，为什么要执行 $C_D^{-1}$ 和 $C_R^{-1}$ 这 2 个魔方旋转动作？只执行 $C_D^{-1}$ 不就可以了吗？是的，从调整夹心层的角度看，只作 $C_D^{-1}$ 不作 $C_R^{-1}$ 是完全可以的；但克拉斯发现，在这种情况下，最后需要两两交换的边块的分布情况大为复杂，就不能归结为 Z5 一种操作了。而这一点正是克拉斯方案的优点之一。

最后需要指出，第 8 章介绍的许多魔方图案中，有相当数量的图案，每个面上只有两种颜色而且是相对两面的颜色。在这种情况下，你可以用克拉斯的方法使之还原，有时候这比通过逆操作来还原还要省事。

## 9.3 超级魔方

什么叫超级魔方（supercube）？为了回答这个问题，先回顾一下5.3节所讨论的 $n$ 循环的性质这个内容。5.3节提到，重复执行产生 $n$ 循环的 $X$ 过程 $n$ 次，魔方将回归原始状态。如果过程产生若干长度不等的循环，则能使魔方回归原始状态必须重复执行的过程的最少次数（称为该过程的阶）是所有循环的长度值的最小公倍数。

现在来看一个简单的过程：

$$\text{UR}:(\text{ufl}, \text{ulb}, \text{bdr}, \text{dfr}, \text{fur})_{-}\ (\text{ubr})_{+}$$
$$(\text{uf}, \text{ul}, \text{ub}, \text{br}, \text{dr}, \text{fr}, \text{ur})$$

这个简单的过程造成5个角块带扭转的5循环，其长度为15；另一个角块在原位扭转，其长度为3；7个边块循环换位，其长度为7。15、3和7的最小公倍数是105。因此有

$$(\text{UR})^{105}=I$$

而 $105=26\cdot 4+1$。这样，问题来了。对顶面的面块u而言，它在顶面作4个q转时绕中心旋转一圈，回归原位；在魔方复原过程中，它绕中心共转了26圈回归原位以后，还要多作一个q转，因此，不是回归原位，而是顺时针方向转过了90°！右面的面块r也有相同情况。这使我们认识到，所谓“魔方还原”，只是魔方6面颜色回归一统，而就魔方的结构而言，它并没有回复到原先的状态！因此，$(\text{UR})^{105}=I$ 这个式子其实是不完全真实的，而应该写作：

$$(\text{UR})^{105}:(\text{u})_{+}\ (\text{r})_{+}$$

再举一个简单过程的例子：

$$\text{UR}^{-1}:(\text{ubr}, \text{frd}, \text{drb})_{+}\ (\text{ufl}, \text{ulb}, \text{fur})_{-}$$
$$(\text{uf}, \text{ul}, \text{ub}, \text{fr}, \text{dr}, \text{br}, \text{ur})$$

这个过程造成角块的2个3循环，因为带扭转，所以长度为9；7个边块的循环换位，长度为7。9和7的最小公倍数是63，因此

$$(\text{UR}^{-1})^{63}=I$$

因为 $63=4\times16-1$，所以，顶面和右面的面块在分别以顺、逆方向转了15个整圈以后，又作了3个q转，差一个q转没能回到起始位置，也就是说，同原始位置相比，相差了90°，所以有

$$(UR^{-1})^{63}:(u)_{-}\ (r)_{+}$$

显然，如果在 $(UR)^{105}$ 的基础上再作一次 $(UR)^{105}$，或者，如果在 $(UR^{-1})^{63}$ 的基础上再作一次 $(UR^{-1})^{63}$，那么，顶面和右面的面块位置同原始位置相比转过了180°，即

$$(UR)^{210}:(u)_{++}\ (r)_{++}$$

$$(UR^{-1})^{126}:(u)_{++}\ (r)_{++}$$

在普通的魔方上，面块的这种位置变动是看不见的。为了使这种变动“可视化”，人们想了不少办法。我们在市场上能看到这样的魔方，在6个外表面的各9个小正方形上画有米老鼠、唐老鸭等卡通形象，或别的图画，这就是办法之一，见图9-14。因为比如说，在魔方六面还原以后，面块上的米老鼠是头朝下、脚朝上的，或者是横着的，那就说明这个面块没有还原到原始位置。学术界用比较简单的方法来处理这个问题，最常用的有两个方法，如图9-15(a)所示，是从各面块的中心出发，画一条粗直线，终止于挨着它的一个边块的中心。如果面块没有还原到位，这条线就断开成了两截，在面块上的那半截或背向边块上的那截，或与那截相垂直。图9-15(b)是另一种常用方法，在面块和挨着它的一个边块中央各画一条带箭头的直线，初始时是互

图9-14　市售超级魔方

相平行的，面块如果没有还原到位，其上箭头就指向另外 3 个方向了。无论用哪一种方法，凡是能使面块显示其方位的魔方就叫“超级魔方”。也许有读者要问，魔方六面还原以后出现面块未能还原到位的情况应该很少吧，干吗要大惊小怪？以举例的 UR 或 $UR^{-1}$ 来说，谁会通过 $(UR)^{105}$ 或 $(UR^{-1})^{63}$ 去还原，通过简单得多的 $R^{-1}U^{-1}$ 或 $RU^{-1}$ 去还原不就什么事都没有了吗？是的，如果通过执行原操作的逆操作去还原魔方，是根本不会发生面块扭转的现象的；但魔方六面还原的前提是我们根本不知道魔方是通过什么操作序列搞乱的，因此我们只能通过利用辛格马斯特的基本法，或康韦的方法，或博赛特的方法等去还原魔方，这样，出现面块不能还原到位的概率就不是很小，而是很大了。确切地说，其概率高达 99.95%！这个概率数是怎样得出来的呢？可以这样考虑：由于魔方内部结构的对称性，6 个面块中的 5 个是可以完全独立的旋转的，每个面块都可以有任意 4 个位置中的一个；当 5 个面块的位置确定以后，第 6 个面块的位置就不是完全任意的了，但仍然存在着正向或逆向两种可能性。因此，魔方在作了一系列旋转以后，6 个面块位置的可能组合有

$$4^5 \cdot 2 = 2^{11} = 2048$$

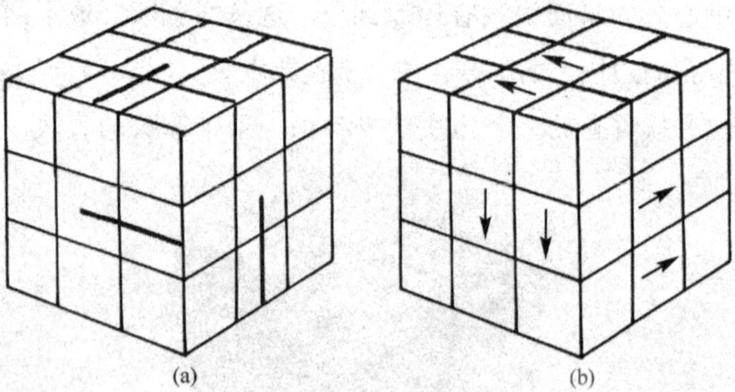

(a)　　(b)

图 9-15　超级魔方

这样，魔方在六面还原以后，6 个面块也都复位的概率只有1/2048，反过来说，6 个面块不能全部还原到位的概率就是 2047/2048 = 99.95%。

于是，我们可以把普通魔方的六面还原叫做“初级还原”，而把“超级魔

方”的还原，即不但6个外表面的颜色重归一统，而且6个面块重归原位，叫做“高级还原”。

至今，超级魔方的高级还原还没有一个统一的算法，能同时实现颜色和位置的复原。一般的做法是在六面还原以后再去使面块还原。第一个成功的通用面块还原算法是在德国《科学画报》于1981年4月发出有奖征答以后的获奖者赫伯特·科齐姆巴（Herbert Kociemba）发明的。他的方法如下（笔者作了若干简化）。

首先为每个面块的位置设置一个参数px，p代表position，x代表面块的位置，如右面的面块叫pr，余类推。对应于图9-16(a)，指定px=0；对应于图9-16(b)，px=1；对应于图9-16(c)，px=2；对应于图9-16(d)，px=-1。

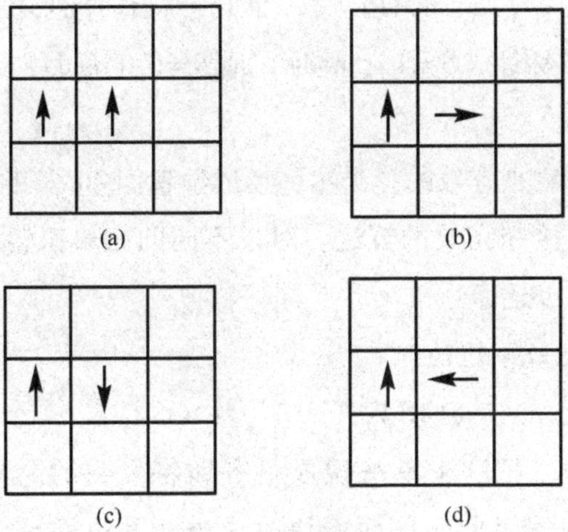


图9-16　面块的4种可能位置

执行下列操作序列，使顶、底、左、右、后面5个面块先还原：

$$F^{(pr-1)}L^{(pd-1)}U^{-(pu+1)}B^{-(pb+2)}M_FM_DM_F^{-1}M_D^{-1}$$

$$B^{(pb+2)}U^{(pu+1)}L^{-(pd-1)}F^{-(pr-1)}M_D^{-1}M_RM_D$$

$$L^{(pd+pb+pl+2)}M_FM_R^{-1}F^{-1}L^{-(pd+pb+pl+2)}$$

例如，pd=pu=pf=1，pb=pl=2，pr=-1，则操作序列为

$$F^2U^2M_FM_DM_F^{-1}M_D^{-1}U^2F^2M_D^{-1}M_RM_DL^{-1}M_FM_R^{-1}M_F^{-1}L$$

经过上述操作序列，顶、底、左、右、后5个面的面块获得还原，而pf值由原先的1变为2。

然后执行下列操作，把前面的面块还原：

$$(FRLF^2R^{-1}L^{-1})^2$$

这个操作序列用反夹心层操作等效于

$$(FR_aF^2R_a^{-1})^2$$

上述第一个操作序列最多需要20转，第二个操作序列最多需要12转。因此，为了使魔方结构还原，最多需要32转。

实际上，如果6个面块的位置参数之和模4为零：

$$S=\mathrm{pf}+\mathrm{pb}+\mathrm{pr}+\mathrm{pl}+\mathrm{pu}+\mathrm{pd}=0\pmod 4$$

那么，执行第一个操作序列之后，6个面块都将还原，根本不需要第二个操作序列。只当 $S=2 \pmod 4$ 时，第二个操作序列才是必需的。而由于魔方内部结构的对称性，$S=1 \pmod 4$ 或 $S=3 \pmod 4$ 这两种情况是不可能出现的。

科齐姆巴的方法是有效的。当然，经过学者们20多年的努力，现在面块还原已经有了更直接和高效的算法。对于不同的面块扭转情况，人们分别开发出了以下算法加以还原：

（1）顶面面块180°扭转

$$(URLU^2R^{-1}L^{-1})^2：(u)_{++}$$

在许多资料中，把这个算法说成是齐斯特发明的。其实齐斯特只是把上述第二步中的纠偏对象从前面面块改成顶面面块而已。发明权应属科齐姆巴。

（2）顶面面块90°扭转，右面面块−90°扭转

$$M_R^{-1}M_D^{-1}M_RU^{-1}M_R^{-1}M_DM_RU：(u)_+\ (r)_-$$

（3）顶面面块和右面面块180°扭转

$$M_R^{-1}M_D^{-1}M_RU^2M_R^{-1}M_DM_RU^2：(u)_{++}\ (r)_{++}$$

（4）顶面面块90°扭转，底面面块−90°扭转

$$M_R^{-1}M_D^2M_RU^{-1}M_R^{-1}M_D^2M_RU：(u)_+\ (d)_-$$

（5）顶面和底面面块扭转 180°

$$(M_R^{-1}M_D^2M_RU^2)^2：(u)_{++}\ (d)_{++}$$

以上操作序列中，除第一个需要 12 转以外，其他都只需要 8 转，效率是很高的。读者可以看出，这些操作序列大多应用了形如（$XYX^{-1}$）的共轭过程或形如（$XYX^{-1}Y^{-1}$）的交换过程。

除了以上几个有用的操作过程外，以下几个操作过程虽然步数稍多一些，但在面块还原中有时也很有用：

$$M_F^2M_R^{-1}BM_RM_F^2R^2D^2R^{-1}L^{-1}DRLD^2R^2：(u)_+\ (d)_+$$

$$RLU^2R^2M_F^{-1}M_R^{-1}FM_RM_FR^2U^2L^{-1}R^{-1}U：(u)_+\ (r)_+$$

$$(U^{-1}R^2U^2R^{-1}U^2R^2)^3：(u)_+\ (r)_+$$

上列前两个操作过程是克莱林斯（P. Klerings）发明的。

超级魔方的提出为魔方游戏增添了新的内容，如如何让中央小面上的米老鼠同其他小面上的米老鼠背对背？在把有米老鼠图案的面放在顶面的情况下，以下过程大概是最佳的：

$$(URLU^2R^{-1}L^{-1})^2$$

要让顶面中央小面上的米老鼠正向转 90°，而让前面中央小面上的唐老鸭逆向转 90°，则可以利用以下过程：

$$FB^{-1}LR^{-1}UD^{-1}F^{-1}U^{-1}DL^{-1}RF^{-1}BU$$

如果米老鼠在顶面，而唐老鸭在底面，那就要用到以下过程了：

$$(RL^{-1})\ F^2B^2\ (RL^{-1})\ U\ (RL^{-1})\ F^2B^2\ (RL^{-1})\ D^{-1}$$

# 10 魔方中的数学

细心的魔友也许早已发现，无论你怎样转动魔方的各面，要想在魔方上造成单个2循环（无论是边块的一个2循环，还是角块的一个2循环）都是不可能的。这是怎么回事呢？要想回答这个问题，就要利用有关的数学知识了。本章就来讨论有关魔方的数学问题。了解魔方中的数学，对于深入掌握魔方的奥秘，无疑是极为重要的。即使是对数学不怎么感兴趣的纯粹玩家，对魔方中的数学有一定的了解，也会提高他玩魔方的技巧和熟练程度，有助于他在竞赛中取胜。因此，本章虽然是本书的最后一章，却是最重要的一章，总结性的一章，希望读者仔细阅读领会。当然，考虑到本书的读者群包括初中生甚至小学生，笔者将尽量避免使用抽象的数学名词和繁复的数学推导，尽量以通俗易懂的方式来阐明有关数学问题。

魔方中的数学主要涉及组合数学、线性代数、群论，但关系最密切的是群论，因此我们主要从群论的角度来讨论魔方中的数学。

## 10.1 什么是群论？

“群论”是从英文 group theory 翻译过来的名词。group 是个多义词，我们查任一本英汉词典都可以看到它有一群、一批、一个小组、一个团体等意思。在化学上，group 表示基、团或元素周期表中的族、属。在商业上，有所谓“集团股份有限公司”，其英文就是 Group Ltd. Co. 。在军事上，group 是英、美等国对一个空军大队的称呼。可见，“群”泛指具有类似性质的事物的集合。据谈祥柏先生在2008年6月在广州举行的“2008全民科学素质行动计划纲要论坛暨第15届全国科普理论研讨会”上所作的报告中介绍，早期国外有关 group theory 的著作在20世纪30年代引入国内时，曾经被译成“类论”。所谓“物以类聚，人以群分”，可见群论是研究同类事物的集合的性质的一门数学分支，这使它同“集合论”（set theory）又区别开来，因为集合论所研究的“集合”中的元素是不必非要同类不可的，阿猫、阿狗、茶杯、台灯……任什么毫不相干的事物都可以放在一个集合里作为研究对象的。

群论是由法国数学家伽罗瓦（E. Galois，1811～1832）在研究高次代数方程的求解问题中创立的。在伽罗瓦之前，挪威数学家尼尔斯·阿贝尔（Niels H. Abel，1802～1829）证明了4次以上代数方程不能通过根式求解，但他的证明方法十分复杂。伽罗瓦就另辟蹊跷，利用对每个方程构造出一个置换群的思想与方法，彻底解决了代数方程通过根式求解的问题，这就是所谓“伽罗瓦理论”（Galois theory），并从而开辟了一个新的代数领域——群论①。

由此可见，群论是从实践中发展起来的。从本质上说，它是对对称性的一种抽象描述，而对称性又是宇宙中许多事物的共同特性，因此群论创立以后，在物理、化学、生物等许多学科中获得了应用，并取得了许多非凡的成就，成为人们研究与了解物质结构和物质微粒运动规律的有力工具。俄国学者费多洛夫1890年用群论从理论上证明了一切晶体结构各种可能的对称配置方式为230种，不可能再多。对这一论断，许多人表示怀疑。1895年，德国物理学家伦琴（Wilhelm Konrad Rontgon，1845～1923）发现了X射线（这使他荣获第一届诺贝尔奖）以后，通过X射线的实验，证明了费多洛夫的论断的正确性，这使群论的理论意义和实用价值获得普遍认同。近年来，其理论与方法也逐渐渗透到通信理论、计算机科学、系统工程、密码学，乃至数理经济学等诸多新兴学科和领域，益发彰显出它的意义和作用。

另一方面，群论又是一门高度抽象的学科，它的有关概念、术语、定义和定理不但使普通人难以理解，望而生畏，甚至使专门搞数学应用的人也感

---

① 关于阿贝尔和伽罗瓦这两位英年早逝的数学家如何创造性地研究高次代数方程的求解问题，并创立了群论，以及群论的基本概念和应用，在马利奥·利维奥（Mario Livio）的科普名著《无法解出的方程——天才与对称》（*The Equation That Couldn't be Solved: How Mathematical Genius Discovered the Language of Symmetry*, Simon & Schuster Inc.，2005。由王志标译，尹怀琼校，湖南科学技术出版社2008年出版）中有详尽而生动的描述，感兴趣的读者可以一阅。

到不易接受，不知道怎么把它同实际事物相联系，应用到实际中去。这成为群论专家在普及群论知识、推广群论应用中的一道难题。

鲁比克发明魔方以后，科学家发现，魔方的结构、它的各种旋转、它的小块的循环换位，正是对群论的许多基本概念和定理的最好诠释。通过魔方来学习群论，它的理论变得如此具体、浅显和明白，不再抽象难懂。反过来，在群论的指导下，魔方六面还原的方法也变得有规律可循、容易掌握，不再如此高深莫测、难以捉摸了。那么，群论到底是怎么回事？它和魔方有什么关系？以下章节我们就来讨论这些问题。为了易于理解，我们把群和魔方结合在一起进行介绍，也就是在给出有关群的某个概念、定义、定理之后，紧接着把它们应用于魔方，给出魔方上与之相应的内容。

## 10.2 群的定义和基本性质

所谓群，包括两个内容，一是若干对象（object，或叫元素 element）的集合，用 $S$ 表示；另一是施加于这些对象的一个运算（operation），用 $*$ 表示，这个运算可以把集合中的两个对象结合在一起，形成集合中的另一个对象。这样，群就可以用（$S$，$*$）表示。但是对指定的群而言，通常其运算 $*$ 是什么，起什么样的作用，是人所共知的，因此常常被省略，这样，就可以简单地把 $S$ 叫做群。例如，用 $\mathbf{R}$ 表示所有实数的集合，运算为加法 $+$，则（$\mathbf{R}$，$+$）就是一个群。

群定义中的两个要素“对象”和“运算”都是非常广泛的概念。对象可以是各种各样的数，各种各样具体的事物，也可以是具体事物的各种各样的状态，甚至是具体事物的各种各样的变化或运动。运算也是这样，视具体对象的不同，它可以是简单的四则运算，也可以是集合的并、交、差等运算，也可以是与、或、非等逻辑运算，也可以是运动的合成和分解等。例如，有一个有名的群叫二维空间旋转群，记为SO（2），其对象就是质点沿圆周转 $\theta$ 角（$0\leqslant\theta\leqslant360°$），其运算就是转角的合成。

群有许多类型。置换群（permutation group）是其中很重要的一种。我们知道，将 $n$ 个不同元素从一种排列变成另一种排列，就叫一个置换，例如，

把排列 $a_1\ a_2\ a_3\ a_4$ 变成 $a_4\ a_3\ a_1\ a_2$ 就是一个置换，记为

$$\begin{pmatrix} a_1 & a_2 & a_3 & a_4 \\ a_4 & a_3 & a_1 & a_2 \end{pmatrix}$$

也可以简单地记为（$a_1\ a_4\ a_2\ a_3$）表示 $a_1$ 变为 $a_4$，$a_4$ 变为 $a_2$，$a_2$ 变为 $a_3$，$a_3$ 变为 $a_1$。

如果在置换中把原排列的第一元素换为第二元素，第二元素换为第三元素……最后一个元素换为第一个元素，则这样的置换叫做“循环换位”，简称“轮换”。

如果在置换中只有两个元素互换了位置，其他元素位置不变，则这样的置换叫做“对换”。

显然，任何一个置换都可以看成连续施行若干个对换的结果。

所谓置换群，就是由有限集合元素的置换所构成的群。伽罗瓦正是利用代数方程的根的置换所形成的置换群，彻底解决了代数方程的求解问题，创立了群论的。

把数学上关于置换和置换群的概念用到魔方上来，我们看到，对魔方的任意面的一个 q 转，就形成一个置换；对魔方的各种各样的操作的集合就形成一个置换群，被叫做“魔方群”。第 4 章曾经讨论过转动魔方的外侧面如何造成魔方状态的变化，在那里，是从“物理”的观念出发去讨论的，即转动魔方的外侧面如何使魔方的小块位置发生变动。现在，换一个角度，从“数学”的观点出发来讨论这个问题。为此，把原始状态的魔方展开成如图 10-1 的图形。

把它的各个小面依次标为 1，2，3，4，…，47，48。经过操作 FR 以后，小面的布局发生了变化，如顶面上标号为 3 的小面跑到背面上原先被标号为 38 的小面所占据的位置上去了，而标号为 38 的小面则跑到底面上原先被标号为 43 的小面所占据的位置上去了，如此等等。显然，这就是对 48 个元素（即小面）的一个重新排列，也就是置换，其全部情况如表 10-1 所示。

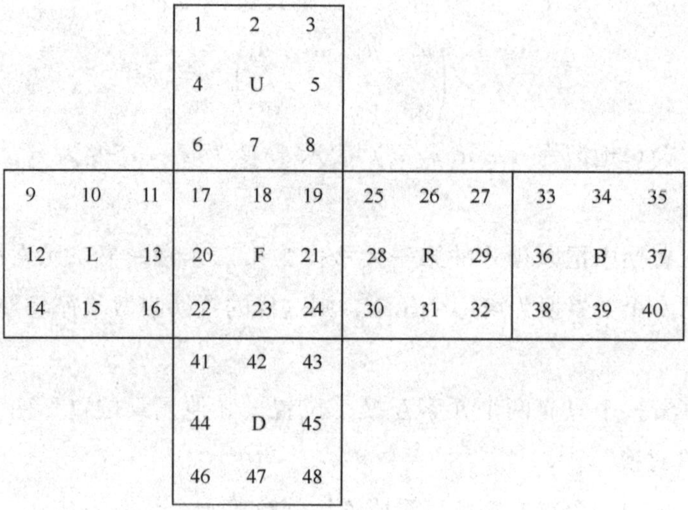


图 10-1　魔方展开图

**表 10-1　魔方的一个置换**

| 魔方外侧面 | 原始状态 | 执行 FR 以后 |
|---|---|---|
| U | 1, 2, 3, 4, 5, 6, 7, 8 | 1, 2, 17, 4, 18, 16, 13, 19 |
| L | 9, 10, 11, 12, 13, 14, 15, 16 | 9, 10, 41, 12, 42, 14, 15, 43 |
| F | 17, 18, 19, 20, 21, 22, 23, 24 | 22, 20, 25, 23, 45, 24, 21, 48 |
| R | 25, 26, 27, 28, 29, 30, 31, 32 | 8, 7, 6, 31, 26, 32, 29, 27 |
| B | 33, 34, 35, 36, 37, 38, 39, 40 | 11, 34, 35, 5, 37, 3, 39, 40 |
| D | 41, 42, 43, 44, 45, 46, 47, 48 | 30, 28, 38, 44, 36, 46, 47, 33 |

为了清楚说明魔方群是置换群，我们上面把魔方分解成为 48 个小面，因为小面是魔方的“原子”单位。但用小面表示置换过于繁琐，也难以记忆，因此我们在前面的讨论中是以魔方的“分子”单位即小块来表示的。一个小块由 2 个小面（边块）或 3 个小面（角块）组成。用小块的置换来表示魔方群也有其复杂的一面，即必须区分边块的翻转与否和角块的扭转与否及扭转方向，但总的来说比用小面的置换来表示魔方群简单，也容易记忆。

由此可见，魔方上的置换群的对象可视作是对魔方的各种各样操作过程，也可视作是对魔方的操作过程所造成的魔方各小面（或小块）的各种各样的置换，其运算就是“后随”（followed by），也就是把前后两次操作过程连接起来变成一个操作过程，或者把前后两个操作过程所产生的两个置换连接起来，变成一个置换。严格说来，这样定义将产生两个不同的群：由于操作过程是无限的，它形成的是无限群；而置换是有限的，它形成的是有限群。一个操作过程对应于唯一的一个置换，而一个置换却可能对应于许多个（甚至无数个）操作过程。但为了方便，我们将不严格区分它们，后面提到魔方群时，有时指操作过程的集合，有时指置换的集合。

以上对群的定义是简化了的。实际上，为了使对象的集合 $S$ 和运算 $*$ 形成一个群，还要满足以下 4 个条件：

（1）闭包性（closure law）。只要对象 $X$ 和 $Y$ 是在集合 $S$ 中的，则通过运算 $*$ 把它们两个结合在一起的结果 $X*Y$ 必须是集合 $S$ 中的另一个元素。对魔方而言，过程 $P_1$“后随”过程 $P_2$ 就是过程 $P_1P_2$，或者置换 $X$“后随”置换 $Y$，一定是魔方上的另一个置换 $XY$。因此这个条件是满足的。

（2）结合律（associative law）。集合中的 3 个对象 $X$，$Y$，$Z$ 以一定次序互相结合时，则（$X*Y$）$*Z$ 产生的结果，应该同 $X*$（$Y*Z$）产生的结果相同。也就是说，对群而言，运算表达式中表示优先的括号是不起作用的。对魔方而言，这个条件也是满足的。

（3）恒等律（identity law）。在集合 $S$ 中，存在唯一的一个对象叫做幺元（或叫单位元、恒等元），记作 $I$，它有如下性质：对 $S$ 中的每个 $X$，有

$$I*X=X*I=X$$

也就是说，幺元同 $S$ 中的任何对象 $X$ 以任意次序结合，产生的仍然是对象 $X$ 自身。

对魔方而言，它的各种各样操作过程或置换中，哪个是幺元呢？不去拧魔方的任一面，也就是使魔方的任何小块都不发生移动的置换（其实就是不发生任何置换），也就是我们前面曾经提到的恒等过程或恒等置换，就是幺元。

（4）逆反律（inverse law）。对集合 $S$ 中的每个元素 $X$，$S$ 中必有一个唯

一的元素叫逆元，记为 $X^{-1}$，有以下性质：

$$X * X^{-1} = X^{-1} * X = I$$

也就是说，无论是让 $X^{-1}$ 去结合 $X$，还是让 $X$ 去结合 $X^{-1}$，产生的都是幺元。就魔方而言，我们前面已经说过，魔方的任何过程都有一个逆过程，它产生的置换恰是原过程产生的置换的逆；二者一先一后进行，等于使魔方什么变化也没有发生。因此魔方也是满足这个条件的。

综上所述，魔方满足群的基本要求（有一个集合和一个运算），也满足群的 4 个条件，是实打实的一个群。当然，在以对魔方的操作过程为对象的情况下，是要把 $F^5$，$F^9$，…看成如同 F；把 $F^4$，$F^8$，…都当作恒等元 $I$ 的。学术界把这个群叫做“魔方群”。

应该注意，魔方群是定义在魔方的所有可能的置换所形成的集合上的。如果只取魔方的部分置换作为集合，那么它是否是个群就不一定了。例如，以只拧动顶面，或只拧动顶面和前面所产生的全部置换为对象的集合，仍然是群；但如果以包含有顶面的某一个小块（如 uf）的移位的全部置换为对象的集合，就不是群了，因为在这种情况下，群所必须满足的 4 个条件只有两个是满足的。

（1）结合律（不言自明）。

（2）逆反律：集合 $S$ 中包含 uf 小块的移位的任一置换 $X$，必存在逆元 $X^{-1}$，因为 $X^{-1}$ 中也包含 uf 小块的移位，所以一定会出现在 $S$ 中。

但是闭包性和恒等律这两个条件就无法满足了：因为你在取子集时只取包含有 uf 移位的置换，这样就把任何移位都不发生的恒等置换排除在外，那么闭包性就无法满足了，因为在把任意两个包含有 uf 的置换结合在一起时，如果这两个置换恰是互逆的，其结果置换应该是恒等置换 $I$，但 $I$ 却不在集合中。至于恒等律无法满足就更明显了，因为它说的就是集合中有 $I$，使得对任意 X 有

$$X * I = I * X = X$$

但是如果你以如下方式取魔方的部分置换作为集合，那一定是一个群。这个方式是这样的：先从魔方全部置换的集合 $S$ 中任取一个子集 $T$（注意：

是任取，即随便取几个什么样的置换都可以)。然后以 $T$ 为基础生成一个新的子集 $\langle T\rangle$。$\langle T\rangle$ 怎样生成呢？就是把 $S$ 中所有通过对 $T$ 中的置换及其逆置换的有限次组合所生成的置换都放进 $\langle T\rangle$ 中去。例如，$T$ 中有 $X$，$Y$，$Z$ 这样 3 个置换，那么 $S$ 中诸如 $X*Y$，$X*Z^{-1}$，$X*Y^{-1}*Z^{-1}$，…这样一些置换及其逆置换都要取出来放进 $\langle T\rangle$ 中去。这样形成的集合 $\langle T\rangle$ 连同运算 $*$ 就叫做“由 $T$ 生成的群”。$\langle T\rangle$ 一定是一个群，满足群的 4 个条件，其证明我们这里就不给出了，感兴趣的读者可查阅《魔方数学手册》第 170 页。

以这种方式形成的群引出一个有趣的话题，那就是循环群。

## 10.3 循环群

前面我们曾经提请大家注意，$T$ 是 $S$ 的一个任意子集，也就是在 $S$ 中随便取几个什么样的置换都可以。因此，如果我们在魔方群的置换集合中只取一个置换 $X$，形成 $T$，再由此生成新的子集 $\langle T\rangle$ 必定也是群，$\langle T\rangle$ 则有如下形式（因为 $T$ 中只有一个 $X$，所以把 $\langle T\rangle$ 改写为 $\langle X\rangle$)：

$$\langle X\rangle = \{\cdots, X^{-2}, X^{-1}, I, X, X^2, \cdots\}$$

由于 $S$ 是有限集，而 $\langle X\rangle$ 中的元素是从 $S$ 中按条件取出来的，因此必然也是有限集，而且由于 $\langle X\rangle$ 必定是群，因此，其中包含有幺元 $I$。$\langle X\rangle$ 既然是有限集，说明 $X^{-1}$，$X^{-2}$，$X^{-3}$，…往左伸展和 $X$，$X^2$，$X^3$，…往右伸展都是有尽头的。尽头在哪里呢？或者说它会有一个 $X^{-n}$ 和 $X^n$ 作界，幂大于 $n$ 的置换将不出现在集合中。$X^n$ 是什么？大家回忆一下，我们前面曾经讨论过，对于魔方上的任一个操作过程（或置换），必有 $X^n=I$，也就是说，任一个操作过程（或置换）的幂增加到某一个值 $n$ 以后，它就变成了恒等过程（或恒等置换)，等于什么操作（或置换）也没有发生；接下去，$X^{n+1}=X$，$X^{n+2}=X^2$，…发生新的、重复的循环。此外，由于

$$X^{n-1}=X^n*X^{-1}=I*X^{-1}=X^{-1}$$

这样，集合中有负次幂的项也都可以消掉，于是可把 $\langle X\rangle$ 化简为

$$\langle X\rangle = \{X, X^2, X^3, \cdots, X^n\}$$

由一个元素 $X$ 产生的这样一个群就是循环群（cyclic group），并记为

$\langle X\rangle$。前面把 $n$ 叫做过程（或置换）的阶，现在可以把它叫做循环群的阶，并把 $\langle X\rangle$ 这个循环群叫做阶为 $n$ 的循环群。

显然，由 $X$ 的逆 $X^{-1}$ 可以产生完全相同的循环群。

对于魔方而言，最简单的循环群是由旋转某一个面的操作集合所形成的，如由旋转顶面的操作集合 U，$U^2 = U^{-2}$，$U^3 = U^{-1}$ 和 $U^4 = I$ 所造成的循环群 $\langle U\rangle$，这个群中只有 4 个元素。有没有比它更小的群呢？有，那就是只取一个操作过程 $U^2$ 为元素，这时生成的循环群 $\langle U^2\rangle$ 中只包括 2 个元素：$U^2$（$= U^{-2}$），和 $(U^2)^2 = U^4 = I$。

稍微复杂一些、但非常有趣的一个循环群是 $\langle U^2R^2\rangle$。由于

$$(U^2R^2)^6 = I$$

因此由只取一个元素 $U^2R^2$ 所形成的循环群 $\langle U^2R^2\rangle$ 中只包括 6 个元素，即 $U^2R^2$，$(U^2R^2)^2$，$(U^2R^2)^3$，$(U^2R^2)^4$，$(U^2R^2)^5 = (U^2R^2)^{-1}$ 和 $(U^2R^2)^6 = I$。

循环群有一个性质，即每个循环群必定也是交换群（commutative group）。所谓交换群就是群中的任意两个元素 $x$，$y$ 必有 $x * y = y * x$。这个性质是易于证明的：若 $x$ 和 $y$ 在循环群 $G = \langle z\rangle$ 中，则必有整数 $n$ 和 $m$，使

$$x = z^n$$

$$y = z^m$$

于是有

$$x * y = z^n * z^m = z^{n+m} = z^{m+n} = z^m + z^n = y * x$$

证毕。

关于循环群还有一个问题值得注意，就是要区别循环群的阶和循环群中元素的阶。循环群的阶 $n$，如前所述，就是循环群中元素的个数，它等于形成该循环群的那个元素的阶。而循环群中的其他元素的阶就不一定也是 $n$ 了。例如，对于一个 12 阶的循环群：

$$\langle X\rangle = \{X, X^2, X^3, X^4, X^5, X^6, \cdots, X^{12}\}$$

其中元素的阶为 1 的有一个，就是 $X^{12} = I$；

阶为 2 的有 1 个，就是 $X^6$；

阶为 3 的有 2 个，就是 $X^4$，$X^8$；

阶为 4 的有 2 个，就是 $X^3$，$X^9$；

阶为 6 的有 2 个，就是 $X^2$，$X^{10}$；

阶为 12 的有 4 个，就是 $X$，$X^5$，$X^7$，$X^{11}$。

在魔方群中，阶为 12 的元素的例子如 $FRF^{-1}R^2$。由这个元素所生成的循环群的阶当然也是 12。而在这个循环群中，阶为 3 的操作过程（元素）就有 $(FRF^{-1}R^2)^4$ 和 $(FRF^{-1}R^2)^8$，阶为 4 的操作过程就有 $(FRF^{-1}R^2)^3$ 和 $(FRF^{-1}R^2)^9$，阶为 6 的操作过程就有 $(FRF^{-1}R^2)^2$ 和 $(FRF^{-1}R^2)^{10}$，如此等等。

一般情况下，由元素 $X^k$ 所形成的循环群的阶同由元素 $X$ 所形成的循环群的阶是不相同的。就像前面的例子中显示的那样，阶为 12 的 $X$ 所生成的循环群 $\langle X\rangle$ 当然有阶 12，$X^5$、$X^7$ 和 $X^{11}$ 的阶也是 12，因此，由它们所生成的循环群 $\langle X^5\rangle$、$\langle X^7\rangle$ 和 $\langle X^{11}\rangle$ 的阶也是 12，其他的 $\langle X^k\rangle$ 的阶都不是 12。$\langle X^k\rangle$ 的阶同 $\langle X\rangle$ 的阶相同的充分必要条件是：$\langle X\rangle$ 的阶 $n$ 是素数。这时，以小于 $n$ 的所有 $k$ 为幂的元素 $X^k$ 所生成的循环群必有阶 $n$。

显然，循环群是魔方群的一个子群（subgroup）。所谓子群，就是同群有相同的运算，但集合是群的集合的子集，而且满足群的 4 个条件的群。除了循环群以外，魔方群中还有其他一些有趣而重要的子群，对这些子群作深入的讨论对了解魔方群大有好处。10.4 节就来讨论其中的一些。

## 10.4 子群

### 1. 两平方群

前面我们提到，如果先从群的集合 $S$ 中任取一个子集 $T$，然后把通过对 $T$ 中的元素及其逆元的有限次组合所生成的所有元素从 $S$ 中取出来形成一个新的子集 $\langle T\rangle$，则 $\langle T\rangle$ 一定也是群。循环群 $\langle X\rangle$ 就是从 $S$ 中任取一个元素 $X$ 形成 $T$ 而获得的 $S$ 的子群。可想而知，从魔方群中任取两个元素以这种方式形成的群必定也是魔方群的子群。所谓两平方群（two-squares group）是每次只对两个邻接的面作180°旋转的操作过程所形成的群，例如〈$U^2$，$R^2$〉，就是只取$U^2$和$R^2$这两个元素所形成的群。

两平方群就不是循环群了。以〈$U^2$，$R^2$〉为例，这个群中共包含12个置换（每个置换对应无数操作，这里只标出1、2个）。

(a) $U^2=U^{-2}$：(uf，ub)(ur，ul)(ufl，ubr)(ufr，ubl)

(b) $R^2=R^{-2}$：(ur，dr)(fr，br)(ufr，dbr)(ubr，dfr)

(c) $U^2R^2=(R^2U^2)^5$：(uf，ub)(fr，br)(ur，ul，dr)
(ufl，dfr，ubr)(ufr，ubl，dbr)

(d) $(U^2R^2)^2=(R^2U^2)^4$：(ur，dr，ul)(ufl，ubr，dfr)
(ufr，dbr，ubl)

(e) $(U^2R^2)^3=(R^2U^2)^3$：(uf，ub)(fr，br)

(f) $(U^2R^2)^4=(R^2U^2)^2$：(ur，ul，dr)(ufl，dfr，ubr)
(ufr，ubl，dbr)

(g) $(U^2R^2)^5=(R^2U^2)$：(uf，ub)(fr，br)(ur，dr，ul)
(ufl，ubr，dfr)(ufr，dbr，ubl)

(h) $(U^2)^2=(R^2)^2=(U^2R^2)^6=(R^2U^2)^6=I$

(i) $U^2R^2U^2$：(ul，dr)(fr，bl)(ufl，dfr)(ubl，dbr)

(j) $R^2U^2R^2$：(uf，ub)(ul，dr)(ufl，dfr)(ubl，dbr)

(k) $(U^2R^2)^2U^2$：(uf，ub)(ur，dr)(ufr，dbr)(ubr，dfr)

(l) $(R^2U^2)^2R^2$：(ul，ur)(fr，br)(ufl，ubr)(ufr，ubl)

在这12个置换中，(h)是1阶的，(a)、(b)、(e)、(i)、(j)、(k)、(l)这7个是2阶的，(d)、(f)是3阶的，(c)、(g)是6阶的，其中6阶是最高的阶。而对于有12个置换的群来说，如果它是循环群，应该有12阶的置换，但这个群却没有，因此显然不是循环群。

但是，如果从这个群中取两个不相交的置换作元素，则又可形成一个循环群。所谓不相交的置换，是两个置换中不包含相同的小块，上列(d)和(e)两个置换就符合这个条件，因为(d)中包含3个边块的一个3循环和6个角块的两个3循环，而(e)只包含另外4个边块的两个2循环。令

$(U^2R^2)^2=X$，$(U^2R^2)^3=Y$，则由 $X$ 和 $Y$ 这 2 个元素形成的是一个群 $\langle X, Y\rangle$。而

$$YX^{-1}=U^2R^2$$

这说明 $U^2R^2$ 这个元素是包含在 $\langle X, Y\rangle$ 这个群中的。前面讨论过，只取一个元素 $U^2R^2$ 所形成的循环群 $\langle U^2R^2\rangle$ 中，除（$U^2R^2$）外，只包括 5 个元素，即 $(U^2R^2)^2$，$(U^2R^2)^3$，$(U^2R^2)^4$，$(U^2R^2)^5$ 和 $(U^2R^2)^6=I$。显然，这 5 个元素也都是包含在 $\langle X, Y\rangle$ 中的。于是可获得结论，整个循环群 $\langle U^2R^2\rangle$ 是包含在 $\langle X, Y\rangle$ 中的。另一方面，我们看到，$X=(U^2R^2)^2$，$Y=(U^2R^2)^3$ 又都是群 $\langle U^2R^2\rangle$ 中的元素，所以这 2 个元素所形成的群 $\langle X, Y\rangle$ 又应该包含在群 $\langle U^2R^2\rangle$ 之中。由集合论中的一个定理：若 $A\subset B$，$B\subset A$，则 $A=B$，可见，$\langle X, Y\rangle=\langle U^2R^2\rangle$，因此在两平方群中取两个不相交的置换所生成的群，可视作是在魔方群中取一个元素所生成的群，因此是循环群。

非常有趣和有意义的是，两平方群同平面几何学中正六边形的旋转和反射所形成的群具有完全相同的结构。关于这一点我们这里就不展开了。

第 9 章讨论了魔方游戏中的一些难题，其中一个是对每个面的旋转限用 180°时如何还原。那里给出了一个一般的解决方案。如果对这个难题加一个限制，即限制旋转相邻的两面，那么以上介绍的两平方群知识就有用了。因为在这种情况下，不管你当初是怎么把魔方拧乱的，它的终局只有 12 种不同的置换（不计恒等置换，实际上只有 11 种置换）。因此，你可以把终局的置换表达式写出来，从而找到对应的操作过程，执行其逆过程就可以把魔方还原了。

**2. 夹心层群（slice group）和反夹心层群（anti-slice group）**

由夹心层的转动所生成的群是魔方群的又一种子群，它可认为是在魔方群的集合中取 3 个元素所生成的群：$\langle R_s, F_s, U_s\rangle$，其中的 $R_s$，$F_s$ 和 $U_s$ 在前面已经介绍过，分别表示以侧片旋转法实现的左右夹心层，前后夹心层和上下夹心层的一个 q 转，即

$$R_s = RL^{-1}$$

$$F_s = FB^{-1}$$

$$U_s = UD^{-1}$$

在这个子群中，当然还包含它们的逆元，即

$$R_s^{-1} = R^{-1}L = L_s$$

$$F_s^{-1} = F^{-1}B = B_s$$

$$U_s^{-1} = U^{-1}D = D_s$$

读者可能要问，你为什么要取以侧片旋转法实现的夹心层q转为元素，而不以中片旋转法实现的夹心层q转为元素？原因很简单，侧片旋转法可以用外侧面的旋转来表示，而中片旋转法则不能。当然，这两个方法之间通过整个魔方的旋转可以建立起对应关系，比如说，以侧片旋转法把左右夹心层逆时针方向转90°（即作 $R_s^{-1}$ 或 $L_s$）以后，对整个魔方作 $C_R$ 旋转，同以中片旋转法把左右夹心层顺时针方向转90°（即作 $M_R$）是完全等效的，即

$$M_R = R_s^{-1}C_R = L_sC_R$$

因此，当然也可以以中片旋转法实现的夹心层q转为元素来定义夹心层群。但这样就要引入整个魔方的旋转操作，使问题复杂化，我们这里就不予考虑了。

夹心层群中的置换造成魔方表面的各种美丽图案，我们在前面已经见过不少了。如果你仔细研究一下，可以发现，以夹心层群中的置换造成的各种各样的美丽图案是有规律的，即它的每个面上4角小面必是同色的，相对的2个边块小面的颜色一定也是相同的，如图10-2所示。而相对于该面的9个小面的颜色，恰是互补的，可用 $a^{-1}$，$b^{-1}$，$c^{-1}$，$d^{-1}$ 表示。这样，a、b、c、d这4者的颜色（可能不同，也可能相同）的不同关系就决定了一种图案。例如，$R^2L^2F^2B^2U^2D^2$ 造成 $a = b^{-1} = c^{-1} = d$，这就是棋盘图案；$RL^{-1}UD^{-1}BF^{-1}RL^{-1}$ 造成 $a = b = c \neq d$，这就是色心图案；而 $R^2L^2UD^{-1}F^2B^2UD^{-1}$ 则造成4个侧面 $a = b = c = d^{-1}$，仍然是色心图案，但顶、底2面为 $a = b = c = d$，维持为本色。$F^2B^2U^{-1}DF^2B^2UD^{-1}$ 造成4个侧面有关系 $a = b^{-1} = c^{-1} = d^{-1}$，是十字图

案，而顶、底有关系 $a=b^{-1}=c^{-1}=d$，是棋盘图案，如此等等。

| | | |
|---|---|---|
| a | c | a |
| b | d | b |
| a | c | a |

图 10-2　由夹心层群产生的图案

夹心层群又有一个有趣的子群叫（slice-squared group），它是以夹心层旋转的平方为元素所形成的群，即 $\langle R_s{}^2, F_s{}^2, U_s{}^2\rangle$。由于夹心层平方运动的特点，其逆元等于其自身，各夹心层平方运动的合成同先后次序无关（也就是说，它们是符合交换律的，即 $a*b=b*a$），因此群的结构极为简单，总共只有 8 个元素：

（a）$R_s^2$：（ur，dr）（ul，dl）（fr，br）（fl，bl）

（ufl，dbl）（dfl，ubl）（ufr，dbr）（dfr，ubl）

（b）$F_s^2$：（uf，df）（ub，db）（fr，fl）（br，bl）

（ufl，dfr）（dfl，ufr）（ubl，dbr）（ubr，dbl）

（c）$U_s^2$：（uf，ub）（ur，ul）（df，db）（dr，dl）

（ufl，ubr）（ufr，ubl）（dfl，dbr）（dfr，dbl）

（d）$R_s^2F_s^2$：（uf，df）（ub，db）（ur，dr）（ul，dl）（fl，br）

（fr，bl）（ufl，ubr）（ufr，ubl）（dfl，dbr）（dfr，dbl）

（e）$R_s^2U_s^2$：（uf，ub）（df，db）（ul，dr）（ur，dl）（fl，bl）

（fr，br）（ufl，dfr）（ufr，dfl）（ubl，dbr）（ubr，dbl）

（f）$F_s{}^2U_s{}^2$：（uf，db）（ub，df）（ul，ur）（dl，dr）（fl，fr）

（bl，br）（ufl，dbl）（ufr，dbr）（ubl，dfl）（ubr，dfr）

（g）$R_s{}^2F_s{}^2U_s{}^2$：（uf，db）（ub，df）（ul，dr）（ur，dl）

（fl，br）（fr，bl）

(h) $(R_s{}^2)^2$：$I$

我们注意到，出现在上述置换中的全都是2循环，而且边块不发生翻转，角块不发生扭转。因此，由夹心层平方操作所打乱的魔方，都可以通过重复执行一次原操作而还原。

任取3个夹心层平方操作中的2个，也可形成一个群，当然是夹心层平方群的子群了。其中的元素就更少了，只有4个。例如，群〈$R_s{}^2$，$F_s{}^2$〉中只有上述（a）、(b)、(d)、(h) 这4个元素。也就是说，无论你怎样以180°旋转左右和前后这2个夹心层，魔方只会出现3种花色中的一种。

前面我们曾经提到，同夹心层操作相对应，还有所谓反夹心层操作，即

$$R_a = RL, \quad F_a = FB, \quad U_a = UD$$

因此，对应于反夹心层操作，也可以定义反夹心层群，即〈$R_a$，$F_a$，$U_a$〉。至于反夹心层平方群，即〈$R_a{}^2$，$F_a{}^2$，$U_a{}^2$〉，显然同夹心层平方群是一码事。

反夹心层群也形成许多美丽的图案。例如，$(FBRL)^3$ 在保持顶、底2面单色不变的情况下，造成魔方4个侧面有对角线图案；$(BFRL)^3U^2D^2$ 造成4个侧面有Z字形图案；$(FBUDR^{-1}L^{-1}FB)$ 在6个面上形成2个L；$(FBRL)^3(RLFB)^3$ 在4个侧面形成十字形图案；$(FBRL)^3(FBUD)^3$ 在前后两面形成十字形图案，在其他4面形成对角线图案，如此等等。这些图案的小面颜色布局分别如图10-3(a)～(d)所示。

| | | |
|---|---|---|
| a | a | b |
| a | b | a |
| b | a | a |

(a) 对角线图案

| | | |
|---|---|---|
| a | a | b |
| b | a | b |
| b | a | a |

(b) Z字图案

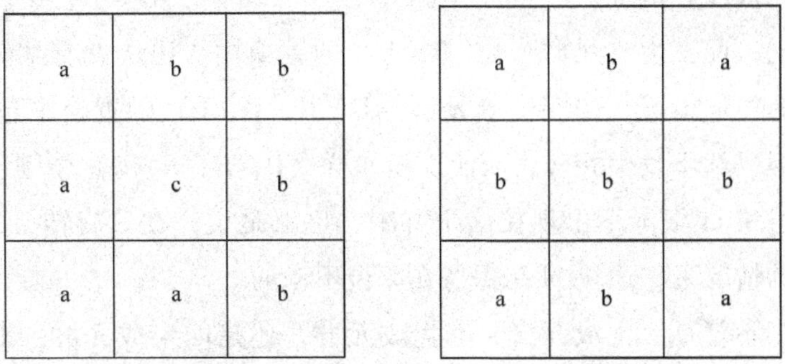


(c) 双L图案　　(d) 十字图案

图 10-3　由反夹心层群产生的图案

**3. 二生成元群**

所谓二生成元群（two-generator group）就是只旋转相邻 2 外侧面所生成的群，如〈U，R〉。你千万别以为这样的群很简单。实际上，二生成元群的结构十分复杂。同上述夹心层群一样，其置换中不发生边块的翻转，但是有角块的扭转，这使通过只转动 U 和 R 被打乱的魔方的还原增添了难度。例如，〈U，R〉中包含这样一个元素：

$$RUR^{-1}URU^{2}R^{-1}U^{2}R^{-1}U^{-1}RU^{-1}R^{-1}U^{2}RU^{2}:(ufl)_{-}\ (ubl)_{+}$$

如果允许旋转任意外侧面把 ufl 和 ubl 发生了扭转的魔方还原的话，只要 12 步（见附录 1 表 2）；如果只允许旋转 U 和 R 去还原的话，就最少要 16 步了。

一般来说，限定只旋转 U 和 R 去还原通过只旋转 U 和 R 被打乱的魔方，可以通过以下 3 个步骤：

（1）通过共轭过程［U，R］还原边块；

（2）通过共轭过程 $[U, R]^3$ 让角块返回主室；

（3）通过类似刚才提到的过程（不难看出也是共轭过程）对角块进行纠偏，使之返回主位。

对二生成元群进行扩充，就可以获得三生成元群如〈U，R，F〉，四生成元群如〈U，R，F，D〉等，统称多生成元群（multi-generator group）。这些多生成元群因为扩充的面不同，其结构也不同，必须“具体情况具体分析”，没有共同的规律。例如，三生成元群〈U，R，D〉的置换中，边块仍然是不发生翻转的；而三生成元群〈U，R，F〉的置换中，边块就有翻转了。四生成元群也有类似情况，如四生成元群〈U，R，D，L〉的置换中包括全部12个边块，但仍然不发生翻转，而四生成元群〈U，R，F，D〉中则包括边块的翻转，但边块bl根本不出现在这个群中，也就是说，在只旋转U、R、F、D这4个面的情况下，边块bl是保持在原位不动的。

显然，不管是二生成元群、三生成元群，还是四生成元群，都是魔方群的“真子群”。但五生成元群就不一样了，它同整个魔方群是等同的。本生（D. J. Benson）发现，旋转U、R、F、B和L这5个面的一个过程同D面的1个q转完全等效：

$$RL^{-1}F^2B^2RL^{-1}ULR^{-1}B^2F^2LR^{-1}=D$$

D面转180°（2个q）则可以用只旋转U、R、F、B和L这5个面的以下过程代替：

$$R^2F^2B^2L^2U^2R^2F^2B^2L^2=D^2$$

这说明，旋转D面的作用完全可以用旋转U、R、F、B和L这5个面所代替。因此，

$$\langle F, R, L, U, B\rangle \equiv \langle F, B, R, L, U, D\rangle$$

## 10.5 置换的结构

通过以上讨论，大家对群、特别是魔方群已经有了一个大体的认识。在这个基础上，我们可以深入群的内部，讨论一下群的结构了。就魔方群而言，因为群中的元素就是置换，所以群的结构无非就是置换的结构，而置换的结构的核心问题就是它的奇偶性（parity），包括置换本身的奇偶性和置换中发生的翻转或（和）扭转的奇偶性。

前面我们已经简单地提到，任何置换都可以看成连续施行若干个对换，即只有2个元素互换位置的置换。现在稍微详细地来讨论一下这个问题。例如，考察一下包括有5个边块的循环换位的置换$P$：

（ur，fl，fr，fu，fd）

可以把 $P$ 写成如下 4 个接连发生的对换 $P_1$，$P_2$，$P_3$和 $P_4$：

$$\begin{array}{lllll}
\text{ur} \xrightarrow{P_1} & \text{fl} \xrightarrow{P_2} & \text{fl} \xrightarrow{P_3} & \text{fl} \xrightarrow{P_4} & \text{fl} \\
\text{fl} \longrightarrow & \text{ur} \longrightarrow & \text{fr} \longrightarrow & \text{fr} \longrightarrow & \text{fr} \\
\text{fr} \longrightarrow & \text{fr} \longrightarrow & \text{ur} \longrightarrow & \text{fu} \longrightarrow & \text{fu} \\
\text{fu} \longrightarrow & \text{fu} \longrightarrow & \text{fu} \longrightarrow & \text{ur} \longrightarrow & \text{fd} \\
\text{fd} \longrightarrow & \text{fd} \longrightarrow & \text{fd} \longrightarrow & \text{fd} \longrightarrow & \text{ur}
\end{array}$$

首先，边块 ur 和 fl 互相交换位置。然后，边块 fl（现在在小室 ur 中）同边块 fr 交换位置。接着，边块 fr（现在在小室 ur 中）同边块 fu 互换位置。最后，边块 fu（这是目前占据小室 ur 的边块）同边块 fd 交换位置。因此，$P$ 可以分解为 4 个对换：

$P = P_1P_2P_3P_4 =$ （ur，fl）（ur，fr）（ur，fu）（ur，fd）

当然，置换的分解不是唯一的。例如，你可以从 fr 出发，把 $P$ 分解为以下 4 个对换：

$P = P_1'P_2'P_3'P_4' =$ （fr，fu）（fr，fd）（fr，ur）（fr，fl）

但就这个特定的置换 $P$ 而言，我们看到，不管你怎样分解，它总是由 4 个对换组成的。一般而言，只包括单个循环的置换，在分解为对换时，若循环长度为奇数，则所需对换数必为偶数；若循环长度为偶数，则所需对换数必为奇数。如果置换由几个不相交的循环组成，则在分解为对换时，若循环中有奇数个长度为偶数的循环，则所需对换数必为奇数。所谓置换的奇偶性指的就是把它分解为对换时对换的个数是奇数还是偶数，是奇数就说它是奇性的(odd)，是偶数就说它是偶性的(even)。如果置换 $P$ 可写成 $m$ 个 2 循环的积，置换 $Q$ 可写成 $n$ 个 2 循环的积，则置换 $PQ$ 可写成 $m+n$ 个 2 循环的积。因此，确定置换的积的奇偶性类似于确定奇、偶整数相加的奇偶性：只有一奇一偶两个置换的积才是奇性的，两个奇或两个偶的置换的积都是偶性的。

有了置换奇偶性的知识，现在我们可以回答本章开头提出的问题了：为什么不可能在魔方上造成单个 2 循环？这只要看一下魔方任意一面的一个 q 转产生什么样的置换就清楚了。以转动顶面为例，它产生如下置换：

(uf，ul，ub，ur)

(ufl，ulb，ubr，urf)

这是两个不相交的4 循环，可以各分解为3 个2 循环，奇奇得偶，因此这个置换是偶性的。类似的，任何外侧面的 1 个 q 转都造成偶置换。而任何复杂的过程都可以分解为对 6 个外侧面的许多 q 转，因此必然都造成偶置换，也就是说，对魔方的任何操作过程都产生偶置换。而一对小块的交换是奇置换，因此，魔方上不可能有这样的过程，它仅仅交换一对小块而让其他所有小块留在原位不动。

对魔方的任何操作过程都产生偶置换，换句话说，要想在魔方上形成奇置换是不可能的。这就是我们在第 8 章中提到的，在魔方上形成美丽图案的空间虽然极大，但并非你所有设想都能实现的数学根源。这种情况在类似游戏中同样存在。美国的科学魔术大师萨姆·洛伊德（Sam Loyd，1841～1911）在 1878 年推出了著名的“14-15”智力玩具，曾经风靡欧美大陆。图 10-4 就是当时反映这个游戏引起狂热的一幅卡通漫画，图中的农民丢下耕地不顾，盯着游戏板苦苦地思索着。这个类似于我国“华容道”的滑板游戏为什么引起如此广大人群的关注呢？原来这个玩具出售时的原始布局，1～15 是从左到右、从上到下顺序排列的，右下角有一个空位；要求通过移动滑块，使终局如图 10-4 中所示，其他滑块仍在原位，只有 14、15 这 2 个滑块交换了位置。萨姆·洛伊德承诺，谁能做到这一点，谁就能获得 1000 美元奖金（这在 19 世纪是一笔很大的财富）。现在我们立即可以看出，从初局到所要求的终局是一个奇置换（实际上是 2 个元素的一次对换），在这个玩具上也是不可能达到的，因而这 1000 美元奖金是无人能获得的。所以这只是洛伊德的一个诡计，或者说是洛伊德对大众的一次愚弄。

其次我们看到，一个外侧面的一个 q 转产生边块的一个奇置换和角块的一个奇置换，因此，能分解为一个面的奇数次 q 转的任何过程必然也产生边块的一个奇置换和角块的一个奇置换。反之，需要边块的一个奇置换的任何置换一定也需要一个面的奇数次 q 转。

这里我们要注意，恒等置换是边块的一个偶置换，也是角块的一个偶置

图 10-4 “14-15”游戏引起的狂热

换。因此，无论是对边块还是角块的恒等置换都需要偶数次 q 转。这说明了我们在讨论超级魔方还原时的一个论断：如果 6 个面块的位置参数之和模 4 为零，也即

$$S = pf + pb + pr + pl + pu + pd = 0 \pmod 4$$

则在执行第一个操作序列之后，6 个面块都将还原，根本不需要第二个操作序列。只当 $S = 2 \pmod 4$ 时，第二个操作序列才是必须的，而 $S = 1 \pmod 4$ 和 $S = 3 \pmod 4$ 这两种情况根本就不可能出现。其原因就在于如果魔方已六面还原，说明它经历了偶数次 q 转的恒等置换，因此如果有一个面的面块不在原位的话，就不可能处于只转过 ±90°的位置上。

下面来讨论一下边块的翻转和角块的扭转的奇偶性问题。为此，先复习一下康韦是如何用主面和主色的概念来定义边块的翻转和角块的扭转的。

魔方的每个小室都有一个主面。对于顶层的小室，其主面就是顶面；对于底层的小室，其主面就是底面；对于位于中层左（右）边的小室，其主面就是左（右）面。可见每个小室的主面都是固定的、不变的。魔方的每个小块都有一个主色。魔方处于原始状态时，处于顶层的小块的顶面颜色，就是那些小块的主色；处于底层的小块的底面颜色，就是那些小块的主色；处于

中层左（右）边的小块的左（右）面的颜色，就是那些小块的主色。可见每个小块的主色也都是固定的、不变的，主色在小块的哪个面上也是固定的、不变的，但是主色所在的小面的位置和朝向则是不固定的，是随着魔方的运动而改变的。如果小块的主色所在的面同当前所处小室的主面重合，则称该小块是正常的；如果小块的主色所在的面同当前所处小室的主面不重合，则称该小块是翻转的（对边块）或扭转的（对角块）。显然，魔方处于原始状态时，所有小块都是正常的；旋转顶面或底面，各小块也都不发生翻转或扭转；旋转前面或后面，则边块不发生翻转（原来正常的仍正常，原来翻转的仍翻转），4 个角块发生扭转（2 个顺时针方向，2 个逆时针方向）；旋转左面或右面，则 4 个边块发生翻转（原来正常的变翻转，原来翻转的变正常），4 个角块发生扭转（2 个顺时针方向，2 个逆时针方向）。

根据以上定义，你也许以为，魔方上翻转的边块必是 4 的倍数。如果你这样想，那就错了。只要看一个简单操作的例子，RUR，你就明白了。第一个 R 使右边 4 个边块都发生翻转。第二个 U 使顶层 4 个边块发生循环换位，但不发生翻转——其中一个翻转着的仍维持为翻转，其他 3 个保持正常。第三个 R 使右边 4 个边块发生翻转——原先 3 个翻转着的变回正常，从顶层后面转过来的那个从正常变为翻转。最终结果是只有现在处于 uf 小室和 br 小室中的 2 个边块是翻转着的。

因此可见，边块的翻转个数一次只能增加 4 个，如果减少，一次必然减少 2 个，就像上述例子中的第三个操作 R 那样。因此，魔方上翻转的个数并非总是 4 的倍数，但总是偶数。

至于角块的扭转，每个 q 转增加几个顺时针方向的扭转（+1），也就会增加同样个数的逆时针方向的扭转（-1）。因此，扭转总数永远为 0。但这只是一种可能情况。另一种可能情况是有 3 个顺时针方向扭转的角块，或 3 个逆时针方向扭转的角块。这种情况我们在做魔方六面还原时也是经常遇到的。因此，虽然每个 q 转对扭转数的作用为 0，但每当有一个角块在同一方向上发生一次以上扭转时，就会使魔方增加或减少 3 个扭转。魔方上扭转的总数总是 3 的倍数。

边块的翻转和角块的扭转的这种奇偶性解释了为什么边块的翻转和角块的扭转总是成对发生的这一问题。你想只让一个边块翻转是永远也不可能的。此外，在二生成元群中不会发生边块的翻转，在二平方群、三平方群……中，既不会有边块的翻转，也不会有角块的扭转，也都可以由此获得解释。

## 10.6 魔方群的阶和魔方群中元素的阶

最后来讨论一下魔方群的阶的问题。前面我们说过，所谓群的阶，就是群中元素的个数。这个问题看似简单，实际上却并不简单，尤其是因为对魔方来说，所谓群的元素就是小面或小块的置换，在考虑小块置换的情况下，置换不但指小块的位置，还指小块是否有翻转或扭转，即小块虽然处于主室，但有翻转或无翻转，有扭转或无扭转，有扭转的话是正向扭转还是逆向扭转，都认为是不同的置换，也就是说是不同的元素，这使计算魔方群中元素的个数问题大大复杂化了。

首先我们不考虑扭转，看看 8 个角块的位置有多少可能的置换。因为每个角块都可以位于 8 个角小室中的任意一个，因此可能的置换数为

$$8! = 40320$$

类似地，在不考虑翻转的情况下，12 个边块可能的置换数为

$$12! = 479001600$$

那么，同时考虑角块和边块时，可能的置换数是否是二者的简单乘积，即 $8! \times 12!$ 呢？否！我们前面已经讨论过，对魔方的任何操作过程都产生偶置换（包括边块的置换和角块的置换）。这个条件只当边块的置换和角块的置换都是偶的，或者都是奇的时才满足，如果其中之一是奇的，另一是偶的，就不满足了。而两者的置换中都是一半为偶，一半为奇，因此，不考虑翻转和扭转时，置换的总数是上述数字的一半，即

$$(8! \times 12!)/2 = 9\ 656\ 672\ 256\ 000$$

现在再来考虑翻转和扭转。就角块而言，任何角块都可有 3 个朝向，但是如果其他 7 个角块的朝向确定以后，最后那个角块的朝向也就定了，就没有 3 个可能了。类似地，就边块而言，任何边块都可有两个朝向，但是如果

其他11个边块的朝向确定以后，最后那个边块的朝向也就定了，就没有两个可能了。因此，在考虑到翻转和扭转的情况下，魔方群中元素的总数为

$$(8! \times 12!)/2 \times (3^8/3) \times (2^{12}/2)$$
$$=43\ 252\ 003\ 274\ 489\ 856\ 000$$
$$\approx 4.3 \times 10^{19}$$

这就是整个魔方群的阶，是一个名副其实的天文数字！

这个数字意味着什么呢？这个数字意味着如果世界上哪个玩具厂有生产出$4.3 \times 10^{19}$个边长为56mm的标准魔方的能力（这个厂肯定是一个魔幻工厂），有什么超人能把这些魔方转成各不相同的花色图案，那么把这些魔方一个接一个排列起来，其总长度可达到$2.42 \times 10^{15}$公里，光线以每秒30万公里的速度走完这段距离要花256年！把这些魔方一个挨一个、一层又一层铺在地球的表面（包括陆地和海洋），可以把地球严严实实地覆盖起来，厚度达到15米！

以上讨论的是整个魔方群的阶的问题，也就是魔方群中元素的个数问题。而魔方群中的元素本身也是有阶的。前面已经讨论过，所谓魔方群中元素（置换）的阶，指该置换循环的长度，也就是该置换重复多少次可以回复到原始状态。恒等置换的阶最小，等于1；最大的阶是1260。因此，魔方群中所有元素的阶都在1和1260之间，这是没有疑问的。但并非1和1260之间的所有整数都是可能的阶。比如，大于12的所有素数就都不可能是魔方群中元素的阶，因为素数阶说明该元素是一个边块（或角块）的单一$n$循环，或者是边块和角块的2个不相交的$n$循环，而边块只有12个，角块只有8个，因此$n$最大为12。丹麦的数学家吉斯特·格韦特（Jesper C. Gerved）和陶本·比斯格尔特（Torben Maack Bisgaard）经过仔细研究，发现魔方群中元素的阶只有以下73个可能的值：

1　2　3　4　5　6　7　8　9　10　11　12　14　15　16　18　20
21　22　24　28　30　33　35　36　40　42　44　45　48　55　56　60
63　66　70　72　77　80　84　90　99　105　110　112　120　126
132　140　144　154　165　168　180　198　210　231　240　252

280　315　330　336　360　420　462　495　504　630　720　840
990　1260

如前所述，阶为1的元素只有一个。具有其他阶的元素个数都很多，最多的是阶为60的元素，数量有4601，52469，28929，25952。阶为11的元素最少，也有4，45906，94400个。格韦特和比斯格尔特的研究结果发表在辛格马斯特创办的《环球魔方》（*Cubic Circular*）第3、4期合刊（1982年1、2季度）上，感兴趣的读者不妨一阅。

# 参考文献


邓治民，邓小云.1982. 怎样玩魔方. 广州：广东科技出版社

李世春.1992. 魔方及其应用. 北京：中国广播电视出版社

李世春.2003. 魔方的科学和计算机表现. 东营：中国石油大学出版社

米尚志，王焕英.1984. 怎样解魔方. 杭州：浙江科学技术出版社

沈以淡.2003. 简明数学词典. 北京：北京理工大学出版社

谭曙光.2000. 趣解魔方. 北京：北京体育大学出版社

华鲁斯费尔 A. 1983. 魔方花样谜解. 陶绪铨译. 保定：河北人民出版社

杨迅文.1982. 魔方探胜. 福州：福建人民出版社

博赛特 P. 1982. 怎样玩魔方. 志原译. 北京：中国少年儿童出版社

朱兆毅，沈庆海.1983. 魔方（中学生文库之一）. 上海：上海教育出版社

Bandelow C. 1982. Inside Rubik's Cube and Beyond. Boston：Birkhauser

Berlekamp E，Conway J H，Guy R K. 1982. Winning Ways for Your Mathematical Plays. London：Academic Pr.

Frey A H Jr，Singmaster D. 1982. Handbook of Cubik Math. Hillside，N J：Enslow Publishers Inc.

Hofstadter D R. 1985. Metamagical Themas：Questing for the Essence of Mind and Pattern. New York：Basic Books

Joyner D. 2002. Adventures in Group Theory：Rubik's Cube，Merlin's Machine & Other Mathematical Toys. Baltimo：The Johns Hopkins Uni. Pr.

Korf R E. 1985. Learning to Solve Problems by Searching for Macro-Operators. Pittsburgh：Pitman

Lederman L，Teresi D. 1993. The God Particle：If the Universe Is the Answer，What Is the Question? Boston：Houghton Mifdflin Co.

Mario L. 2005. The Equation That Couldn't be Solved：How Mathematical Genius Discovered the

Language of Symmetry. New York：Simon & Schuster Inc.（中译本：无法解出的方程——天才与对称．王志标译．长沙：湖南科学技术出版社，2008）

Merane Y. 1981. Le Rubik's Cube. Paris：Solar

Neumann P，Stoy G A，Thompson E C. 1994. Groups and Geometry. Oxford：Oxford Uni. Pr

Nourse J G. 1981. The Simple Solution to Rubik's Cube. New York：Bantam Books

Patrick B. 1981. You Can Do the Cube. London：Puffin Books

Singmaster D. 1982. Notes on Rubik's Magic Cube. Hillside，New Jersey：Enslow Publishers Inc.

Veltman M. 2003. Facts and Mysteries in Elementary Particle Physics. Singapore：World Scientific Publishing Co.

# 附录1

## 魔方顶面变换法

在研究魔方运动规律中，比较简单、但十分重要而基本的一类运动是如何实现顶层边块和角块的换位和翻转（扭转）。当然，掌握了顶层边块和角块换位和翻转（扭转）的规律以后，通过变换魔方的方位，实际上也就掌握了魔方任意一面的边块和角块换位和翻转（扭转）的规律了。对这个问题的研究，学者们取得了很大的成功，现在，对顶层边块和角块的各种换位和翻转（扭转）情况，都已找到了实现的操作序列。剑桥大学的数学教授康韦（J. H. Conway）和盖伊（R. K. Guy）、贝尔卡姆（E. Berlekamp）在他们的娱乐数学名著 *Winning Ways for Your Mathematical Plays*（由谈祥柏先生译成中文，书名《稳操胜券》）中以两张表的形式给出了这些规律，表中相应于每种换位或翻转（扭转）示意图，给出了一种操作序列，戴维·西尔（David Seal）已经证明，这些操作序列绝大多数是最优的，也就是为达到所需换位或翻转（扭转）转动次数最少的。我们把这两张表转载在下面（表1和表2）。表1中每个操作序列的最后一个操作都是 $U^n$ 形式，通过设置不同的 $n$，获得不同的换位组合。两个操作序列并列时，第二个操作序列所形成的换位图形同所给图形是左右对称的。表2中，边块标 e 的说明发生翻转；角块标 c 或 a 的，分别表示发生顺时针方向或逆时针方向的扭转。并列两个操作序列时，下一操作序列使角块的扭转恰使图中的 c、a 对调。康韦等做的这两张表相当精炼，也很形象直观。但它们传达的信息并不完整，尤其是第一张表，对于换位中是否还同时发生边块的翻转和（或）角块的扭转没有反映。这一点请读者注意。

# 附录 1　魔方顶面变换法

**表 1　魔方顶面变换法（一）**

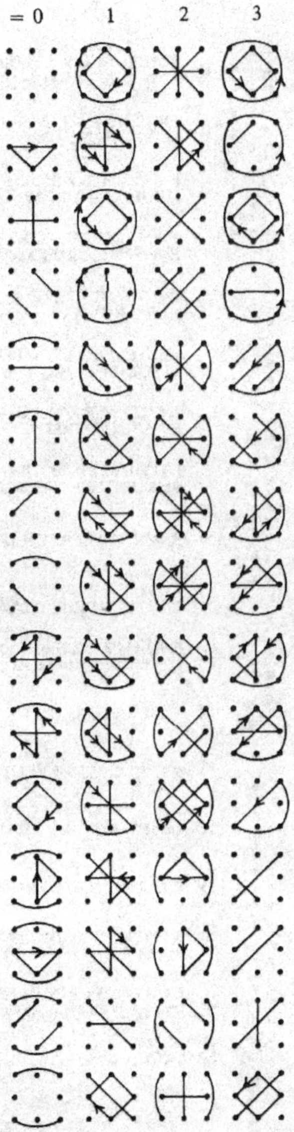


| | |
|---|---|
| 0 | $U^n$ |
| 7 | $FUF'UFU^2F'U^{n+2}$<br>$F'U'FU'F'U^2FU^{2-n}$ |
| 10 | $LRU^2R'L'F'B'U^2BFU^n$ |
| 11 | $LFUF'U'L^2B'U'BULU^n$ |
| 12 | $R'F'UFRBU^2F'UB'U'FU^{n+2}$ |
| 10 | $R^2U'RBLUL'B'U'RU^n$ |
| 9 | $R'FRUR'U'F'URU^n$<br>$LF'L'U'LUFU'L'U^{-n}$ |
| 8 | $R'U'RURB'R'BU^{n-1}$<br>$LUL'U'L'BLB'U^{1-n}$ |
| 8 | $RU^2R'U^2R'FRF'U^{n-1}$<br>$L'U^2LU^2LF'L'FU^{1-n}$ |
| 8 | $L'BLB'U^2B'U^2BU^{n-1}$<br>$RB'R'BU^2BU^2B'U^{1-n}$ |
| 7 | $FU'B'UF'U'BU^{n+2}$<br>$F'UBU'FUB'U^{2-n}$ |
| 6 | $FURU'R'F'U^n$<br>$F'U'L'ULFU^{-n}$ |
| 8 | $R'F'L'ULU'FRU^n$<br>$LFRU'R'UF'L'U^{-n}$ |
| 8 | $BUB'R'F'U'FRU^n$<br>$B'U'BLFUF'L'U^{-n}$ |
| 10 | $R'F'U'FU'RUR'URU^n$ |

表 1 中有较多错误（我们发现了 11 处），转载时已加以改正。

## 表 2 魔方顶面变换法（二）

| 图形 | 步数 | 变换法 |
| --- | --- | --- |
| ● ● ●<br>● 　 ●<br>● ● ● | 0 | 一步都不要了 |
| ● ● ●<br>● 　 e<br>● e ● | 12 | $F'U'F^2DRUR'D'U'F^2U^2FU'$ |
| ● e ●<br>● 　 ●<br>● e ● | 13 | $LF'UL'FB'UR'FU'RF'BU'$ |
| ● e ●<br>e 　 e<br>● e ● | 13 | $L^2F^2L^2U^2R'LFL'RU^2L^2F^2L^2U$ |
| ● ● a<br>● 　 ●<br>● ● c | 12 | $R'U'LU^2R'F^2RF^2U'RU^2L'U^2$<br>$RU^2L'UB^2L'B^2LU^2R'ULU^2$ |
| ● ● a<br>● 　 e<br>● e c | 13 | $RU'LU^2R^2F'U'FUR^2U^2R'L'U$<br>$BFU^2F^2U'L'ULF^2U^2B'UF'U'$ |
| ● e a<br>● 　 e<br>● ● c | 13 | $R'UL'U^2R^2BUB'U'R^2U^2RLU'$<br>$F'B'U^2B^2ULU'L'B^2U^2FU'BU$ |
| ● ● a<br>e 　 ●<br>● e c | 14 | $F^2DF'UFD'FL'U'LUF^2U^2F'U$<br>$LU^2L^2U'B'UBL'DL'U'LD'L^2U'$ |
| ● e a<br>e 　 ●<br>● ● c | 14 | $B^2D'BU'B'DB'LUL'U'B^2U^2BU'$<br>$L'U^2L^2UFU'F'LD'LUL'DL^2U$ |
| ● e a<br>● 　 ●<br>● e c | 14 | $RUR^2F^2D'R^2BL'B'R^2DF'RF'U^2$<br>$BLBD'L^2FRF^2L^2DB^2L^2U'L'U^2$ |
| ● ● a<br>e 　 e<br>● ● c | 14 | $LF'D'L'BL'B^2U^2L'BDF'L^2F^2U^2$<br>$B^2R^2BD'F'RU^2F^2RF'RDBR'U^2$ |
| ● e a<br>e 　 e<br>● e c | 15 | $BU^2BR^2FD^2FLFL^2F^2D^2F'R^2B^2U$<br>$R^2F^2LD^2L^2B^2L'B'L'D^2L'F^2R'U^2R'U'$ |
| a ● ●<br>● 　 ●<br>● ● c | 11 | $R'BD^2B'RU^2R'BD^2B'RU^2$ |
| a ● ●<br>● 　 e<br>● e c | 14 | $B'UFU'BU^2F^2L'U'LUF^2U^2F'$<br>$LU'R'UL'U^2R^2BUB'U'R^2U^2R$ |
| a ● ●<br>e 　 ●<br>● e c | 13 | $L'UBL'D'BD^2R^2D'B^2L^2UF^2U^2$<br>$B^2U'R^2F^2DL^2D^2F'DRF'U'RU^2$ |
| a e ●<br>● 　 ●<br>● e c | 13 | $R'B^2F'L'DF'L^2FD'LFB^2RU^2$ |
| a ● ●<br>e 　 e<br>● ● c | 13 | $BR^2LFD'LF^2L'DF'L'R^2B'U^2$ |
| a e ●<br>e 　 e<br>● e c | 16 | $BUB^2RBR^2URL'U'L^2F'L'F^2U'F'$ |
| c ● c<br>● 　 ●<br>● ● c | 12 | $RU'L'UDB^2D'R^2U^2LU'RU'$<br>$B'UF'U^2B^2DL^2U'D'FUB'U$ |
| c ● c<br>● 　 e<br>● e c | 11 | $LR'U'R^2B'R'B^2U'B'U^2L'$<br>$LU^2BUB^2RBR^2URL'$ |
| c e c<br>e 　 ●<br>● ● c | 11 | $F'U^2R'U'R^2B'R'B^2U'B'F$<br>$F'BUB^2RBR^2URU^2F$ |
| c ● c<br>e 　 ●<br>● e c | 14 | $F^2R^2FU'F^2R'F'R^2U'R'U^2F^2R^2F^2$<br>$F^2R^2F^2U^2RUR^2FRF^2UF'R^2F^2$ |
| c e c<br>● 　 e<br>● ● c | 8 | $B'U'B^2L'B'L^2U'L'U^2$<br>$RUR^2FRF^2UFU^2$ |
| c e c<br>● 　 ●<br>● e c | 12 | $BLU^2B'U'B^2L'B'L^2U'L^2B'$<br>$BL^2UL^2BLB^2UBU^2L'B'$ |
| c ● c<br>e 　 e<br>● ● c | 12 | $R'F^2U'F^2R'F'R^2U'R'U^2FR$<br>$R'F'U^2RUR^2FRF^2UF^2R$ |
| c e c<br>e 　 e<br>● e c | 12 | $L'U'B'UBLBLUL'U'B'U^2$<br>$FURU'R'F'R'F'U'FURU^2$ |
| a ● c<br>● 　 ●<br>a ● c | 14 | $R^2B^2R^2U'RL'DL^2U^2LD'L^2U^2R'U$ |
| a ● c<br>● 　 e<br>a e c | 12 | $LUFU'F'L'R'U'F'UFR$<br>$R'F'U'FURLFUF'U'L'$ |
| a e c<br>● 　 e<br>a ● c | 12 | $RBUB'U'R'L'B'U'BUL$<br>$L'U'B'UBLRUBU'B'R'$ |
| a e c<br>● 　 ●<br>a e c | 14 | $F'U'F^2UL'U'RLU'R'UF^2U'F'U^2$ |
| a ● c<br>e 　 e<br>a ● c | 14 | $R'U'F'L'R'U'F'UFRLUFR$ |
| a e c<br>e 　 e<br>a e c | 13 | $LU^2F'U'F^2LF^2L'F^2UFU^2L'U^2$ |
| c ● a<br>● 　 ●<br>a ● c | 15 | $R'U^2RU^2R^2B'D'R'FR^2F'DBU'R'U'$ |
| c ● a<br>● 　 e<br>a e c | 15 | $R'F^2U'D'L'F'LFDULFL'FR$<br>$R'F'LF'L'U'D'F'L'FLDUF^2R$ |
| c e a<br>● 　 ●<br>a e c | 14 | $R'UB'R^2U'RUR^2BU^2R^2B'R'BU^2$<br>$F'LFL^2U^2F'L^2U'L'UL^2FU'LU^2$ |
| c e a<br>e 　 e<br>a e c | 14 | $B'D^2FU^2RF'D^2BLU^2FU^2F'LU$ |

# 附录 2

## 国内外魔方网站

说明：①排名不分先后；②部分网站（网页）后用括号给出其创办者（或制作者）的姓名或单位。

http：//www. rubiks. com/（Erno Rubik）

http：//www. hkcubeunion. net/（Hong Kong Rubik's Cube Union）

http：//www. randelshofer. ch/（Werner Randelshofer）

http：//www. twistypuzzles. com/（Denny Dedmore）

http：//www. curiousminds. com. au/

http：//www. calormen. com/TwistyPuzzles/（Joshua Bell）

http：//www. puzzleum. de/（Robinson）

http：//www. thepuzzlecastle. com/

http：//www. planet-puzzle. com/

http：//www. rubik. com. cn/

http：//www. rubikswc2003. com/

http：//www. speedcubing. com/（Chris Hardwick）

http：//www. cubeland. fr. st/

http：//www. mathren. com/

http：//www. puzzlemuseum. com/

http：//www. puzzlesolver. com/sequential/rubik/cube/index. shtml

http：//www. mts. net/ ~ rhoffman/

http：//www. wedran. com/cube/

http：//www. schubart. net/rc/（Michael Schubart）

http：//www. mathpower. com/rubik. htm

http：//www. rubik. rdg. ac. uk/rubik/rubik. html

http：//www. rubiks. dk/

http：//www. roobik. com/cgi-bin/rubix/rubix. cgi（Rob Brown）

http：//www. cubestation. co. uk/ （Dan Harris）

http：//www. cubezone. be/ （Lars Vandenbergh）

http：//www. puzzle-shop. de/start-shop. html （Hendrick Haak）

http：//www. worldcubeassociation. org/

http：//www. strangepuzzle. com/ （Chris）

http：//www. playagiangames. com/entertainment/rubiks_cube_art/

http：//www. recordholders. org/ （Kory Heath）

http：//www. javaonthebrain. com/java/rubik/ （Karl Hoernell）

http：//www. math. ucf. edu/%7Ereid/Rubik/index. html （Michael Reid）

http：//www. shareware. com/ （Alexei Lebedev）

http：//webplaza. pt. lu/public/geohelm/myweb/cubeold. htm （Georges Helm）

http：//web. usna. navy. mil/ ~ wdj/rubik_nts. htm （W. D. Joyner）

http：//qzc. zgz. cn/Y-mofang3. htm

http：//kociemba. org/cube. htm （Herbert Kociemba）

http：//david-v. home. texas. net/MC3D （David Vanderschel）

http：//cubeman. org/ （Mark Longridge）

http：//jeays. net/rubiks. htm （Mark Jeays）

http：//magliery. com/Cube/ （Tom Magliery）

http：//welcome. to/ultimatecube/

http：//akimoto3. com/ （Masayuki Akimoto）

http：//cubefreak. hp. infoseek. co. jp/ （Macky）

http：//bbs. chinamf8. com/

http：//bbs. mf8. com. cn/ （中国魔方俱乐部）

http：//jrca. cc/ （Japan Rubik's Cube Association）

http：//speedcubing. com. pl/ （Zbigniev Zborowski）

http：//speedcubing. com/ （Ron van Bruchem）

http：//milion. rubiks_cube. co. pl/

http：//byrden. com/puzzles/boxes/ （David Byrden）

http：//holly. wordthunder. com/ （Fred Holly）

http：//puzzlesolver. com/

http：//helm. lu/cube/MarshallPhilipp/ （Philip Marshall）